경성 맛집 산책

경성 맛집 산책

1 본문의 외래어 표기는 국립국어원의 용례를 따랐다. 다만, 국내에서 굳어진 인명, 지명은 익숙한 표기를 따랐고, 표기법이 정확하지 않은 경우 발음대로 썼다. 필요한 경우 영어, 일본어, 한자 등의 원어를 병기했다.

2 본문의 맞춤법은 국립국어원의 용례를 따랐다. 다만, 작가의 의도에 따라 표준어가 아님에도 당시의 표현을 살린 부분이 있다. 특히 당대 잡지, 신문, 소설 등의 인용은 별도의 교정 없이 당시의 문장 및 표기를 그대로 실었다.

3 본문에 언급된 외국 자료 중 국내에 번역, 출판된 작품의 경우 그 작품명을 그대로 실었다. 그렇지 않은 경우 임의로 번역했고 이해를 돕기 위해 원제를 함께 표기했다.

4 단행본은 겹화살괄호(《 》)로, 그 외 잡지, 소설, 논문, 음악, 영화는 홑화살괄호(〈 〉)로 표기했다. 기사명은 큰따옴표(" ")로 표기했다.

5 본문에 삽입된 이미지는 필요한 경우 관계 기관의 허가를 거쳤고, 소장처와 저작권자를 찾기 위해 최선의 노력을 했다. 각종 이유로 소장처, 저작권자를 찾지 못한 경우 표기를 생략했으나 추후 정보가 확인되면 저작권자 정보를 다음 쇄에 표기하고, 적법한 절차를 밟겠다.

6 집필에 참고한 여러 자료는 본문 끝 '도움받은 글'에 표시하였다.

"京城"

경성 맛집 산책

박현수 지음

낙랑파라

미쓰코시백화점 식당

조선호텔 식당

동양루

식민지 시대 소설로 만나는
경성의 줄 서는 식당들

아서원

화신백화점 식당

청목당

가네보 프루츠팔러

城

食

堂

한겨레출판

들어가며

제목을 보고 먼저 드는 느낌은 '경성'과 '맛집'이라는 다소 어울리지 않아 보이는 두 단어가 주는 어색함일 것이다. 식민지 시대 서울을 일컫던 오래된 용어와 근래에 탄생한 신조어 사이의 연관성을 찾기 어렵기 때문이다. 서둘러 해명하자면 경성에도 맛집이 있었다. 그것도 경성 사람이라면 모르는 이가 없는, 인기 메뉴를 맛보기 위해 온종일 줄을 서기도 했던 유명한 식당이 여럿 있었다.

이 책을 펼치면 '커피는 이 집이 제일 낫다', '서양요리는 여기가 가장 유명하다'는 자랑 혹은 감탄 섞인 언급들을 어렵지 않게 찾을 수 있다. 심지어 소문을 듣고 찾아간 맛집에 정작 들어가지는 못하고 기웃거리기만 하는 이들도 구경할 수 있을 것이다.

경성의 맛집이라는 낯선 주제로 책을 쓴 먼저의 이유는 그곳에서 어떤 음식을 팔았으며 그 맛은 어땠는지 궁금했기 때문이다. 그런데 경성의 맛집을 살펴보는 일은 단지 맛 좋은 음식점을 탐구한다는 의미에 한정되지 않는다. 당시는 조선에 이런저런 음식점들이 들어서며 외식 메뉴가 자리 잡고 분화되는 시기였다. 따라서 경성의 맛집은 근대 조선에서 일어난 외식의 정착과 분화를 가장 잘 보여주는 대상이기도 했다.

또한 당시의 맛집을 살펴보는 일은 지금 먹는 음식들이 어떻게 우리의 식탁에 등장했고 그 중심에 자리 잡게 되었는지를 해명하는 데도 도움을 준다. 맛집을 방문한 사람들은 난생 처음 접해보는 음식이나 음료를 맛보고는 신기해했다. 그들 중 일부는 식당의 단골이 되고 그곳에서 파는 음식을 집에서 직접 조리해 보고자 했다. 음식점에서 처음 접해본 음식을 집에 가서 만들어 먹는 과정은 낯선 요리가 새로운 땅에 정착되는 일반적인 순서였다. 맛집이 외식뿐만 아니라 가정의 식탁에도 영향을 미쳤음을 뜻하는 것이다.

책에서 다루는 맛집들이 등장하고 자리를 잡았던 때는 식민지 시대였다. 그런 까닭에 경성의 맛집을 다루는 이 책이 식민지 경험을 수긍하는 것으로 오해될지도 모르겠다. 하지만 사실은 사실일 뿐이다. 사실을 애써 외면하기보다는 찬찬히 들여다보며 그 이지러짐을 이야기하는 것이 정당한 태도가 아닐까? 이 책은 경성의 맛집에 드리웠던 식민지의 그늘에 주목하고 이를 밝혀내는 작업이기도 하다.

이 책은 크게 3부로 나누어 경성의 맛집을 살펴본다. 1부에서는 본정에 위치했던 네 곳의 음식점을 구경하게 될 것이다. 먼저 조선 최초의 서양요리점 '청목당'과 가족의 나들이 장소가 되기도 했던 '미쓰코시백화점 식당'을 방문해 조선에 처음 소개되었던 코스 요리와 런치의 맛을 음미해 보려 한다. 이어 경성 제일의 일본요리옥 '화월'에 들러 메뉴판을 한 장씩 넘겨보고, 과일 디저트 카페 '가네보 프루츠팔러'에서는 남국의 파도소리를 느껴보도록 하자.

2부에서는 종로에 자리 잡았던 세 곳의 맛집을 방문하게 될 것이다. 종로 네거리에 떡하니 버티고 서 있었던 '화신백화점 식당'에 들러 자랑 가득했던 정갈한 조선음식의 맛을 느껴보자. 또 지금도 운영되고 있는 '이문식당'을 방문해서는 100년이 넘는 시간 동안 설렁탕 맛이 어떻게 변했는지도 확인해 보려 한다. 그리고 경성 사람들의 입맛을 사로잡았던 냉면집 '동양루' 역시 그냥 지나치지는 않을 것이다.

3부에서는 장곡천정에 위치한 '조선호텔 식당'에 들러 그곳을 대표했던 정통 프랑스식 코스 요리를 맛보려 한다. 디저트로는 커피를 마셔야 하니 예술가들의 소일터로 유명했던 다방 '낙랑파라'에도 들러보자. 그리고 마지막으로는 황금정에 있었던 '아서원'을 방문해 식민지 시대 중화요리점은 어땠는지 확인해 볼 것이다.

이 책에서는 경성 맛집의 풍경을 생생히 살펴보기 위해 여러 소설의 도움을 받았다. 식민지 시대 맛집을 재현하는 작업에서 소설은 흥미로운 대상이었다. 소설은 인물들 사이의 갈등과 그 전개를 양식적 특징으로 한다. 소설에는 맛집을 방문해 음식을 먹거나 술이나 음료를 음미하는 사람들의 모습이 생동감 있게 제시된다. 또 음식의 가격대나 손님들의 행동 역시 마찬가지다. 독자들은 이 책을 통해 거칠게나마 그때의 맛집을 대표했던 메뉴들을 맛보고 또 그곳의 외관과 내부, 독특한 시스템도 경험하게 될 것이다.

이 책은 모두 열 곳의 맛집을 소개하고 있다. 각각의 식당을 선정한 가장 중요한 기준은 제목 그대로 '맛집'이었다. 식민지 시대에도 이미 맛집이라는 개념이 있었다고 했는데, 책에서 다룬 열 곳은 당시 경성에서 '맛'으로 가장 유명했던 식당들이다. 물론 다른 기준도 적용했는데, 같은 메뉴를 파는 식당은 중복되지 않도록 했다. 맛있는 집이라는 전제 아래에서는 가능하면 다양한 종류의 음식점을 소개하고 싶었다. 고려의 대상이 된 또 다른 기준은 위치였다. 맛집들이 한 공간에 치우치는 것을 피해, 경성 곳곳의 식당들을 다루고자 했다. 그래서 이 책은 맛집을 찾아 본정, 종로, 장곡천정, 황금정 등 경성의 다양한 지역을 돌아다니게 된다.

열 곳의 맛집에 못 들어가 서운한 음식점들도 있다. 먼저 '명월관'이나 '식도원' 등의 조선요릿집이 그렇다. 비록 술과 기생이 같이하는 공간이긴 했지만 음식의 맛과 종류로는 이 책에 소개한 맛집들에 뒤지지 않았다. 또 1층과 2층을 다른 분위기로 꾸며 모던보이, 모던걸을 매료시켰던 '명치제과'나 경성에서 가장 이름난 카페 '낙원'도 그렇다. '형제주점'이나 '곰보추탕' 등 5전을 내면 막걸리 한 잔에 맛난 안주 하나를 먹을 수 있었던 선술집도 마찬가지다. 다음에 기회가 된다면 꼭 방문해 보도록 하자.

맛집을 소개하는 데 가능하면 많은 이미지의 도움을 받으려 했다. 맛집뿐만 아니라 식민지 시대를 시각적으로 재현한 이미지는 드물다. 서양인 선교사가 남긴 사진이나 일본인이 관광을 위해 촬영한 엽서 정도인데, 거기에는 문명인이나 식민자의 시선이 드러나 있다. 이러한 사실을 고려하면 이 책에 수록된 많은 이미지들은 맛집을 비롯해 당시 사람들의 삶을 이해하는 데 도움을 줄 것이다.

　책상에만 갇히지 않으려고 기회가 되면 여기저기를 돌아다닌다. 그럴 때는 음식뿐만 아니라 근대의 흔적 전반을 기웃거린다. 그렇게 다닐 때마다 근대의 흔적이 소홀히 취급되고 있다는 사실을 느낀다. 어떤 경우에는 정말 문화유산이 맞나 할 정도로 방치된 것들도 있다. 식민지라는 아픈 역사 때문에 들여다보기 싫은 얼룩 정도로 생각하는지도 모르겠다. 음식도 마찬가지일 것이다. 아니 무형의 유산이라서 더할지도 모르겠다.

　음식을 공부하게 된 이유 가운데 하나는 그것이 얼마 남아 있지 않은 기억이라는 생각 때문이었다. 지금 주변의 삶을 돌아보면 당연하다는 듯 하나의 잣대만으로 모든 것이 가늠된다. 음식은 그렇게 되기 이전의 기억이 남아 있는 드문 존재라고 생각했다. 아직은 지금의 식습관을 구성한 사회적, 문화적 취향과 그 근간에 놓인 제도를 더듬는 데 머물고 있지만, 나중에는 이전의 음식에 담긴 상징적인 사고를 밝히고자 한다. 자본이 모든 것을 가늠하기 전의 사고이니, 이전의 기억이 사라지기 전에 서둘러야 할 과제이다.

　책을 쓰기 전 몇몇의 출판사에 이런 책을 발간하고 싶다는 제안서를 보냈다. 알음알음으로 출판사를 통해 책을 내는 관행에서 벗어나고 싶어서였다. 가장 먼저 흔쾌히 출간을 수락해 준 곳이 한겨레출판이었다. 수락에 대한 감사와 누가 될까 하는 부담 모두 있었다. 이 자리를 빌려서야 한겨레출판 관계자 여러분께 감사를 드린다. 크게는 장의 구성부터 작게는 맞춤법까지 거칠고 엉성한 원고를 챙겨주신 원아연 편집자님께 특별히 감사하다는 말씀을 드리고 싶다. 연식이 오래된 데다가 까칠하기까지 한 필자라서 더욱 그렇다. 실감을 더하기 위해 당시 맛집 지도나 음식 이미지는 일러스트의 도움을 받았는데, 일러스트를 담당해 주신 이은지 작가님께도 감사드린다.

책을 쓰는 도중 힘든 일이 있었다. 하나는 자식놈이 다친 것이고 다른 하나는 아버지께서 당신의 의지와 상관없이 요양원에 가신 것이다. 자식이 다친 것은 마음 아프지만 사고니 어쩔 수 없다. 그런데 아버지의 일은 그것과 다르다. 반대했지만 마음 깊은 곳의 방관은 감추기 힘들다.

평생을 견뎌야 할 부끄러움이다. 부끄러움을 더욱 단단히 하려 이 책을 가장 먼저 아버지께 드리고 싶다.

2023년 8월
박현수

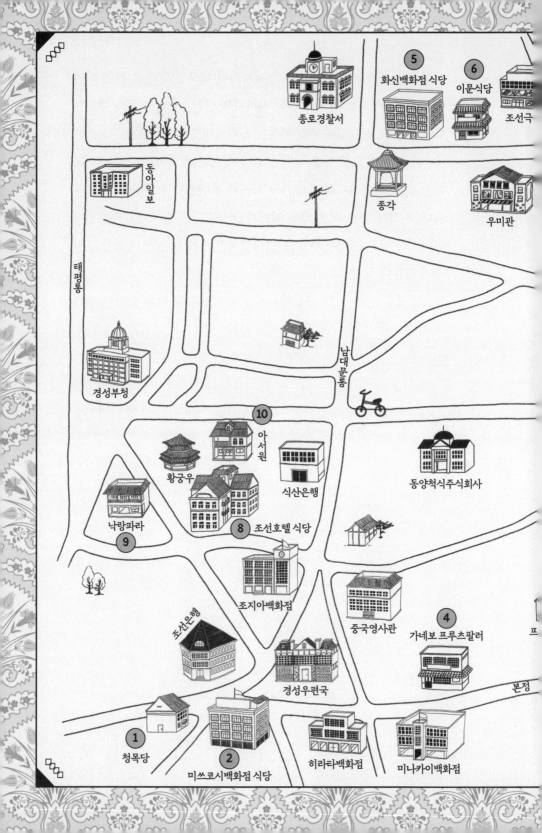

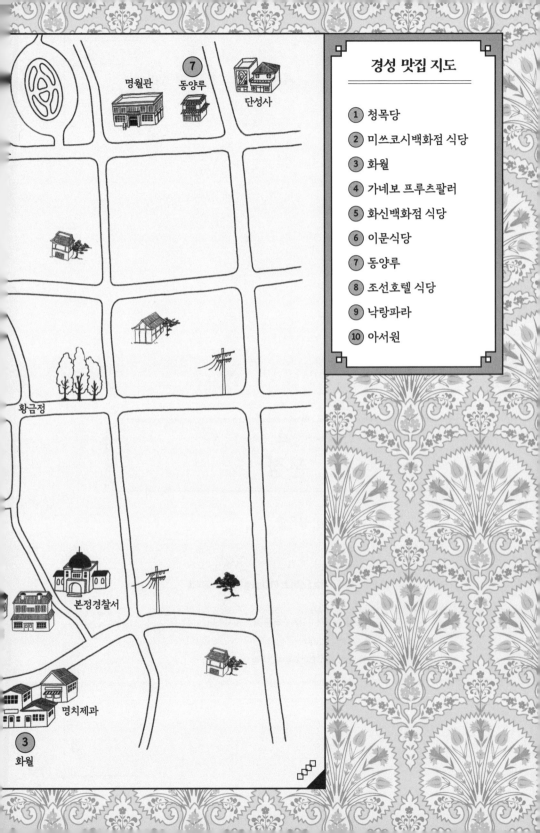

경성 맛집 지도

1. 청목당
2. 미쓰코시백화점 식당
3. 화월
4. 가네보 프루츠팔러
5. 화신백화점 식당
6. 이문식당
7. 동양루
8. 조선호텔 식당
9. 낙랑파라
10. 아서원

명월관 동양루 ⑦ 단성사

황금정

본정경찰서

명치제과

③
화월

목차

1부
본정

1장 ○ 조선 최초의 서양요리점, 청목당

2부
종로

1부

본정

조선 최초의 서양요리점 **청목당**
화목한 가족의 나들이 명소 **미쓰코시백화점 식당**
경성 제일의 일본요리옥 **화월**
본정에서 남국의 파도소리를 **가네보 프루츠팔러**

○ 본정 입구 전경. 서울역사박물관.

○ 본정 1정목의 화려한 야경. 서울역사박물관.

본정本町은 식민지 시대 경성에서 가장 번화한 곳이었다. 이름난 백화점, 음식점, 찻집, 악기점, 책방이 본정을 가득 메우고 있었으며, 심지어 길 양쪽에는 조명이 설치될 정도였다. 본정이 이토록 번화할 수 있었던 것은 아이러니하게도 이곳이 일본인들이 주로 활동하던 중심가였기 때문이었다.

당시의 유명세에 비하면 지금 본정의 위치를 정확히 아는 사람이 드물다는 점도 흥미롭다. 본정은 명치정明治町과 함께 지금의 명동 부근에 위치했다. 명치정이 현재 명동 구역의 대부분을 차지하며 금융, 증권, 보험 회사가 밀집한 곳이었던 것에 반해, 본정은 길 하나를 끼고 명동에서 충무로까지 횡으로 이어진, 상가가 발달한 상업 공간이었다.

본정은 현재 신세계백화점 본점 맞은편에 있는 서울중앙우체국 옆길에서 시작되었다. 앞 페이지의 좌측 이미지는 본정 입구의 모습이다. 많은 사람이 보이고 본정의 입구를 알리는 구조물이 눈에 띈다. 그 옆의 이미지는 본정 1정목의 야경을 담은 엽서인데, 좌측 이미지보다는 앞선 시기의 모습으로 보인다. 입구부터 본정 1정목이 시작되어 5정목까지 이어졌는데, 특히 1정목에서 3정목까지는 유명 상점들이 밀집해 번화가를 이루었다.

그렇다면 주로 어떤 사람들이 본정을 찾았을까? 식민지 시대 본정 근처에는 '미쓰코시三越', '조지아ジョージア', '미나카이三中井' 등의 백화점이 있었다. 세 백화점을 찾았던 고객의 비율을 살펴보면 조선인이 30퍼센트, 일본인이 70퍼센트 정도였다고 한다. 본정을 찾았던 사

람들의 비율 역시 백화점 방문 고객의 그것과 크게 다르지 않았을 것이다.

본정과 관련한 흥미로운 용어 중 하나로 '혼부라本ぶら'라는 것이 있다. 당시 도쿄의 모던보이, 모던걸들은 특별한 일이 없어도 '긴자銀座' 거리를 어슬렁어슬렁ぶらぶら 돌아다니곤 했는데, 이 모습을 '긴부라銀ぶら'라고 불렀다. 이를 따라 경성에서도 본정의 일본식 명칭인 '혼마치本町'와 '부라ぶら'를 합쳐 특별한 일 없이 본정 거리를 돌아다니며 구경하는 일을 혼부라라고 부른 것이다.

이 책의 1부에서는 본정에 위치했던 네 곳의 식당을 구경하려 한다. 조선 최초의 서양요리점이었던 '청목당'과 본정 백화점의 왕좌였던 '미쓰코시백화점 식당'을 둘러보고, 경성 제일의 일본요리옥 '화월'과 남국의 파도소리를 느낄 수 있었던 과일 디저트 카페 '가네보 프루츠팔러'에도 들러보도록 하자.

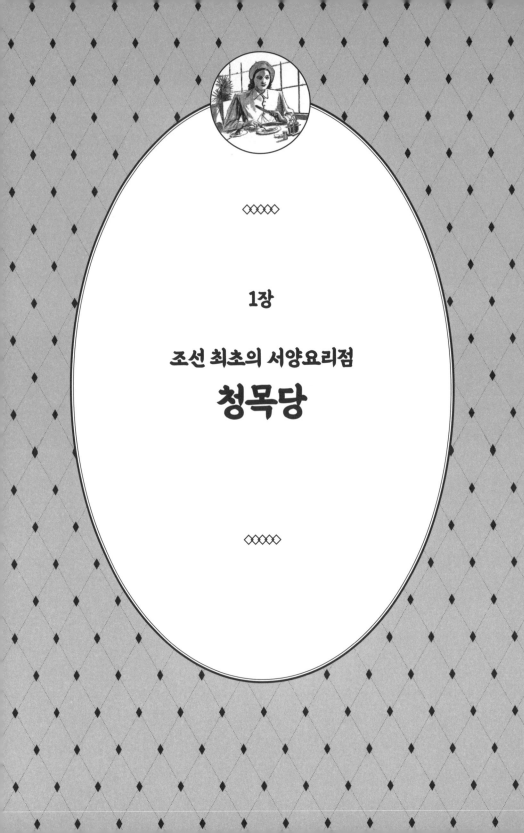

1장

조선 최초의 서양요리점

청목당

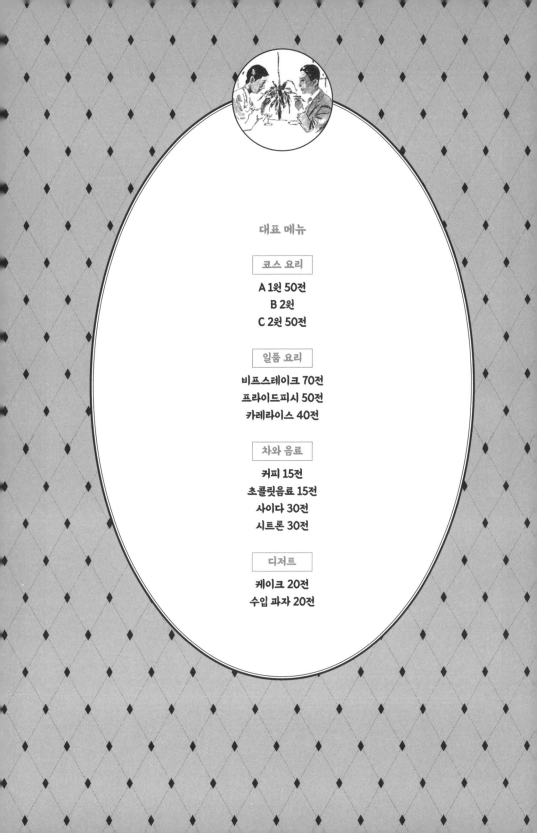

대표 메뉴

코스 요리

A 1원 50전
B 2원
C 2원 50전

일품 요리

비프스테이크 70전
프라이드피시 50전
카레라이스 40전

차와 음료

커피 15전
초콜릿음료 15전
사이다 30전
시트론 30전

디저트

케이크 20전
수입 과자 20전

조지아백화점

중국영사관

조선은행

경성우편국

남대문통

조선은행 앞 정거장

본정

청목당

미쓰코시백화점 식당

히라타백화점

미나카이백화점

중앙전화국

주소 남대문통 3정목 10번지

경성의 핫플레이스

경성에서 처음 문을 연 서양요리점은 어디였을까? 바로 '청목당靑木堂'이라는 음식점이다. 지금은 청목당이라는 이름이 생소하게 들릴 테지만, 1910~1920년대 경성에서는 모르는 사람이 없을 정도의 '핫플레이스'였다.

1층에서는 수입 식자재를 판매했고, 2층에서는 향긋한 커피 내음과 함께 고급 과자를 맛볼 수 있었다. 3층에는 식당 겸 카페 '라이온 Lion'이 자리 잡고 있어, 맛있는 음식이 차례로 나오는 코스 요리가 제공되었다. 코스 요리의 가격은 대략 1원 50전에서 2원 50전 정도였는데 지금 물가로 따지면 7만 원에서 12만 원 정도 되는 가격이었다.

청목당이 개점한 것은 1907년으로, 서양요리점으로는 경성, 아니조선에서 가장 먼저였다. 청목당이 문을 연 후에야 '중앙 기독교청년회관YMCA' 식당이나 백합원 같은 서양요리점이 개장했다. 청목당은 조선 최초의 서양요리점이었을 뿐만 아니라 조선의 서양요리점을 대표하는 곳이기도 했다. 비록 조선호텔 식당이 문을 연 이후에는 최고의 자리를 내줬지만 청목당은 여전히 고급 서양요리점으로 대접받았다. 새로운 풍조를 좇았던 젊은이들은 이곳에서 약혼식이나 피로연 같은 행사를 열기도 했다. 이국적인 공간에서 이상야릇한 음식을 처음 맛본 사람들은 어떤 기분이었을까?

청목당의 주소는 남대문통 3정목 10번지였지만, 실제로는 본정 입구에 위치했다. 그 주위에는 조선은행, 경성우편국, 조선식산은행 등의 기관과 미쓰코시, 조지아, 미나카이 등의 백화점이 있었다. 청목당 역시 그들과 함께 조선은행 앞 광장과 본정의 화려한 풍경을 이루고 있었다.

청목당은 아래 이미지에서 보이다시피 3층짜리 건물이었고 옥상

○ 3층으로 된 청목당 건물.
벽면에 'AOKIDO'라는 문구가
보인다. 서울역사박물관.

정원을 갖추고 있었다. 당시 옥상을 정원으로 꾸미는 일은 백화점을 비롯한 고층 건물에서 널리 행해졌는데, 당시엔 높은 건물이 드물어 옥상이 전망대의 역할도 했기 때문이었다. 이미지를 자세히 보면 건물 벽면에 영어로 'AOKIDO'라고 쓰여 있는데, '青木堂청목당'을 일본식으로 발음한 것이다. 옆에 '삿포로サッポロビール', '아사히アサヒビール', '에비스ェビスビール' 등의 맥주 이름도 눈에 띈다. 모두 네온사인으로 되어 있어서 밤이 되면 조명으로 번쩍였다.

청목당의 본점은 도쿄에 있었다. 일본어로 '아오키도あおきどう'라고 불렸던 그곳은 일본 유명 작가의 소설에 심심치 않게 등장한다. 경성에 위치했던 청목당도 본점 정도는 아니지만 역시 몇몇 소설에 언급된다. 이 장에서는 이처럼 청목당이 등장하는 소설을 통해 그곳에서 어떤 음식을 판매했는지, 또 그 가격은 얼마였는지 들여다보려 한다. 또 1, 2, 3층을 다른 방식으로 운영했던 청목당의 흥미로운 시스템에 대해서도 알아보자. 청목당을 살펴보는 일은 서양요리가 경성, 나아가 조선에 자리 잡는 과정을 보여준다는 점에서도 흥미로운 작업이 될 것이다.

신비로운 청목당의 명물들

전긔불 술잔과
나사못 모양의 칭칭대

청목당으로 우리를 안내할 첫 번째 소설은 방인근의 《마도의 향불》이
다. 방인근은 독자들에게 그리 친숙한 작가는 아닐 것이다. 그는 작가
보다는 오히려 1920년대 중반 〈조선문단〉이라는 잡지를 운영했던 인
물로 더 잘 알려져 있다. 방인근의 부인은 작가 전영택의 동생인 전유
덕이었는데, 남편에게 무척이나 엄했다고 한다.

　당시는 잡지에 글을 실어도 원고료를 지급하지 않고 요릿집에서
술과 음식으로 대신하는 일이 관행이던 때였다. 〈조선문단〉이 발행될
때도 역시 매번 술자리가 벌어졌는데, 방인근은 그 사실을 부인에게

실토하기가 두려웠던 것 같다. 그래서 술자리가 생길 때마다 잡지 관련 업무나 출장이라고 거짓말을 해야 했는데, 그 궂은일을 도맡았던 사람이 최서해였다. 최서해 역시 내키지 않았겠지만 당시 신인으로 등단한 뒤 〈조선문단〉에서 일하고 있었으니 방인근의 부탁을 거절하기 힘들었을 것이다.

《마도의 향불》은 1932년 11월부터 다음 해 6월까지 〈동아일보〉에 연재되었던 장편소설이다. 연재 당시부터 상당한 인기를 끌어 이후에는 영창서관, 덕흥서림 등에서 단행본으로 발행되었다. '악마에게 바치는 향불'이라는 제목이 쉽게 와닿지는 않는데, 오히려 이런 낯선 느낌이 인기에 한몫한 듯하다.

《마도의 향불》은 정숙경과 김애희의 갈등을 주된 축으로 한다. 숙경은 재산가인 김국현의 후처로 들어온 인물이며, 애희는 전처의 딸이다. 지금은 아침 드라마에서 흔히 볼 수 있는 설정이라 '그게 뭐?' 할지도 모르겠다. 하지만 당시 후처와 전처의 딸이라는 인물 구도는 독자들의 관심을 불러일으키기 충분할 만큼 새롭고 자극적이었다. 독자들의 관심에 부응이라도 하듯 숙경은 국현의 재산을 차지하는 데 걸림돌인 애희를 증오한다.

숙경은 남자관계가 복잡한 인물로, 국현의 후처가 된 것도 남편 강택수가 감옥에 가 있는 동안이었다. 물론 택수와 관계를 정리한 것도 아니라서 택수가 출옥하자 그와의 내연관계도 유지한다. 애희는 전문학교에 다니는 학생으로 옆집에 사는 경성제국대학 법학도 장영철과 좋아하는 사이인데, 숙경은 애희의 남자친구인 영철에게마저 흑심을 품는다. 《마도의 향불》은 숙경이 영철을 유혹하는 장면으로 시작된다. 숙경이 영철에게 추파를 던지기 위해 그를 데려간 곳이 바로 청목당이었다. 숙경의 흑심 때문이긴 했지만 우리는 그 덕분에 청목당을 구경할 기회를 얻었다.

숙경이 영철과 만나기로 약속한 곳은 다음 장에서 살펴볼 '미쓰코시백화점三越百貨店'이었다. 숙경은 친척에게 선물할 양복이라는 핑계로 영철에게 양복 맞추는 걸 도와달라고 한다. 그렇게 양복을 맞춘 두 사람은 미쓰코시백화점에서 빠져나와 왼편을 향해 걷는다. 그 뒤로 이어지는 내용을 살펴보자.

왼편 청목당에는 전긔불 술잔을 들고 'サッポロビール(삿포로 맥주)'를 쉴 새 업시 마시고 잇다. (⋯) "저기 가서 저녁이나 먹지요" 하고 숙경은 청목당을 가르첫다. "뭘 집에 가서 먹지요." "왜요? 제가 오늘 한턱하려고 그러는데요. 가세요" 하고 숙경은 명령적으로 말하고 걸어갓다.

숙경은 한턱낸다며 영철을 데리고 청목당으로 향한다. 여기서 눈여겨볼 것은 청목당의 위치다. 인용은 미쓰코시백화점 정문에서 왼편으로 가면 곧바로 청목당이 모습을 드러낸다고 묘사하고 있다.

또한 청목당에 설치된 술잔 모양의 삿포로 맥주 광고가 움직이며 행인들의 시선을 끌었음도 말해준다. 앞서 청목당 건물 외벽에 아사히, 에비스 등의 맥주 이름을 건 광고판이 네온사인으로 번쩍였음을 살펴봤는데, 삿포로는 거기에 더해 술잔 모양의 광고판을 움직이게까지 만들었던 것 같다.

○ 좌측 가장자리에 작게 청목당 건물이 보인다. 《조선풍속풍경사진첩》(1920) 수록.

○ 본정 1정목 거리 풍경. 길 끝에 작게 보이는 건물이 청목당이다. 서울역사박물관.

위의 이미지는 본정 근처에 자리했던 청목당을 찍은 사진들이다. 위쪽 이미지에서 좌측 가장자리에 보이는 건물이 청목당이고 오른편으로 보이는 큰 건물이 조선은행이다. 중간에 보이는 길은 남대문으로 이어지는 남대문통이다. 사진에는 잘려서 안 나왔지만 청목당 왼편에는 미쓰코시백화점이 있었다. 그 아래 이미지는 본정 쪽에서 청목당을 찍은 사진으로 양옆의 건물을 지나 길 끝에 작게 보이는 건물이 청목당이다. 오른편에 있는 큰 건물은 경성우편국이다. 이 사진은 본정 입구의 반대편에 위치했다는 청목당의 위치를 정확하게 보여준다.

전차를 타고 청목당에 갈 경우 조선은행 앞 정거장에서 하차하면 됐다. 내리면 길 건너편에 미쓰코시백화점이 보였는데, 그 바로 옆이 청목당이라서 찾기 어렵지 않았다. 미쓰코시백화점이 본정 입구에 건물을 신축해 개장한 것보다 청목당이 문을 연 것이 먼저였기에 지리적인 이정표로는 청목당이 더 많이 사용되었다.

지금으로 위치를 얘기하자면 신세계백화점 본점 옆에 SC제일은행 본점이 있는데, 그 앞이었다. SC제일은행 본점은 과거에 '조선저축은행朝鮮貯蓄銀行'이라는 이름으로 1935년 11월 준공되었는데, 그 위치가 청목당 바로 뒤였다. 조선저축은행은 1928년에 조선총독부에서 제정한 '저축은행령'에 따라 설립된 금융기관으로, 1933년 10월 착공하여 2년 만에 지하 1층, 지상 5층 규모의 '네오바로크neo-baroque' 양식의 건축물로 완공되었다. 네오바로크 양식은 19세기 후반 유럽에서 바로크 양식을 새롭게 부흥, 변화시킨 양식을 뜻한다. 회화나 조각 등 미술에서 먼저 시작되었지만 그 뚜렷한 특징은 건축에서 나타났다고 한다. 다음의 이미지는 당시 조선저축은행의 외관을 담은 사진과 광고이다.

조선저축은행이 들어선 이후 청목당의 위치를 설명하는 방식이 바뀌었다는 점이 흥미롭다. 이전까지는 청목당의 위치를 소개할 때 미

○ 네오바로크 양식으로 지어진 조선저축은행의 외관.

쓰코시백화점 옆이라고 말했지만 이후로는 조선저축은행 앞으로 소개되었다. 실제로 청목당이 미쓰코시백화점보다 조선저축은행에 더 가까웠기 때문일 것이다.

다시 《마도의 향불》로 돌아가 보자. 앞선 인용에 이어지는 부분에는 청목당 입구의 모습이 그려져 있다.

> 청목당 삼칭에 잇는 식당으로 휘휘 돌아 올라가는 나사못 형상의 칭칭대, 해변에 서서 있는 큰 등대에 올라가

○ 조선저축은행의 광고.

는 칭칭대와 가튼 데를 숙경과 영철은 나란히 서서 한 칭 두 칭 밟는 것
이엇다.

　인용은 청목당에 등대를 올라가는 것 같은 나사못 형태의 계단이
있었다고 묘사하고 있다. 아래층과 위층을 연결하는 계단이 나선형이
었던 것 같다. 나선형 계단 역시 당시로는 드문 것이라서 청목당의 명
물 가운데 하나였다. 뒤이어 숙경은 계단을 오르다 가쁜 숨을 몰아쉬
며 여기는 왜 이렇게 올라가기 어렵게 되어 있는지 모르겠다고 말한
다. 계단이 꽤나 가파르고 길었나 보다.
　《마도의 향불》에서 두 사람은 계단을 올라가 3층 왼편의 작은 방으
로 들어간다. 방에 들어가 자리를 잡자 숙경은 서둘러 영철에게 아래
와 같이 얘기한다.

　"미쓰꼬시 식당은 번잡해서요. 그래 이리로 왓서요. 서양요리는 또 여기
　가 제일 낫답니다"하고 숙경은 백어 가튼 손고락으로 식탁에 노흔 종을
　피아노의 키 누르듯이 하니, "땡땡!"하는 소리가 요량하게 울리엿다. 뽀
　이가 드러오니 익숙하게, 영철이는 이름도 모를 것을 시켯다.

　번잡한 게 싫어서 청목당으로 왔다는 숙경의 말을 통해 청목당이
미쓰코시백화점 식당보다 고급스럽고 조용한 분위기였다는 것을 알
수 있다. 물론 거기에는 조용한 곳에서 영철과 은밀한 대화를 나누려
는 숙경의 속셈 역시 감춰져 있다. 또 숙경이 식탁 위의 종을 눌러 종
업원을 부른다고 되어 있는데, 앞뒤 내용을 살펴보면 종이 아니라 벨

○ 청목당에서 식사하는
  숙경과 영철.
  《마도의 향불》삽화.
  〈동아일보〉1932. 11. 16.

이었던 것 같다. 주문할 때 식탁 위에 있는 벨을 누르거나 종을 울렸던
방식은 청목당에서 시작되어 이후 다른 서양요리점과 카페에까지 퍼
져나갔다.

　위의 이미지는 숙경과 영철이 청목당에서 식사하는 모습을 그린
삽화이다. 식탁 위를 살펴보면 포크가 놓인 접시가 있고 소금, 후추가
든 병도 보인다.

> 서양요리의 접시가 여러 번 들락날락하엿다. 삼지창과 칼이 접시에 닷
> 는 소리와 박게 바람이 윙윙 하며 유리창을 흔드는 소리가 들리엿다. 그
> 것이 이 방 안을 더 조용하게 하고 박게서 아모리 요란하여도 이 방 안은
> 침노치 못한다는 것, 박게 날세가 몹시 사나웁고 차다는 것이 이 방 안을
> 더욱 따뜻하게 해주는 것 가텃다.

　바깥에 바람이 심하게 부니까 두 사람이 자리 잡은 방이 더욱 조용
하고 따뜻하게 느껴졌다는 표현이 인상 깊다. 청목당의 방은 꽤나 아

늑하고 방음도 잘되었던 것 같다. 그런데 주목해야 할 부분은 서양요리 접시가 여러 번 서빙되었으며 삼지창과 칼을 사용해 식사를 했다는 점이다. 짐작했겠지만 여기서 삼지창과 칼은 포크와 나이프를 뜻한다. 위의 인용과 삽화를 참고하면 두 사람이 먹었던 것은 당시에 '정식定食'이라고 불렸던 메뉴인 듯하다. 정식은 애피타이저, 해산물 요리, 고기 요리, 디저트 순서로 제공되는 코스 요리를 뜻했다. 정식에 관해서는 이 책의 8장에서 '조선호텔 식당'을 살펴볼 때 자세히 이야기하겠다.

숙경은 식사 중 영철에게 술을 권하며 유혹의 끈을 놓지 않는다. 영철이 술을 못 마신다고 하자 애희의 험담을 하며 빨리 시집을 보내야겠다는 말도 덧붙인다. 숙경은 대화 끝에 아까 맞춘 양복이 영철의 것이라며 속셈을 드러내기도 한다. 영철은 숙경의 알 듯 말 듯한 교태를 보며 왜 이런 자리를 마련했을까 의문을 가진다.

두 사람의 대화 중 '서양요리는 청목당이 제일 낫다'는 숙경의 말을 주목해 볼 만하다. 한편으로는 고급 음식점에서 밥을 산다는 자랑과 유혹이 섞여 있는 말이었지만, 실제로 그것이 사실에 가깝기도 했다. 앞서 말했듯 청목당은 경성에서 처음 문을 연 서양요리점이었으며 가장 고급스러운 식당으로 여겨졌다. 적어도 1914년 개장한 조선호텔 식당에게 최고의 자리를 내줄 때까지 '서양요리는 청목당이 제일 낫다'는 말은 부정할 수 없는 사실이었다.

따로 마련된
휴게실과 클럭룸

○《대경성도시대관》에 수록된 청목당 내부 사진.

1937년 발행된《대경성도시대관 大京城都市大観》에는 청목당에 대한 소개가 실려 있다.《대경성도시대관》은 경성에 위치했던 주요 건물의 사진을 실은 사진첩으로 관공서, 학교, 병원을 비롯해 은행, 회사, 상점 등의 사진과 함께 설명을 덧붙이고 있다.

위의 이미지는《대경성도시대관》에 실린 청목당의 내부 모습이다. 식탁과 의자, 내부 장식 등을 살펴보면 2층인 듯하다.《대경성도시대관》에서는 청목당의 '본점'이 도쿄에 있다며 경성의 청목당을 '경성 지점'으로 부른다. 뒤에서 자세히 다루겠지만 청목당 본점은 '나쓰메 소세키 夏目漱石', '아쿠타가와 류노스케 芥川龍之介', '도쿠다 슈세이 德田秋聖' 등 유명 작가의 소설에도 종종 등장했던 도쿄의 명물이었다. 또한 이 책은 청목당의 경성 지점장이 본사 사장의 동생인 구보타 긴노진 久保田金之進이라고 밝히고 있는데, 릿쿄 立教 대학 출신인 구보타 긴노진은 형 못지않은 수완으로 업계 최고의 자리에 오르게 되었다고도 덧붙인다.

청목당의 내부를 파악하는 데 도움을 줄 다른 소설로는 김남천의《사랑의 수족관》이 있다.《사랑의 수족관》에서 경희와 광호는 당시 유명 디저트 카페였던 '가네보 프루츠팔러 鐘紡フルーツパ_ラー'에서 만나는데, 이곳을 나와 식사하러 간 곳이 바로 청목당이었다.

청목당에 들어선 광호는 '클럭'에 모자를 맡긴 후 경희와 함께 식사를 주문하고 휴게실에서 안내를 기다린다. 여기서 클럭은 휴대품 보관소cloakroom를 가리키는데, 청목당에 식사를 하는 동안 외투나 모자를 맡길 수 있는 보관소가 있었음을 알 수 있다. 또 두 사람이 휴게실에 앉아 기다렸다는 것을 보면 식사를 주문하고 기다리는 공간 역시 따로 마련되어 있었던 듯하다. 아래의 이미지는 식탁이 세팅되기를 기다리며 청목당 휴게실에 앉아 있는 경희와 광호를 그린 삽화이다.

두 사람이 휴게실에 앉아 있자 잠시 후 종업원이 와서 식사 준비가 되었다며 자리로 안내한다. 휴게실이나 호텔 정원에서 손님을 기다리게 하고 식탁을 세팅한 후 안내하는 순서는 조선호텔 식당에서도 마찬가지였다.

아직 시간이 일러서 식당 안에 사람의 그림자가 드물었다. 손님을 기다리는 식탁만이 깨끗하니 준비되어 잇섯다. 두 사람은 마주 안자서 냅킨을 펼처 들엇다. (…) 이때에 수프가 와서 그들은 우슴을 거두며 음식 그릇에 손을 대엇다. 그것을 먹고 다음 그릇을 기다리며, "참 전번 여행에 결심하신 게획은 그 뒤 진척이 되시는 중인가요?"

○ 청목당 휴게실에
앉아 있는 경희와 광호.
《사랑의 수족관》삽화.
〈조선일보〉 1939. 9. 27.

○ 나이프와 포크를 들고
  식사하는 경희의 모습.
  《사랑의 수족관》삽화.
  〈조선일보〉1939. 9. 28.

　시간이 일러 손님이 드물었다는 것을 보면 경희와 광호가 자리를
잡은 곳은《마도의 향불》에서 숙경과 영철이 들어갔던 방이 아닌 홀
이었던 것 같다. 두 사람이 수프를 다 먹고 다음 그릇이 나오기를 기다
렸다는 것을 보면, 경희와 광호가 주문한 메뉴 역시 정식이었음을 알
수 있다. 여기서 두 사람이 자리에 앉아 펼쳐 든 냅킨은 서양요리점에
서 식사를 할 때 사용하는 클로스 냅킨 Cloth Napkins이었다. 코스 요리
는 종업원의 안내로 클로스 냅킨을 펼쳐 무릎 위에 올리면 본격적으
로 시작되었다.

　위의 이미지는 경희가 청목당에서 식사하는 모습을 그린 삽화이
다. 왼손에는 나이프를 오른손에는 포크를 들고 접시에 놓인 음식을
먹고 있다. 그리고 그 오른편에는 그보다 작은 접시가 놓여 있는데, 어
떤 음식인지는 잘 보이지 않는다. 또 식탁 중간에는《마도의 향불》에
실렸던 삽화와 마찬가지로 소금, 후추가 든 병도 눈에 띈다.《사랑의
수족관》에 대해서는 이 책의 4장에서 '가네보 프루츠팔러'를 살펴보
면서 구체적으로 소개하겠다.

3

이상야릇한 음식을 맛보다

오렌지 술 퀴라소로
대작을 벌이다

청목당의 또 다른 모습을 독자들에게 보여줄 소설은 《삼대》이다. 《삼대》는 1931년 1월부터 9월까지 〈조선일보〉에 연재된 장편소설이다. 염상섭의 대표작으로 교과서에도 실려 있어 대중적으로도 잘 알려져 있다. 그럼에도 불구하고 처음부터 끝까지 읽어본 독자나, 청목당이 나온다는 것을 아는 독자는 드물 것이다.

《삼대》는 1930년대 초 경성을 배경으로 만석꾼 조 의관, 그의 아들 조상훈, 손자 조덕기 등 삼대에 걸친 가족이 겪는 삶의 양태와 굴곡을 묘사한다. 또 소설 전체에 걸쳐 각기 다른 방식으로 삼대가 몰락해 가는 모습을 보여주며 식민지라는 현실의 냉엄함을 드러내고 있다.

《삼대》에 청목당이 등장하는 것은 홍경애가 상훈과 함께 매당집에서 나와 택시를 타고 가던 도중이었다. 경애는 상훈의 자식까지 낳았으나 상훈에게 외면당해 '빠커쓰BACCHUS'라는 술집에서 일하고 있는 처지였다. 많은 이들이 빠커쓰를 카페 정도의 술집으로 알고 있는데, 소설에 나타난 대로 말하자면 빠커쓰는 '오뎅집'이었다. 식민지 시대에는 오뎅집이 오뎅 안주와 함께 술을 팔던 곳이었으니 술집이라고 해도 틀린 건 아니겠다. 경애는 예전에 두 사람의 밀회 장소였던 K호텔로 가자고 속여 상훈은 의관도 갖추지 못한 채 그녀를 따라나선다.

> 자동차가 진고개 초입 께까지 오니까 경애는 별안간 청목당 압헤 노흐라 명하고 상훈더러 어서 나리라고 재촉이다. (⋯) 저녁을 안 먹엇스니 여긔서 저녁을 먹여 달라고 졸랏다.

경애는 택시가 진고개 입구의 청목당에 이르자 상훈에게 저녁을 사달라고 조른다. 앞서 《마도의 향불》에서는 청목당의 위치를 미쓰코시백화점의 왼편으로 묘사하고 있는데, 《삼대》에서는 진고개 입구라고 나와 있다. '진고개泥峴'는 비가 오면 땅이 질척인다는 뜻으로 붙은 이름이라고 하는데, 위의 인용을 보면 당시 조선인들이 본정 입구를 여전히 진고개 초입으로 불렀다는 것을 알 수 있다.

사실 경애는 매당과 김의경을 불러낼 미끼로서 상훈을 청목당에 데리고 간 것이었다. 매당은 돈 있는 유부남과 젊은 여성을 연결해 주고 장소를 제공하던 인물이었고, 의경은 유치원 보육교사를 하는 젊은 여성으로 매당의 주선으로 상훈과 만나는 중이었다. 상훈은 교회 장로이면서도 체통 없이 매당집을 뻔질나게 드나들었는데 그날도 매당집에 있다가 K호텔로 가자는 경애의 속임수에 넘어가 청목당으로 향한 것이었다.

　《삼대》에서 경애와 상훈 역시《마도의 향불》에서 숙경과 영철이 그랬던 것처럼 나선형의 계단을 따라 3층으로 올라갔다.《삼대》뿐만 아니라《진주는 주었으나》나《사랑과 죄》에도 청목당이 등장하는 것을 보면 염상섭이 실제로 청목당을 즐겨 찾았던 것 같다. 아래의 이미지는 앞서 얘기한《대경성도시대관》에 실린 청목당의 외관인데, 삿포로 맥주 광고가 눈에 띈다.

○《대경성도시대관》에
수록된 청목당의 외관.
서울역사박물관.

○ 퀴라소의 생김새와 특징을 설명한 신문 기사.
"상품지식—큐라소", 〈동아일보〉 1938. 6. 14.

○ 라라하 오렌지를
원료로 만든
술 퀴라소.

> 저녁을 먹겠다든 경애는 아무것도 실타 하고 '큐라소'
> 라는 주를 병째 갓다노코 마시고 안젓다. 상훈은 저녁
> 도 안 먹을 지경이면 어서 가자고 졸라보앗스나 점잔
> 은 량반이 체통 앗갑게 웨 이러케 조급히 구느냐고 도
> 리어 핀잔을 줄 뿐이다.

저녁을 사달라고 조르던 경애는 청목당 3층에 자리를 잡자 '큐라
소' 한 병을 시켜 마시기 시작한다. 익숙하지도 않은 이름의 술인 큐라
소를 병째 시켜서 마셨다는 것이 흥미롭다. 여기서 큐라소는 '퀴라소
curaçao'를 가리키는 것으로 보인다. 퀴라소는 서인도 제도에서 생산되
는 라라하Laraha 오렌지를 원료로 만든 술로, 실제 카리브해 남부에 위
치한 나라인 '퀴라소'의 지명을 따라 붙인 이름이라고 한다.

라라하 오렌지는 다른 오렌지와 달리 쓴맛이 강해 먹기가 힘든데,
껍질을 말리면 맛과 향이 달콤하게 변한다. 위의 이미지는 퀴라소의

생김새와 특징을 설명해 놓은 〈동아일보〉의 기사이다. 달콤하게 말린 오렌지 껍질을 재료로 만든 술이지만 알코올 도수가 30~40도나 될 정도로 꽤 독하다. 그래서 당시에나 지금이나 보통은 칵테일로 만들어서 마신다. 식민지 시대에는 더욱 흔한 술이 아니었는데, 청목당에서 퀴라소를 팔았다는 사실은 기억해 둬도 좋을 것 같다.

다시 《삼대》로 돌아가 보자. 청목당에 자리를 잡은 후 경애는 정작 먹겠다는 저녁은 안 먹고 상훈을 내팽개쳐 두고는 주문한 퀴라소를 혼자서 마신다. 애초에 매당과 의경을 불러낼 속셈이었으니 경애의 입장에서는 별 이상할 일도 아니다. 이후 두 사람은 어떻게 되었을까? 상훈은 의관도 안 갖췄다며 빨리 돌아가자고 재촉하고 경애는 들은 척 만 척 퀴라소만 마시는 우스꽝스러운 장면이 연출되었다.

매당과 의경이 청목당에 들어선 것은 그때였다. 경애가 청목당으로 향하면서 매당집으로 차를 보내 상훈과 함께 청목당에 있다며 두 사람을 불러낸 것이었다. 현재 상훈의 애인인 의경과 둘을 주선한 매당을 불러 상훈을 망신시키려고 한 전 애인 경애의 의도가 보인다. 경애는 매당과 의경을 처음 만난 자리에서 퀴라소 한 잔을 쭉 들이켜고는 의경에게 잔을 내민다.

술잔 재촉을 또 받고서 의경은 어찌는 수 업시 자기 앞의 잔을 어머니에게로 밀어 노앗다. 매당은 잔을 성큼 들어 쭉 마시엇다. 조선의 여걸도 브랜듸, 휘스키는 알지마는 이런 기린 모가지 가튼 병의 술은 처음 보는 거라 호기심으로 마시기는 하엿스나 (…) 이것을 시초로 매당과 경애는 정종으로 달라부터서 주거니 받거니 두 술장수가 내기를 하는지 판을 차리고 먹엇다.

경애가 준 잔을 의경이 매당에게 밀어놓자 매당은 조선의 여걸답게 자기 앞에 놓인 술을 단숨에 마신다. 상훈을 앞에 두고 팽팽하게 기싸움을 하는 경애와 매당의 모습은 긴장감이 넘치는데, 염상섭의 소설에서 드물지 않게 나타나는 장면이다.

위의 인용에는 매당이 브랜디, 위스키는 많이 마셔봤지만 기린 목같이 긴 목의 퀴라소 병은 처음 본다고 되어 있다. 앞서 언급했듯이 퀴라소가 흔한 술이 아니었기 때문일 것이다. 그렇게 경애가 내민 잔을 매당이 받아 마시면서 두 사람은 본격적으로 대작을 벌인다. 나중에 둘은 술의 종류를 정종으로 바꾸어 내기를 하듯 판을 차리고 마신다. 여기서 청목당이 서양요리점이었지만 정종도 판매했음을 알 수 있는데, 주된 고객이 일본인이었기 때문일 것이다. 술자리가 끝나자 매당은 경애를 인력거에 태워 자기 집으로 데려가려 하지만 그것까지 계산했던 경애는 그 자리를 유유히 빠져나간다.

고급스러운 혹은
사치스러운 메뉴들

《삼대》에서는 경애 일행이 청목당 3층에서 대작을 벌였고, 《마도의 향불》에서는 숙경과 영철이 3층 방에서 정식으로 식사를 했다. 또 《사랑의 수족관》의 경희와 광호도 3층 홀에서 정식을 먹었다. 이를 통해 청목당 3층이 식사를 하거나 안주와 함께 술을 마시는 공간이었음을 알 수 있다. 그렇다면 청목당 3층에서는 정식과 퀴라소 외에 또 어떤

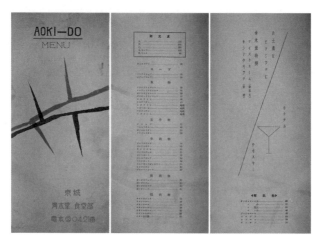

○ 1930년대 중반 청목당의 메뉴판.

음식을 판매했을까?

위의 이미지는 1930년대 중반 청목당의 메뉴판이다. 어렵게 구한 것이니만큼 자세히 살펴보자. 메뉴판을 펼치면 먼저 정식이 눈에 띄는데, 정식은 1원 50전, 2원, 2원 50전 세 종류가 있었다. 현재 물가로 환산하면 7만 5,000원, 10만 원, 12만 5,000원 정도다. 이는 저녁 식사의 가격으로 점심 식사는 조금 더 저렴했다.

소고기를 재료로 한 음식으로는 '비프스테이크Beef Steak'가 70전, '비프스튜Beef Stew', '콜드비프Cold Beef', '비프커틀릿Beef Cutlet'이 50전이었다. 다른 음식은 익숙하겠고, 콜드비프는 구운 소고기를 차게 해서 먹는 음식이라고 한다. 돼지고기와 닭고기를 재료로 한 커틀릿은 소고기로 만든 것보다 조금 쌌다.

생선을 재료로 한 음식으로는 '프라이드피시Fried Fish', '보일드피시Boiled Fish', '그라탕드피시Gratined Fish'가 모두 50전이었다. 덮밥류

○ 청목당에서는
비프스테이크를 비롯한
서양요리와 정식,
곧 코스 요리를 판매했다.

는 '치킨라이스Chicken Rice', '오믈렛라이스Omelet Rice'가 45전, '카레라
이스Curried Rice'가 40전이었다. 이 외에 잼이나 치즈를 곁들인 빵이나
샐러드 같은 간단한 메뉴도 판매했다.

청목당이 경성에 자리를 잡은 후 '화양절충和洋折衷'의 음식을 판매
하는 식당이 하나둘씩 늘어나기 시작했다. 화양절충의 음식이란 '라
이스카레ライスカレー', '돈가스豚カツ', '고로케コロッケ' 등과 같이 일본인
의 입맛에 맞춘 서양음식을 뜻한다. 그렇다면 이들의 가격은 어느 정
도나 되었을까?

많이 알려지진 않았지만, 1923년 발생했던 도쿄대진재를 다룬 〈진
재전후〉라는 소설이 있다. 1931년 8월 정우홍이 〈동아일보〉에 연재한
소설로, 도쿄대진재 전후의 도쿄와 그 외곽 지대를 다루고 있다. 〈진
재전후〉의 초반에는 일본에서 일하던 조선인 노동자들이 음식에 관
해 대화를 나누는 장면이 등장한다. 이들은 비싼 음식을 먹어보지 못
해 대개 '규메시牛めし'나 '우동うどん' 같은 저렴한 음식을 이야기한다.
또 그것보다 조금 비싼 음식이라며 '오야코동親子丼'과 함께 라이스카

레를 먹어봤다고 자랑한다. 여기서 규메시는 고기덮밥, 오야코동은
닭고기계란덮밥 정도를 뜻한다. 이들의 대화는 라이스카레의 가격이
우동이나 규메시보다는 비쌌으며 오야코동과 비슷했음을 말해준다.

위의 이미지는 1930년 11월 〈조선일보〉에 실린 '전동식당'의 광고
이다. 전동식당은 서양음식과 조선음식을 함께 파는 식당이었는데,
서양음식으로는 치킨라이스가 25전, 생선프라이, 돼지고기프라이가
15전이었다. 라이스카레는 15전으로 치킨라이스보다는 저렴했고 생
선프라이, 돼지고기프라이와 같았다.

그런데 광고가 실린 시기가 쌀값 폭락 때문에 음식값이 인하되었던
1930년이라는 것도 고려할 필요가 있다. 1920년대나 1930년대 중반
이후에는 음식값이 이보다 5~10전 정도가 비쌌다. 이를 고려하면 식
민지 시대에 라이스카레는 20전 정도 했을 것이다. 고로케는 라이스
카레와 비슷한 가격이었으며, 돈가스는 10전 정도 비싼 30전이었다.

청목당에서는 정식이 1원 50전, 2원, 2원 50전이었으며, 비프스테이크가 70전, 비프스튜, 콜드비프, 비프커틀릿이 50전이었다. 대중적인 화양절충의 음식점에서 라이스카레, 돈가스, 고로케 등의 가격이 20~30전 정도 했으니, 청목당의 가격대가 어느 정도였는지 짐작할 수 있다.

청목당의 술값은 어느 정도였을까? 먼저 메뉴판에 위스키 '올드파 Old Parr', '임페리얼 Imperial', '화이트호스 White Horse' 등은 60전이라 적혀 있는데, 한 잔의 가격으로 보인다. 특히 올드파는 아래 이미지처럼 몇 차례에 걸쳐 신문 광고를 했는데, 판매하는 위스키 가운데 주력 상품이었던 듯하다. 《삼대》에서 경애가 주문했던 퀴라소는 위스키와 비슷하거나 조금 더 비쌌을 것이다. 맥주는 삿포로 큰 병이 60전, 작은 병이 35전이었고, 흑맥주인 '스타우트 Stout'는 65전이었다. 그때도 흑맥주가 있었나 하는 독자들도 있겠지만, 흑맥주도 식민지 시대부터 일반 맥주와 나란히 판매되었다.

그렇다면 청목당에서 판매하는 술은 다른 식당들과 비교해 얼마나 비쌌을까? 청목당의 술값이 어느 정도였는지는 선술집과의 비교를 통해 잘 나타난다. 선술집은 식민지 시대 대중들이 가장 즐겨 찾는 술집이었다. 현진건의 〈운수 좋은 날〉이나 채만식의 〈산적〉 등에는 선술집 안주장에 진열되어 있던 다양한 안주와 함께 독특한 계산 방식 역시 그려져 있다. 선술집에서

○ 위스키 '올드파'가 그려진
청목당의 광고.
〈조선신문〉 1931. 7. 5.

는 막걸리, 약주 같은 술을 한 잔 마시면 안주 하나를 공짜로 먹었다. 그리고 그렇게 먹는 데 단돈 5전만 내면 되었다. 그러니 청목당에서 위스키 한 잔 마시는 값이면 선술집에서 막걸리 12잔과 안주 12가지를 먹을 수 있었다. 맥주로 따지면 작은 병으로 마시더라도 선술집에서는 막걸리 7잔과 안주 7개를 먹는 값이었다. 경성 최고의 서양요리점이었던 청목당의 술값이 어느 정도였는지 가늠해 볼 수 있는 부분이다.

아래의 이미지를 통해 메이지明治, 다이쇼大正 시기 일본의 서양요리 가격을 엿볼 수 있다. 라이스카레는 1902년에 5~7전이었는데, 1917년에는 7~10전으로 인상되었다. 커피는 같은 시기 2전에서 5전으로 올랐다. 정식, 즉 코스 요리는 1865년과 1868년의 가격만 나와 있어서

		西洋料理		そば	コーヒー
慶応元年 1865	🍽️	肉4品・スープ・菓子付 (神田三河屋)	50銭		
明治元年 1868	🍽️	スープ・フライ・ビフテキ・ パン・コーヒーのコース料理 (南海亭／九段)	16銭	5厘 (1銭の半分)	
明治30年 1897	🍖	カツレツ	7~8銭	1銭2厘	2銭
明治35年 1902	🍛	ライスカレー	5~7銭	1銭8厘	2銭
大正3年 1914	🍖	カツレツ	15銭	3銭	5銭
大正6年 1917	🍛	ライスカレー	7~10銭	4銭	5銭

○ 메이지, 다이쇼 시기 일본 내 서양요리 가격 비교. © Plenus "kome" Academy

시기별 추이는 알기 어렵다. 앞서 청목당에서 판매했던 정식과 화양 절충의 음식 가격 차이에 대해서 다루었으니 라이스카레 가격을 통해 어느 정도 추정은 가능할 것이다.

　메뉴판과 다른 자료를 통해 거칠게나마 청목당 3층에서 팔았던 음식과 그 가격에 대해 살펴보았다. 그렇다면 청목당 1층과 2층은 어떤 공간이었을까? 2층은 차나 음료를 마시거나 과자나 디저트를 먹을 수 있는 공간이었다. 메뉴판을 보면 커피, 홍차, 초콜릿밀크, 코코아밀크의 가격이 모두 15전이었다. 초콜릿밀크와 코코아밀크는 지금으로 따지면 '핫초코'와 비슷할 것 같은데, 당시에는 둘이 어떻게 달랐는지 궁금하다. 소다수는 20전, 사이다, 시트론은 30전이었다. 케이크, 과자 등의 디저트는 대개 20전 정도였다.

　이처럼 이 책에서는 경성의 맛집에서 판매했던 음식의 맛이나 종류와 함께 그 가격에 대해서도 주목할 것이다. 가격에 관심을 가지는 먼저의 이유는 지금 우리에게 생소하고 낯선 음식들과 익숙한 음식들의 비교를 통해 당시의 음식들이 얼마나 비싸거나 저렴했는지 파악하기 위해서다. 하지만 보다 중요한 이유는 식민지 시대의 음식 가격과 그 변동을 살펴보는 것이 비단 음식 물가를 알아보는 데서 그치지 않는다는 데 있다. 음식의 가격 변동을 살펴보는 것은 곧 그 시대의 경제 상황을 추정할 수 있는 단서가 된다.

　1930년 11월 〈동아일보〉에는 "물가 점점 하락 음식가가 제일착", "각지 물가 감하 불감처엔 비난성"이라는 기사가 실린다. 또 1939년 1월과 4월 〈조선일보〉에는 "무엇이 얼마나 올랐나", "물가는 계속 앙등"이라는 기사가 실린다. 앞선 기사들은 1930년 전후로 쌀값이 폭락해서 다른 물가에 영향을 미칠 때의 것이고, 뒤는 중·일전쟁 발발 등 전시 체제와 맞물려 물가가 인상될 때 실린 기사였다. 그런데 이들 기사에서 물가 파악을 위해 주목하는 품목은 쌀, 보리, 콩 등의 곡물과 함께 고기, 달걀, 두부, 고등어, 간장, 된장 등 대부분 음식이다. 물가가 오르내릴 때 음식값이 가장 민감하게 반응한다는 것은 잘 알려진 사실인데, 이 책에서 음식의 가격에 주목하는 것도 그것이 식민지 시대의 물가를 파악하는 '바로미터'가 될 수 있기 때문이다.

《마도의 향불》이나《삼대》외의 소설에서도 청목당은 심심치 않게 등장한다. 이광수의 소설《흙》에서는 허숭과 정선이란 인물이 우여곡절 끝에 결혼하는데, 정선은 농촌으로 가서 계몽에 힘써야 한다는 허숭의 뜻을 따르지 않고 혼자 경성에 남는다. 그러고는 사치스러운 생활을 이어가는데, 거기에서 5성급 호텔과 함께 배경으로 등장하는 곳이 청목당이다. 여기서 5성급 호텔은 조선호텔을 가리키는 것이었으니, 조선호텔 아니면 청목당에서 식사를 하고 시간을 보냈다는 것이다.

최독견도 식민지 시대를 배경으로 하는 소설 〈낭만시대〉에서 서양요리점으로는 청목당이 조선호텔 식당과 함께 가장 유명한 집이라고 말했다. 또 같은 작가의 소설《향원염사》에서 고장일의 초대로 변영호와 정순이 만찬을 가지는 장소도 청목당이었다. 채만식의《인형의 집을 나와서》에서는 노라와 함께 마작을 즐기는 일행이 등장한다. 그들은 가끔 본정에 나가면 악기점에서 비싼 축음기를 사고 베이비골프를 치기도 했는데 이런 노라 일행이 저녁을 먹기 위해 들르는 곳이 청목당이었다는 점도 주목할 만하다. 위의 여러 소설들에서 청목당은 조선호텔 식당과 비슷한 정도로 고급스러운 혹은 사치스러운 서양요리점으로 등장하고 있는 것이다.

그런데 실제 청목당과 조선호텔 식당의 수준은 어땠을까? 위 소설들에 등장하는 것처럼 비슷한 수준으로 고급스러웠을까? 두 식당에서 판매했던 정식의 가격을 비교해 보면 실제로는 청목당이 조선호텔 식당보다 조금 낮은 등급이었음을 알 수 있다. 점심, 저녁 정식의 가격이 각각 50전 정도 저렴했기 때문이다. 두 식당의 정식 가격에 대해서는 조선호텔 식당을 다루면서 더 자세히 살펴보겠다.

그렇다면 식민지 시대 청목당을 즐겨 찾았던 손님들은 누구였을까? 조선인이었을까, 일본인이었을까? 물론 조선인 손님을 끌어들이려는 노력도 있었지만 청목당에서 주된 타깃으로 삼았던 손님은 역시 일본인이었다. 앞서 청목당에서 정종을 판매했다는 사실을 통해서 거칠게나마 확인한 바 있다. 특히 광화문통을 중심에 두고 일을 했던 관리나 명치정에 자리 잡은 일본계 회사의 직원들 가운데 청목당의 단골 손님이 많았던 것으로 보인다.

크게 두 가지 근거를 들 수 있다. 하나는 청목당 광고가 〈동아일보〉, 〈조선일보〉 등 조선어 신문보다 〈경성일보〉, 〈조선신문〉 등 일본어 신문에 훨씬 많이 실렸다는 사실이다. 앞서 본 위스키 올드파의 광고 역시 1931년 7월 〈조선신문〉에 실린 것이었다. 또 다른 근거는 청목당에서 일했던 종업원의 국적이다. 청목당에서는 종종 〈경성일보〉, 〈조선신문〉에 종업원을 채용한다는 광고를 실었다. 그런데 그 조건을 꼼꼼히 들여다보면 2층 커피숍이나 3층 식당 겸 카페에서 일하는 종업원의 국적을 일본인으로 제한했다. 이 역시 간접적으로나마 청목당을 찾던 주된 손님이 일본인이었다는 것을 말해준다.

마침내 조선에 상륙한 '양식'

청목당은 경성, 나아가 조선에 처음 문을 연 본격적인 서양요리점으로, 조선에 서양요리점 혹은 서양요리가 정착되는 과정을 보여준다는 점에서 더욱 흥미롭다.

청목당이 본정 입구에 문을 연 것은 1907년 4월이었다. 다음 장에서 살펴보겠지만 당시 미쓰코시백화점은 '출장 대기소'라는 이름을 걸고 조선에 체류하는 일본인을 대상으로 통신판매에 주력할 때였다. 본정 입구로 이전하기도 전이라서 위치도 본정 1정목 안쪽이었다. 《삼대》에서 살펴봤듯, 당시 본정은 조선인들에게 진고개라고 불리는 등 여전히 낡은 모습을 간직하고 있었다.

다음의 이미지는 도쿄에 위치했던 청목당 본점의 광고이다. 경성의 청목당은 도쿄의 본점과 마찬가지로 처음에는 서양의 식료품 재료를 수입, 판매하는 상점에서 출발했다. 도쿄 본점에서 식료품을 수입하면서 동시에 경성 지점에도 제공했을 것으로 추정된다. 당시 경성에도 서양 식료품 재료를 수입, 판매하는 프랑스인, 중국인이 몇몇 있었지만 그들이 판매하던 물건은 가격이 비싼 데다가 품질 역시 좋지 않았다고 한다.

청목당에서는 미국, 영국, 프랑스, 러시아 등 여러 나라에서 수입한 과자, 음료, 위스

○ 도쿄 청목당 본점의 광고.
〈동아지광〉 10권 7호.

키, 브랜디, 컬런, 화장품 등을 판매했다. 그때도 주된 손님은 경성에 이주했거나 체류하던 일본인들로, 일본에 있을 때부터 청목당의 명성에 익숙했던 사람들이었다. 이후 청목당은 관청, 군대, 헌병대, 은행, 회사 등을 중심으로 판로를 개척해 나갔다.

확장을 거듭하던 청목당은 1914년에는 남대문통 3정목 10번지에 3층 건물을 신축하고, 1, 2, 3층 모두에서 영업을 했다. 2층에서는 커피숍을 운영하며 음료와 함께 수입 과자를 판매했고, 3층은 서양요리점 겸 카페로 개장해, 식사를 하거나 술을 마시는 공간으로 만들었다. 《마도의 향불》, 《삼대》, 《사랑의 수족관》 등에 등장했던 장소도 주로 3층이었다. 청목당의 전화번호는 본국 2번에 대표번호는 0410이

었고, 식료품부는 0411, 식당부는 0422였다. 군이 전화번호까지 확인하는 이유는 청목당의 1, 2, 3층이 각각 다른 방식으로 운영되었음을 분명히 하기 위해서이다.

그렇다면 청목당 1층은 어떤 공간이었을까? 청목당 1층은 조선에 서양요리점 나아가 서양요리가 정착되는 과정을 가장 잘 보여주는 공간이다. 먼저 청목당 1층에서 판매했던 상품부터 살펴보자. 연유, 치즈, '고시오胡椒'라고 불린 후추, 카레 분말, 크림소스, 딸기잼, 각설탕, 소금, 맥주, 소면, 커피 분말, 코코아 분말 등 서양요리나 음료를 만드는 재료, 곧 외국에서 수입된 식료품 재료들을 주로 팔았다. 물론 이들 외에 화장비누, 치약, 액체로 된 분 등도 판매했지만 주력 상품은 아니었다.

처음 청목당 2층이나 3층을 방문했던 조선인 손님들은 그때까지 접해보지 못했던 검고 쓴 음료를 마시거나 이상야릇한 냄새가 나는 음식을 먹으며 신기해했을 것이다. 《무정》에서 영채가 병욱이 건넨 샌드위치를 난생 처음 맛보았을 때처럼 무슨 맛인지는 몰라도 무언가 운치 있다고 느꼈을지도 모르겠다. 이후 청목당을 몇 차례 방문해 점점 음식 맛에 익숙해지면서 그들 가운데 몇몇은 단골이 되고, 그 과정에서 지인들에게 신기하고도 운치 있는 서양음식에 대해 자랑하며 같이 방문하게 된다. 그리고 한편으로 그들은 이곳에서 판매하는 음식을 집에서도 조리해 먹으면 좋겠다는 생각을 떠올렸을 것이다.

본정과 명치정에 '금강산', '후타미二見' 등의 다방이 문을 연 것은 1920년대 들어서였고, 종로의 '카카듀'는 1920년대 후반이 되어서야 영업을 시작했다. 앞서 살펴봤듯이 청목당이 처음 문을 연 것은 1907년이었고, 3층 건물을 신축해 새롭게 개장한 것은 1914년이었다. 청목당 2층에서는 음료, 수입 과자 등도 팔았지만 대표 상품은 역시 커피였다. 그렇다면 앞선 다방들이 연이어 문을 여는 데 미친 청목당의 영향을 떠올려 보는 것은 어렵지 않다. 다방의 주인에게든, 그곳을 찾는 손님들에게든 그 영향은 작지 않았을 것이다.

1927년 11월 〈조선일보〉에 실린 최독견의 소설 〈난영〉에는 혜원이 자신의 집을 방문한 충자에게 커피를 타주는 장면이 등장한다. 또 1936년 6월 〈동아일보〉에 연재된 장혁주의 〈여명기〉에서도 이순은 자신의 집에 들른 안라를 위해 '곤로焜爐'에 물을 끓여 커피를 타고 각설탕을 넣어 대접한다. 앞선 소설들은 1920년대 후반에 이르면 집에서 커피를 타 마시는 일이 흔해졌다는 사실을 말해준다. 청목당의 1층 식료품 매장에서 서양요리나 음료를 만드는 다양한 재료와 함께 커피 분말도 판매했음은 앞서 확인했다.

커피를 즐기는 사람들이 늘어나자 화신백화점에서도 커피를 판매하기 시작했다. 화신백화점 식료품부에서는 '자바', '모카'라는 두 종류의 원두커피를 판매했다. 아마 1930년대가 되면 미쓰코시, 조지아, 미나카이 등 남촌에 위치한 백화점들 역시 마찬가지였을 것이다. 커피를 마시는 사람들이 늘어나고 마니아층도 생겨나자 맛없는 분말 커피 대신 청목당이나 백화점 식당에서 마셨던 원두커피를 찾는 사람이 증가했기 때문이다.

청목당에서 맛본 음식을 집에서도 조리해 먹으려던 사람들은 청목당 1층에서 커피 분말이나 카레 분말 혹은 연유나 크림소스 등의 수입 식자재를 구매해 갔다. 음식점에서 처음 접해본 음식을 집에 가서 만들어 먹는 과정은 식민지 시대에 유입된 낯선 요리들이 조선에 정착되는 일반적인 순서였다. 이는 서양요리뿐만 아니라 그 변용인 화양절충의 음식 역시 마찬가지였다.

1910년대 중반이 되면 청목당은 경성 사람이라면 모르는 이가 없을 정도로 유명한 서양요리점이 되었다. 심지어 전차 정거장이 신설되거나 교통사고 등이 보도될 때 신문 기사에서 '청목당 앞'이라 언급할 정도로 청목당은 경성의 랜드마크로 자리 잡았다. 그 정도로 유명했으니 조선에 서양요리점 혹은 서양요리가 자리 잡는 데 청목당이 중요한 역할을 했음은 자명하다.

최독견은 〈낭만시대〉에서 청목당을 언급하면서, 간단한 식사는 '보아그랑ボアグラン'도 괜찮다고 한다. 보아그랑은 조선저축은행 지하에 있던 식당으로, 주로 화양절충의 음식을 팔았다. 또 이서구는 〈개화백경〉에서 청목당을 기독교청년회관 식당, 백합원과 함께 고급스러운 서양음식점으로, 공평동에 있었던 '태서관'을 대중적인 서양음식점이라고 부른다. 보아그랑이나 태서관을 간단하거나 대중적인 서양음식을 먹을 수 있는 곳이라고 칭했다는 사실을 통해 거꾸로 청목당의 성격을 유추할 수 있다. 청목당은 이들 식당과 다르게 정식, 곧 코스 요리를 중심으로 정통 서양요리를 판매하는 음식점이었다는 것이다. 1920년대 들어서 경성에는 화양절충의 음식점이 크게 늘어난다. 그런 가운데서도 청목당은 고집스럽게 본연의 서양요리를 제공하려 했다.

《대경성도시대관》에는 형인 구보타 코시미久保田敏三가 도쿄의 본점을 운영하고 동생인 구보타 긴노진이 경성의 지점을 맡았다고 적혀 있다. 그런데 형제가 운영했음에도 본점과 지점은 성격이 조금 달랐다. 도쿄 청목당 본점의 모습은 나쓰메 소세키의 《산시로三四郎》, 아쿠타가와 류노스케의 〈어느 바보의 일생或阿呆の一生〉, 도쿠다 슈세이의 〈곰팡이黴〉, 또 마사오카 시키正岡子規의 〈메이지 33년 10월 15일의 한 기사明治33年10月15日―記事〉 등 일본 유명 소설가들의 작품에서 엿볼 수 있다.

청목당 본점은 도쿄의 혼고本郷 근처에 위치하고 있었는데, 앞선 소설들에는 대개 커피, 홍차, 초콜릿 음료와 함께 고급 수입 과자를 판매했던 2층이 그려져 있다. 아몬드를 곁들인 마카롱, 마카롱으로 감싼 초콜릿, 건포도를 넣은 비스킷 등 이름만 들어도 군침이 도는 각종 디저트들이 등장한다. 또 카스텔라, 드롭스, 치즈 등도 판매했다고 되어 있다.

도쿄의 청목당 본점 역시 서양 식자재를 수입해서 판매하는 가게로 출발했다. 이후 2층에 커피숍을 개점하면서 음료나 과자를 맛본 손님들이 1층 판매소에서 식자재를 구입해 갔던 과정도 경성의 청목당과 같다. 하지만 도쿄의 본점과 경성의 지점이 지닌 가장 큰 차이는 본점에는 서양요리를 파는 음식점이 없었다는 것이다.

청목당 본점이 개점할 당시 적지 않은 서양요리점이 도쿄에 들어서 있었기 때문인 듯하다. 이미 1863년 나가사키에 일본 최초의 서양요리점인 '료린테이良林亭'가 문을 열었다. 또 1868년에는 오사카에 '지유테이自遊亭'라는 호텔 겸 서양요리점이 개장해, 천황을 비롯한 외국 고위인사들에게 서양요리를 제공했다. 도쿄에 '츠키지호텔築地ホテル 식당', '세이요켄精養軒' 등이 개점해 서양요리를 판매했던 것 역시

○ 도쿄에 개장했던 서양요리점 세이요켄의 내부. 일본국립국회도서관.

1868년, 1872년이었다. 위의 이미지는 츠키지에 위치했던 세이요켄의 내부 모습이다.

오카다 데쓰岡田哲는 《돈가스의 탄생》(뿌리와이파리, 2006)에서 서양요리가 일본에 정착된 과정에 대해 논의한 바 있다. 일본에 서양요리가 유입된 것은 에도 시대 말에서 메이지 시대 초에 걸쳐서였다고 한다. 일본 내 서양요리가 처음 등장했던 곳은 일본에 체류하던 서양인을 위한 음식점이었는데, 이후 그곳에서 조리나 서빙을 했던 일본인이 직접 식당을 열고 서양요리를 판매하게 된다.

서양요리를 '양식洋食'이라는 용어로 규정한 인물은 일본의 근대사상가 후쿠자와 유기치福澤諭吉다. 1882년 《제실론帝室論》에서 일본에 유입된 서양음식을 가리켜 양식이라는 말을 처음 사용했다. 일본음식을 '화식和食'이라고 부르게 된 것 역시 양식이라는 말이 사용되면서 부터였다.

근대가 개막되기 전까지 일본에서는 불교의 영향으로 육식을 금기시했다. 따라서 소고기나 돼지고기를 재료로 한 서양요리가 처음 등장했을 때 거부감도 작지 않았다. 정부는 국민의 체력 향상을 명분으로 육식을 권장하려 했는데, 황제가 고기로 만든 서양요리를 먹었다는 기사를 신문에 게재한 것도 그 일환이었다. 부국강병이라는 취지 아래 확장을 의도했던 육군과 해군에서도 서양요리를 급식으로 도입했다. 하지만 일반인들은 여전히 서양요리를 먹기 거북해했고, 결국 일본인에게 익숙한 조리방식을 도입하게 된다. 그런 과정을 통해 고기를 냄비에 넣고 끓이거나(스키야키) 기름에 튀기는(돈가스) 화양절충의 음식이 탄생한 것이다. 1910~1920년대에는 화양절충의 음식이 저렴해지는 것과 맞물려 대중들에게 널리 보급되었다.

도쿄에 청목당이 들어선 것은 일본 내 서양요리가 프랑스요리를 모델로 한 고급 음식에서 화양절충의 음식으로 변화하는 과도기쯤이었다. 청목당이 서양요리를 조리하기 위한 식자재를 수입하는 데서 출발했던 것 역시 그 때문이었다. 도쿄의 청목당 2층에서 판매했던 커피나 디저트도 서양에서 직접 수입한 재료로 조리한 것이었다. 당시 이름난 서양요리점들이 여럿 들어서 있던 도쿄와는 달리 경성에서는 1910년대까지 서양요리점을 찾아보기 힘들었다. 그런 이유로 청목당 3층을 본점과 달리 서양요리점 겸 카페로 개점했을 것이다. 사족이지만 청목당 본점은 2차 세계대전 당시 미군의 도쿄 공습으로 불이 나 전소되었다.

앞서 살펴보았던 두 소설의 결말을 확인하면서 청목당 구경을 마무리할까 한다. 청목당 3층 방에서 정식을 먹었던《마도의 향불》의 숙경과 영철은 어떻게 되었을까? 숙경은 건달을 시켜 애희를 겁탈하게 하고 국현의 재산을 차지하게 된다. 그런데 숙경의 욕심은 끝이 없어 국현마저 독약을 먹여 죽인 후 불을 질러 증거를 인멸하려 했지만 결국 범행이 발각된다. 이후 아버지의 유산을 상속받은 애희는 영철과 결혼한 후 사회사업에 매진한다. 결론적으로 영철을 청목당에 데려가 유혹하려 했던 숙경의 계략은 실패로 돌아간 것 같다. 그런데 전체 이야기를 들여다보면 영철 역시 답답하긴 마찬가지라서 소설은 '해피엔딩'으로 끝났지만 썩 개운치는 않다.

《삼대》에서 청목당으로 끌려와 빨리 돌아가자고 재촉하던 상훈과 들은 척 만 척 퀴라소를 마시던 경애의 소식도 궁금하다. 사실 상훈은 그때도 교회 장로 노릇을 하면서 술집에 드나드는 이중적인 생활을 하고 있었다. 그리고 조 의관이 행한 재산 분배에서 냉대를 당한 후 실의에 빠져 부인을 내쫓기까지 한다. 이후 욕정과 노름에 빠져 방탕한 생활을 하다가 얼마 받지 못한 재산마저 다 쓰고 만다.

《삼대》 후반부에서 병화는 필순이와 함께 '산해진'이라는 식료품 가게를 연다. 경애는 병화와 필순이를 지원하고 응원을 아끼지 않지만 두 사람은 가게를 얻는 데 쓴 돈 때문에 장훈 패거리들과 경찰에게 시달리게 된다. 그때 경애도 험한 꼴을 당하지만 꿋꿋하게 이겨내고 자신의 삶을 개척해 나간다. 결국 상훈과 경애, 두 인물이 맞이한 결말 역시 청목당에서 빨리 나가고 싶어 철없이 재촉하던 상훈의 모습과, 또 못 들은 척 퀴라소를 태연히 마시던 경애의 모습이 비교되던 광경과 크게 다르지 않은 것 같다. 그래서 사람은 음식 앞에서 오히려 솔직해진다고 하는지도 모르겠다.

　그런데 《마도의 향불》이나 《삼대》는 아니지만 8장에서 살펴볼 심훈의 소설 《불사조》 역시 청목당에 대한 흥미로운 정보를 제공한다. 《불사조》에서 계훈과 주리아는 조선호텔에서 숙박하다가 계훈의 집으로 거처를 옮기는데, 거기서 청목당에다 음식을 시켜 먹었다는 언급이 나온다. 계훈의 아버지 김 장관이 조선에서 손꼽히는 부자라서 편의를 봐주었을 수도 있겠지만, 이 장면을 통해 청목당에서 배달도 했음을 알 수 있다. 앞서 확인한 《대경성도시대관》에 실린 청목당의 사진 아래쪽에는 직원들과 함께 자전거가 눈에 띄었는데, 여기에서 그 용도 역시 짐작할 수 있다.

청목당이 새롭게 개장했습니다

〇〇〇〇

아래의 글은 1914년 6월 〈매일신보〉에 실린 청목당에 관한 기
사이다. 같은 해 5월 건물을 신축해 새롭게 개장한 모습에 대해 소
개하고 있다. 청목당이 1907년 4월 처음 개업했다는 것, 개업 당시 여러
가지 어려움이 있었다는 것 등을 언급한다. 또 건물을 신축하는 것과 함께 도
쿄의 본점과 마찬가지로 경성의 청목당도 명물로 자리했다고 말한다. 기사 가
운데 흥미로운 부분을 정리해 소개하겠다.

동경 청목당이 동경 명물의 하나 됨과 같이 경성 청목당은 금일과 같이 웅
장한 경성 명물이 된다. 동경인이 동경 청목당을 모름이 수치스러움과 같이
경성인이 경성 청목당으로 모름은 경성 인사의 면목에 관계된다. 구보타 긴
노진久保田金之進 씨가 경성에 온 것은 1907년 4월이다. 지금 경성은 동경의
긴자銀座라 할 만큼 번창하엿으나 당시는 본정이 소위 진고개泥峴라서 상당
한 가옥이 없고 일본공사관 앞 우편국이 유일한 건물이엇다. 처음 경성에
온 구보타 씨는 각종 난관을 거쳐 서양 식료품 직수입점을 열엇다.
당시는 프랑스인 2인, 중국인 8인 정도가 서양 식료품을 수입하고
잇어, 체류하는 서양인은 물론 중국인 대부분도 이들에게 공급
을 받앗다. 그런데 식료품 가격이 비싸고 품질이 불량해 불
편을 격엇다. 구보타 씨는 제일로 이를 개량하려고 생
각하고 청목당을 개점하엿다. 이후 경성 체류
일본인의 신용을 얻어 제일은행 등
제반 기관의 도움을 받

○ "신성한 청목당—남대문통의 위관", 〈매일신보〉 1914. 6. 11.

게 되엇다. 이에 서양 식료품의 직수입을 개시하여, 신품을 싼 가격에 제 공해 내, 외국인의 편리를 도모하엿다.

발전과 진보의 제일보를 통해 직수입을 계속하는 한편 일본인에게는 일본 인의 제반 수요품을 공급하게 되엇다. 이후 총독부 각 관사, 총독부 병원, 군 사령부, 헌병대, 조선은행 등에도 판로를 개척하엿다. 또 부산, 평양, 인천, 원산, 대구, 진남포 등지까지 발전하게 되엇다.

이후에는 일상 식료품을 싼 가격에 공급하기를 꾀하엿다. 이를 통해 1914년 5월 18일 조선은행 근처에 새로운 건물을 세웟다. 새로 지은 청목당에 서는 신식의 기풍이 흐른다. 구보타 씨는 상업회의소 위원과 같은 공직도 사퇴하고 청목당의 운영에 전념하고자 한다. 전부의 물 품을 일신하여 청청한 점포로 개업하엿는데 예전 영업소 시 절보다 판매액이 네 배에 이른다. 지금은 미국, 프랑 스, 러시아, 영국 등 각국에서 화장품, 궐련초, 브란디, 술, 과자 등 다양한 상품을 수 입한다.

2장

화목한 가족의 나들이 명소

미쓰코시백화점 식당

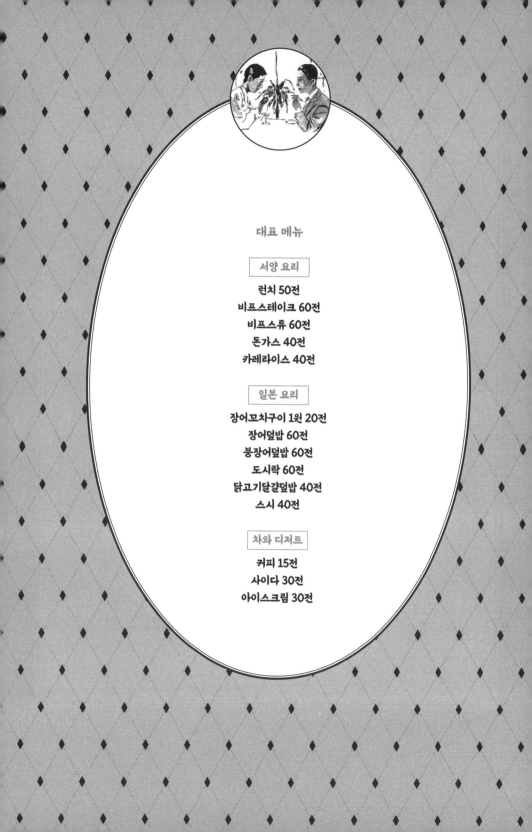

대표 메뉴

서양 요리

런치 50전
비프스테이크 60전
비프스튜 60전
돈가스 40전
카레라이스 40전

일본 요리

장어꼬치구이 1원 20전
장어덮밥 60전
붕장어덮밥 60전
도시락 60전
닭고기달걀덮밥 40전
스시 40전

차와 디저트

커피 15전
사이다 30전
아이스크림 30전

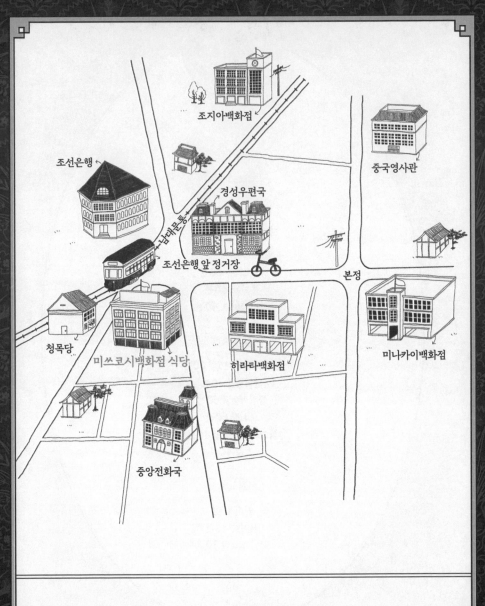

조지아백화점

중국영사관

조선은행

경성우편국

남대문통

조선은행 앞 정거장

본정

청목당

미쓰코시백화점 식당

히라타백화점

미나카이백화점

중앙전화국

주소 **본정 1정목 52번지**

본정 백화점의 왕좌

백화점 최상층에 가면 대체로 음식점이 자리하고 있는 것을 볼 수 있다. 꼭 백화점이 아니더라도 웬만한 고층 건물 역시 마찬가지다. 지금에 와서는 너무 당연한 일이라 특별히 의식하기 힘들었을지도 모르겠다. 오늘날처럼 건물 최상층에 음식점이 들어서는 데 선구적인 역할을 한 것이 백화점 식당이었다. 그리고 그것은 이 책의 배경인 식민지 시대에 일어난 일이다.

식민지 시대 본정 주변에는 세 개의 대형 백화점이 자리하고 있었다. '미쓰코시三越', '조지아ジョージア', '미나카이三中井' 백화점이었는데, 셋 중 가장 먼저 증축을 해 백화점다운 모습을 갖췄던 곳은 역시 미쓰코시백화점이었다. 외관이 웅장하고 화려했을 뿐 아니라 식당의 규모나 손님 수에 있어서도 우위를 점했다. 식당은 미쓰코시백화점 4

층의 동편에 위치했는데, 총 28개 테이블에 좌석은 150석이었다. 조지아백화점과 미나카이백화점은 각각 1929년, 1934년에 증축한 건물에 개장을 했는데, 새롭게 개장하면서 식당도 규모와 격식을 갖추게 된다. 하지만 유명세에 있어서는 미쓰코시백화점 식당을 따라올 수 없었다.

미쓰코시백화점 식당에서는 각종 요리를 비롯해 과일, 음료도 판매했다. 서양요리나 일본요리뿐만 아니라 커피 맛으로도 경성에서 1, 2위를 다투었다고 한다. 식당을 방문한 손님들은 유니폼을 갖춰 입은 10대 여자종업원의 서빙을 받으며 여유롭게 식사를 할 수 있었다. 식당의 축음기에서는 재즈나 클래식 음악이 흘러나와 공간에 우아한 분위기를 더했다. 조금은 혼잡하게 느껴지는 지금 백화점 식당가를 떠올려 보면 당시의 백화점 식당이 훨씬 고급스러운 분위기였음을 알 수 있다. 그런데 이곳에서 파는 음식 가운데는 서양음식, 일본음식, 심지어 중국음식까지 있었지만 조선음식은 없었다. 화려하고 고급스러운 백화점에 자리 잡은 식당이었지만, 이곳에서도 식민지라는 멍에가 작용하고 있었던 것이다.

미쓰코시백화점의 주소는 본정 1정목 52번지로 앞 장에서 살펴봤던 청목당과 인접해 있었다. 1930년 10월 미쓰코시백화점은 지상 4층, 지하 1층의 웅장한 모습을 갖추고 새롭게 개장했고 얼마 안 돼 조선은행 광장과 본정을 연결하는 랜드마크로 자리 잡았다. 지금 그곳에는 신세계백화점 본점이 위치하고 있다.

미쓰코시백화점의 전신은 '미쓰코시오복점 三越鳴服店'이다. '오복점'에서 오복은 흔히 '기모노 着物'라고 불리는 일본 전통 옷을 만드는 옷

○ 미쓰코시백화점 옥상에서 바라본 조선은행 앞 광장 일대의 시가지 전경. 서울역사박물관.

감을 뜻한다. 그러니 오복점은 주로 기모노용 옷감을 파는 고급 상점이었는데, 이후에는 옷을 직접 만들어 판매하기도 했다. 경성의 미쓰코시오복점은 1906년 일본 본점의 출장소 성격을 지니고 개업했다. 당시까지는 주로 본점 물건을 통신판매하면서 소규모 잡화상을 운영하는 정도였다. 위치는 본정 1정목이었고 이후 본정 입구로 이전하며 백화점의 모습을 갖추게 된다. 이전 후 오복점이 있었던 자리에 들어선 것이 이 책의 4장에서 살펴볼 '가네보 서비스스테이션鐘紡サービスステーション'이라는 것 역시 흥미롭다.

미쓰코시백화점의 옥상정원에 올라가면 조선은행, 경성우편국, 조선식산은행, 조선저축은행 등이 들어서 있던 화려한 광장을 한눈에 내려다볼 수 있었다. 위의 이미지는 미쓰코시백화점의 옥상정원에서 내려다본 조선은행 광장의 풍경이다. 왼편으로는 조선은행이, 오른편으로는 아주 조금이지만 경성우편국이 보인다. 중앙에 위치한 어두운 건물은 조선상업은행이다. 그 앞에 난 길은 황금정을 거쳐 종로 네거리로 향하는 도로였다.

이 장에서는 미쓰코시백화점의 식당을 구경하려 한다. 최고의 백화점 식당으로 불린 그곳에서는 어떤 음식을 판매했는지, 또 그 가격은 얼마였는지 알아보자. 또 입구에 진열된 음식 샘플을 보고 계산 부스에서 먼저 돈을 지불했던 백화점 식당의 독특한 시스템도 엿보려 한다.

이는 백화점 식당이 조선에 자리 잡는 과정을 살펴보는 것과 연관되는 작업이라는 점에서 흥미로울 것이다. 한편 그 작업이 미쓰코시 백화점과 식당에 드리워져 있던 식민지의 그늘을 확인하는 과정이라는 점에서는 조금은 불편한 일이 될 수도 있겠다.

세련된 신문물을 마주하다

번쩍이는 네온사인과
또 하나의 명물 엘리베이터

먼저 독자들을 미쓰코시백화점 식당으로 안내할 소설은 《찔레꽃》이다. 《찔레꽃》은 김말봉의 소설로, 1937년 3월부터 10월까지 〈조선일보〉에 연재되었다. 김말봉은 1930년대 독자들에게 인기가 높았던 작가 중 한 명이었다. 《밀림》을 통해 독자를 사로잡았던 그녀는 《찔레꽃》을 집필한 후 베스트셀러 작가로 자리 잡게 된다.

　《찔레꽃》의 중심인물은 안정순으로 이민수와 사랑하는 사이이다. 정순은 아버지가 병으로 일을 못 하자 가족의 생계를 책임지기 위해 가정교사 자리를 얻는다. 조만호 두취의 집이었는데, 두취는 지금으로 말하면 은행장 정도 되는 높은 직책이다. 그는 아내가 아프다는 핑계로 정순에게 아이들 공부와 뒷바라지를 맡겼는데, 물론 정순을 가정교사로 뽑은 데는 다른 속셈도 있었다.

조 두취에게는 아들 경구와 딸 경애가 있는데, 그나마 경애가 정순을 좋아해 친하게 지내는 것은 다행이었다. 정순이 예정에 없던 미쓰코시백화점에 간 것 역시 경애를 따라나서면서였다. 집을 나서던 둘은 퇴근하던 조 두취를 마주치는데, 조 두취는 자신도 그 근처에 간다는 핑계로 둘을 따라간다. 앞서 말한 또 다른 속셈이 슬그머니 고개를 내민 것이다.

미쓰코시백화점에 간 경애는 아버지를 졸라 사고 싶었던 물건을 구매한다. 경애의 정신없는 쇼핑을 구경하기 전에 먼저 미쓰코시백화점의 위치와 외관을 살펴보자. 미쓰코시백화점은 조선은행의 대각선 맞은편에 위치했다. 이는 본정 입구의 맞은편이기도 했다.

이무영은 〈지축을 돌리는 사람들〉이라는 소설에서 미쓰코시백화점을 아래와 같이 묘사한다.

대통만한 골목에서 빵빵해진 배를 안고 어깨로 숨을 쉬든 삼월이 널따란 광장에 철퍽하니 안꼬는 거리를 향하야 그 커다란 입을 딱 벌니고 못마땅한 드시 다른 백화점을 건너다보고 잇다.

앞서 얘기한 것처럼 미쓰코시백화점의 전신은 미쓰코시오복점이었는데, 본정 1정목에 있다가 지금 신세계백화점 본점 자리로 이전해 새롭게 개장했다. 미쓰코시백화점이 골목에서 나와 널따란 광장에 철

○ 《경성번창기》(1915)에 수록된
미쓰코시오복점의 사진.
서울역사박물관.

○ 이전 후 새롭게 개장한 미쓰코시백화점의 전경. 서울역사박물관.

펴하니 앉았다는 언급은 이를 가리킨 것이다.

　위쪽의 이미지는 본정 1정목에 있었던 미쓰코시오복점의 모습이
고 그 아래 이미지는 이전 후 새롭게 개장한 미쓰코시백화점의 모습
이다. 인용에서 미쓰코시백화점이 못마땅한 듯이 건너다보고 있다고
한 백화점은 가까이는 히라타백화점, 멀리는 미나카이백화점과 조지

아백화점이었을 것이다.

미쓰코시백화점이 새롭게 들어선 곳은 이전 경성부 청사가 있던 자리였다. 경성부 청사가 지금의 서울시청 자리로 옮겨 가자, 그 땅을 미쓰코시에서 사들였다. 미쓰코시백화점의 건축 면적은 7,335제곱미터였는데, 일본 니혼바시日本橋에 위치했던 미쓰코시백화점 본점 넓이의 60퍼센트 정도였다. 그리고 1937년 10월 다시 증축해 9,240제곱미터로 더 넓어지게 된다.

미쓰코시백화점의 외관에 대해서는 한설야의《마음의 향촌》, 이경근의 〈차에서 만난 여자〉 등의 소설에서 언급되고 있다. 신축한 미쓰코시백화점을 쳐다보고 있으면 있을수록 크고 높게 느껴진다고 말하는데, 건물이 주는 분위기 때문에 실제보다도 더 크고 높은 느낌으로 다가갔던 것 같다. 또 꼭대기에는 뉴스를 알리는 전깃불이 바쁘게 명멸하고 있다고 묘사하는데, 이를 통해 미쓰코시백화점 옥상에 네온사인이 설치되어 있었다는 사실도 알 수 있다.

○ 일본 미쓰코시백화점의 배달 점원들.

최독견의 〈명일〉, 안석영의 〈성군〉에는 미쓰코시백화점 출입구의 모습도 나타나 있다. 출입구마다 상품 배달을 하는 점원과 자전거가 가득했다고 한다. 배달 점원의 모습이 꼭 곡예단 원숭이 같았다고 하는데, 유니폼을 입은 모습이 그렇게 느껴졌던 것으로 보인다. 앞선 이미지 속 사람들은 일본 미쓰코시백화점의 배달 점원들인데, 경성 지점 배달 점원의 옷차림도 크게 다르지 않았을 것이다.

다시 《찔레꽃》으로 돌아가 보자. 미쓰코시백화점에 간 경애는 조두취를 졸라 옷, 구두, 화장품을 산다. 딸의 성화에 못 이겨 조 두취도 넥타이를 구매한다. 정순은 뭐라도 사라고 조르는 경애의 말에 내키지 않지만 손수건을 두 장 고른다. 자기 것 하나와 민수 것을 샀나 보다.

잠시 미쓰코시백화점의 매장 구성을 살펴보자. 아래는 미쓰코시백화점의 층별 안내도이다. 백화점 전체를 하나의 배로 표현한 것이 흥미로운데, 화신백화점이나 조지아백화점의 안내도 역시 비슷했다.

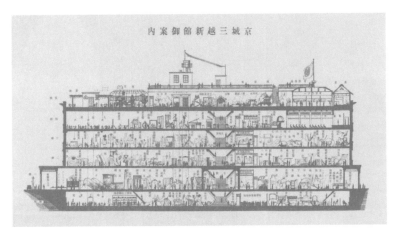

○ 경성 미쓰코시백화점의 층별 안내도. 국립민속박물관.

먼저 1층에는 화장품 가게, 신발 가게, 약국과 함께 고급 식료품 매장이 있었다. 지금은 보통 지하 1층에 있는 식료품 매장이 당시에는 1층에 위치하고 있었다는 사실이 흥미롭다. 2층에는 의류 매장이 있었는데, 주로 일본 의류를 취급했다. 또 기성복보다는 직접 맞춰 입는 맞춤복 매장이 많았다. 3층에는 양복, 양장, 양품 매장이 있었으며, 한편에는 옷을 가봉하거나 수선하는 공간도 있었다. 이 역시 손님들이 기성복보다는 맞춤복을 선호했기 때문일 것이다.

소설 〈먼동이 틀 때〉에는 여옥이라는 인물이 미쓰코시백화점에 들어가는 장면이 등장한다. 그녀는 입구 한복판에서 목에 은여우 목도리를 두른 유한부인을 발견한다. 입구에 당시로서 고급 잡화였던 은여우 목도리를 한 마네킹이 세워져 있던 것이다. 앞선 층별 안내도에서도 알 수 있듯이 당시 백화점에서 주로 판매했던 상품은 의류나 그에 따른 잡화였다. 주력 상품을 살펴보면 일본을 거쳐 조선에 유입된 백화점의 기원에 접근할 수 있는데, 이에 대해서는 뒤에서 다시 얘기하겠다.

엘리베이터도 미쓰코시백화점의 명물 가운데 하나였다. 특히 운행을 담당했던 엘리베이터 걸은 손님들 사이에서 뜨거운 관심거리였다. 옆의 이미지는 엘리베이터 걸이 손님을 응대하고 있는

○ 엘리베이터 걸이 손님을
   응대하는 모습. 일본 국립국회도서관.

사진인데, 지금보다는 무언가 격식 있는 분위기이다. 식민지 시대 백화점 중에는 엘리베이터뿐 아니라 에스컬레이터가 설치된 곳도 있었다. 그렇다면 경성에서 처음 에스컬레이터를 설치한 백화점은 어디였을까? 바로 1937년 새롭게 신축된 화신백화점이었는데, 이 책의 5장에서 자세히 확인할 수 있을 것이다.

멜론과
아이스크림 플로트

미쓰코시백화점 식당은 4층에 위치했는데, 《찔레꽃》에서 쇼핑을 마친 조 두취 일행도 이곳으로 향한다. 쇼핑을 마친 후니 한두 층을 이동하는 것이었을 텐데도 미쓰코시백화점의 명물 엘리베이터를 이용한다.

4층의 동편에 위치한 식당은 넓은 공간에 다수의 테이블을 구비하고 있었다. 식당과 커피숍을 겸하고 있어서 그랬을 것이다. 식사를 하는 사람이 가장 많았지만, 식사가 부담스러운 손님들은 과일을 먹거나 차를 마시기도 했다. 미쓰코시백화점 식당은 경성의 이름난 카페였던 명치제과, 가네보 프루츠팔러와 함께 커피 맛이 좋기로 유명했다. 커피를 마시기 위해 일부러 식당을 찾는 사람들도 적지 않았다고 한다.

백화점 식당 입구에는 유리로 된 진열장이 있었는데, 다음의 이미지 원 안에 보이는 것이 그 진열장이다. 진열장 안에는 식당에서 판매하는 음식의 샘플이 먹음직스럽게 전시되어 있었다. 식당을 찾은 손님들은 샘플을 보고 먹을 음식을 선택한 후 그 옆에 있는 계산대에서

○ 일본 백화점 식당의 내부와 입구에 놓인 진열장. 일본 국립국회도서관.

주문을 하고 전표를 받았다. 지금도 식당 입구에 음식 샘플을 전시해 놓는 경우가 많은데, 사실 이것은 백화점 식당에서 처음 도입해 확산된 방식이다. 4장에서 다룰 '가네보 푸르츠팔러'에서도 이 방식을 벤치마킹했다.

여기서 한 가지 의문이 떠오른다. 식당에 입장해 식사를 하는 도중 다른 음식을 먹고 싶어지면 어떻게 했을까? 다시 입구까지 나와서 계산을 했을까? 특히 맥주를 마신다면 자연스럽게 추가로 주문하는 경우도 많았을 텐데 말이다. 다행히 전표를 끊어 일단 식당에 들어가면 자리에서도 음식을 추가하는 일이 가능했다. 또 입구에서 계산을 깜빡했을 경우 자리를 잡은 후 종업원에게 주문하고 전표를 받을 수도 있었다.

《찔레꽃》에서 식당에 간 세 사람은 경애의 제안으로 먼저 멜론을 먹는다. 이를 통해 미쓰코시백화점 식당에서 음식, 음료뿐 아니라 과

일도 판매했음을 알 수 있다. 당시 과일은 '실과'라고 불렸는데, 식당에서 음식이나 차가 아닌 과일을 팔았다는 것이 낯설게 느껴질 수도 있겠다. 하지만 과일은 단순히 판매된 것을 넘어, 백화점 식당의 매상을 높이는 데 큰 역할을 했다. 이에 대해서는 4장에서 가네보 프루츠팔러를 둘러보면서 다시 얘기하겠다.

멜론을 먹고 나자 조 두취는 정순과 경애에게 다른 것도 더 시켜 먹으라고 한다. 물론 이들 앞에서 호기롭게 행동하는 것 역시 앞서 말한 속셈 때문이었다. 이번에도 경애가 나서서 세 사람 몫의 아이스크림과 소다수를 주문하는데, 경애가 이 두 음식을 먹는 방법이 예사롭지 않다.

> 경애는 '소다-수'에 아이스크림을 넣어 휘휘 저어서 먹는다. 조 씨도 '소다-수'에다 아이스크림을 텀벙 너차 '소다-물'은 부그르르 흘러나와 테블크로스를 적셨다. (…) 그(정순이-인용자)는 연방 벙싯벙싯하려는 자기 입술에다가 '소다-잔'에 담긴 보릿대를 댓다. 그러나 정순이 한 모금 빠라드린 '소다-물'은 목으로 바로 넘어가지 안코 코구멍으로 조금 올라왔다. 그 때문에 정순의 눈에서는 금방 눈물이 핑그르르 돌면서 재채기가 나오려 한다.

경애는 소다수에 아이스크림을 넣고 휘휘 저어서 섞은 후 먹는다. 조 두취도 젊어 보이고 싶었는지 딸이 하는 대로 따라 한다. 그런데 그가 아이스크림을 넣자마자 소다수는 '부그르르' 넘치고, 서둘러 입을 대보지만 소다수는 식탁보를 적시고 만다. 조 두취의 모습을 보면서 정순은 웃지 않으려고 서둘러 소다수를 마신다. 그러다가 코로 넘쳐 올라온 소다수의 '톡' 쏘는 맛에 눈물이 맺히고 재채기가 나오려 한다.

세 사람이 미쓰코시백화점 식당에서 마신 소다수는 '탄산음료Soda Water'를 가리킨다. 소다수는 이상의 〈날개〉, 박태원의 〈소설가 구보 씨의 일일〉, 심훈의 《상록수》에도 등장하니 식민지 시대에 꽤나 인기 있는 음료였나 보다. 소다수의 기원과 그것이 조선에 정착되는 과정은 《식민지의 식탁》(이숲, 2022)에서 자세히 다룬 바 있다.

아래의 이미지는 조 두취가 아이스크림과 소다수를 먹고 있는 장면을 그린 삽화인데, 왼쪽에서 '아버지가 또 무슨 실수를 하진 않을까' 걱정스러운 듯 보고 있는 사람이 경애다. 미쓰코시백화점 식당에서 팔았던 아이스크림이 어떤 모습이었을지, 또 아이스크림을 소다수에 섞어 먹는 맛은 어땠을지 궁금하다. 그런데 조 두취가 주책없이 소다수를 쏟아버려 그랬는지 몰라도, 이에 대한 정보는 더 이상 제공되지 않는다.

그런데 경애는 왜 아이스크림과 소다수를 같이 시켰을까? 이미 멜론을 먹은 뒤였는데도, 자기 것뿐만 아니라 세 사람 몫의 아이스크림과 소다수를 주문한다. 그러고는 주문한 음식이 나오자마자 망설이지

○ 아이스크림과 소다수를 먹고 있는 조 두취. 《찔레꽃》삽화. 〈조선일보〉 1937. 4. 16.

않고 둘을 '휘휘' 섞은 후 먹는다. 조 두취 역시 왜 그렇게 먹느냐고 묻거나 나무라지 않고 딸이 먹는 대로 따라 한다.

이 책이 주목하는 부분은 실제로 그렇게 먹는 음식, 그러니까 소다수에 아이스크림을 넣어서 먹는 음식이 존재했다는 것이다. 보통 이를 '아이스크림 소다ice-cream soda'라고 부르는데 정확한 이름은 '아이스크림 플로트ice-cream float'다. 'float'의 뜻을 고려하면 소다수 위에 아이스크림을 띄운 음식 정도 되겠다. 아이스크림 플로트는 1874년 미국 필라델피아에서 로버트 맥케이 그린Robert McCay Green이 아이스크림을 재료로 이런저런 음식 만들기를 시도하다가 우연히 개발했다고 한다.

아이스크림과 소다수를 인원에 맞춰 시켰다는 것, 경애가 아이스크림을 소다수에 넣자 조 두취도 따라 했다는 점을 보면, 이들은 이미 아이스크림 플로트의 존재와 먹는 방식을 알고 있었던 것 같다. 그리고 이들이 이런 방식에 익숙하다는 사실은, 당시 사람들이 이미 아이스크림을 다양한 레시피로 만들어 먹었다는 것을 말해준다.

다음의 이미지는 이태준의 《딸 삼 형제》가 〈동아일보〉에 연재될 때 함께 실린 삽화로, 명치제과에서 만난 정매와 필조를 그리고 있다. 정매는 아이스크림을 먹고 필조는 커피를 마시고 있다. 1930년대에 접어들면 대부분의 서양요리점, 제과점, 커피숍에서 아이스크림을 판매하는데, '호랑이 담배 피운다'라는 속담처럼 당시에는 '고양이 아이스크림 먹는다'라는 말이 있었을 정도라고 한다. 〈소설가 구보 씨의 일일〉, 《밀림》 등의 소설에서도 경성역 티룸, 기차의 식당칸, 조선호텔 식당 등에서 아이스크림을 먹는 장면이 나온다.

○ 명치제과에서 만난 정매와 필조.《딸 삼 형제》삽화.〈동아일보〉1939. 6. 3.

아이스크림이 널리 퍼지게 된 것은 1920년대 중반 아이스크림 공장에서 대량 생산 공법을 사용하면서부터다. 아이스크림이 일본에 처음 등장했던 1870년대에는 천연 얼음과 생우유, 설탕, 달걀 노른자를 직접 혼합해 제조를 했다. 재료가 비쌌고 제조 과정도 복잡했기 때문에 당시 아이스크림은 일반인들이 쉽게 사 먹지 못할 가격이었다.

1920년대에 이르면 모리나가森永의 전신이었던 후지식료품富士食料品, 명치제과明治製菓 등이 공장에서 아이스크림을 생산하기 시작한다. 아이스크림이 공장에서 대량으로 생산되자 저렴한 가격에 공급되었고 이전까지 서양음식점이나 제과점에서 비싼 가격을 지불해야 먹을 수 있었던 아이스크림은 쉽게 접할 수 있는 간식이 된다. 아이스크림이 조선에 파급된 것은 이러한 상황과 맞물려 있다.

아이스크림이 조선에 정착되자 1930년대에는 '아이스크림 장사'라고 불렸던 행상들이 등장했다. 그들은 긴 막대의 한쪽에는 아이스크림이 담긴 둥근 통을 매달고, 다른 쪽에는 아이스크림 컵 등 각종 재료를 넣은 사각 통을 매달아 어깨에 메고 다녔다. 그러고는 사람들이 많이 모이는 곳에 가서 "아-스구리, 아-스구리!" 하고 외치며 아이스크림을 팔았다.

그렇다면 정순, 경애, 조 두취가 미쓰코시백화점에서 사 먹은 아이스크림은 얼마였는지 궁금해진다. 당시 백화점 식당의 아이스크림 가격은 대체로 20전이었다. 지금으로 따지면 1만 원 정도 된다. 커피, 홍차는 아이스크림보다 조금 저렴해 15전이었다. 사이다, 시트론은 20~25전 정도 했으니, 정순 일행이 아이스크림 플로트를 만들어 먹는 데 든 비용도 대충 짐작이 가능하다. 1930년대 후반 명치제과나 가네보 프루츠팔러에서 판매했던 아이스크림 가격도 비슷했다. 그렇다면 행상이 돌아다니며 팔았던 아이스크림은 얼마였을까? 5전 정도로 추정되는데, 가격이 정확히 정해져 있지는 않아서 교외의 절이나 한강의 보트 선착장 등에서는 10전까지 받았다고 한다.

식당에서 식사를 마친 정순과 경애는 미쓰코시백화점의 옥상으로 올라간다. 앞서 옥상정원으로 소개한 곳인데, 〈날개〉의 화자가 외박했다고 아내에게 두들겨 맞고 찾았던 곳으로도 유명하다. 옥상정원에 올라가자 가장 먼저 진열되어 있는 화초가 두 사람 눈에 들어온다. 정순과 경애는 벤치에 앉아서 쉬다가 눈 아래 펼쳐진 불과 불, 빛과 빛이 어울려 찬란한 색채의 바다를 이룬 경성의 밤을 구경한다. 그러고 나서 경애는 정순에게 화초가 진열된 곳에 가서 꽃을 사자고 한다. 경애의 말에 정순은 자신이 좋아하는 꽃은 거기에 없다고 하는데, 그 꽃이 바로 소설의 제목인 '찔레꽃'이었다.

글쎄, 나는 '런치'를 먹지

백화점 식당의
대표 메뉴

이어서 독자들을 미쓰코시백화점 식당으로 안내할 소설은 장혁주의
《삼곡선三曲線》이다.《삼곡선》은 1934년 9월부터 1935년 3월까지 〈동
아일보〉에 연재된 작품으로, 1937년에 한성도서주식회사에서 단행
본으로도 발행되었다. 장혁주는 독자들에게 그리 친숙한 이름은 아닐
텐데, 여기에는 그의 독특한 이력이 작용하고 있다.

　그는《삼곡선》을 비롯해《무지개》등 한국어로도 작품 활동을 했지
만 주로 일본 문단에서 활동하면서 일본어로 소설을 썼다. 문단에 데
뷔한 것도 1932년 일본 잡지 〈개조改造〉가 시행한 현상문예에 〈아귀

도_{餓鬼道})가 당선되면서였다. 9장에서 구경할 '낙랑파라'에는 이상이 남긴 낙서가 여럿 있는데, 그중 '낙랑제 홍백시합'이라는 낙서가 있다. 조선의 예술가와 일본을 비롯한 외국의 예술가를 가상 대결 시킨 것인데, 거기서 이상은 일본인 장혁주와 조선인 장혁주를 맞붙게 한다. 둘 중 누가 승리했는지는 9장에서 확인해 보자.

《삼곡선》의 중심인물은 강정희와 윤창진이다. 정희는 유부남인 이상수와 부호인 김종택에게 동시에 고백을 받았지만, 도쿄에 유학을 다녀와 작가로 활동하는 창진에게 마음이 있다. 정작 창진은, 당시 신문 연재소설이 흔히 그랬듯이, 정희가 아니라 동향의 여성 서영주를 좋아한다. '삼곡선'이라는 제목처럼 소설의 대부분은 이들의 얽히고 설킨 감정을 다루는 데 할애된다.

창진은 수해를 입은 고향에서 영주와 함께 구호 활동을 하다가 장래를 약속하게 된다. 그런데 경제적인 문제로 활동에 어려움이 거듭되자 자신이 하는 일에 회의를 품는다. 어느날 창진은 돈을 구하러 종택의 집에 갔다가 종택의 동생 선희를 만나는데, 선희 또한 예전부터 창진을 좋아했던 인물이다. 창진은 선희와 만나자 이전의 결심은 다 어디로 갔는지 물질적 풍요가 보장된 진로를 선택한다. 창진과 선희가 결혼했다는 소식에 정희는 자포자기하는 마음으로 유부남인 상수의 고백을 받아들이고 함께 살게 된다. 창진의 변덕 때문에 소설에서 사라진 영주는 결말 부분에 고향에서 야학을 열어 문맹을 퇴치하는 일에 자신의 삶을 바치는 것으로 그려져 있다.

《삼곡선》에 미쓰코시백화점 식당이 등장하는 것은 우연히 백화점을 찾은 정희가 채필수를 만나는 장면에서다. 필수는 선희와 선을 본인물로 잘생기고 학벌도 좋아 잠시나마 선희의 마음을 설레게 하지만, 선희 앞에 다시 등장한 창진에게 밀려 소설의 들러리가 되었던 존재이다. 아래는 우연히 미쓰코시백화점에서 만난 필수와 정희가 엘리베이터에서 나눈 대화이다.

그때 엘리베-타가 내려왔다. "자, 올라갑시다." 채필수는 정히 먼저 안으로 들어가게 하고, "왜 혼자서 오셨어요?" 엘리베-타가 슬쩍 움직이기 시작할 때 말했다.

엘리베이터가 4층에 도착하자 필수와 정희는 미쓰코시백화점 식당으로 향한다. 앞서 《찔레꽃》을 살펴보며 미쓰코시백화점 식당 입구에 진열장과 계산 부스가 있었음을 확인했다. 그런데 이들은 오랜만에 만난 반가움 때문이었는지 서둘러 식당에 들어가 자리부터 잡는다.
아래의 이미지는 《삼곡선》이 〈동아일보〉에 연재될 때 실린 삽화로, 백화점 식당에 간 두 사람이 종업원에게 음식을 주문하는 모습을 그리고 있다. 필수는 메뉴판을 들고 있고 정희는 종업원 쪽을 보고 있다. 종

○ 미쓰코시백화점 식당에서
　주문하는 정희와 필수.
　《삼곡선》삽화.
　〈동아일보〉1935. 2. 23.

업원은 하얀 모자를 쓰고 하얀 에이프런을 두른 채 공손한 자세로 두 사람의 주문을 기다리고 있다. 두 사람이 주문하는 모습을 구경해 보자.

> 그들은 하던 말을 잠시 끊고 곁에서 와서 주문을 받으려는 여급 아이에게, "정히 씨는 무얼 잡수시렵니까?" 채필수는 메뉴를 들여다보며, "글세, 나는 런치를 먹지." (…) 정희는 아이더러 "저, 밀크하고 팡을 가져와." "팡은 빠타를 발라요?" 아이가 물었다. "음! 그러구……. 좋아, 그것만 가져 와." "그걸로 점심이 됩니까?" "아까 나올 때 무얼 먹었세요."

필수가 '런치Lunch'를 시키자 정희는 우유와 빵을 시킨다. 당시 빵을 원음에 가깝게 '팡'으로 불렀다는 것도 흥미롭다. 정희가 우유와 빵을 달라고 하자 종업원은 빵에 버터를 바를지 묻는다. 이 장면을 보면 백화점 식당에서 빵과 우유도 판매했으며, 빵은 버터를 바르거나 바르지 않는 것 가운데 선택할 수 있었음을 알 수 있다. 그걸로 점심이 되겠냐는 필수의 질문이나 나올 때 뭘 먹었다는 정희의 대답을 들어보면 빵과 우유는 백화점 식당의 가벼운 메뉴였던 것 같다.

이제 《삼곡선》에서 필수가 주문한 런치에 대해 알아보자. 런치는 이름이 말해주듯 점심시간에 한정해서 판매했던 메뉴로, 미쓰코시를 비롯한 백화점 식당에서 가장 인기 있는 요리였다. 채만식의 《태평천하》에서 기생 춘심이 윤 직원에게 '미쓰꼬시'에 가서 사달라고 한 '난찌' 역시 이 런치를 뜻한다. 다른 사람들의 생각도 춘심과 크게 다르지 않아 런치는 백화점 식당에 가면 으레 먹는 음식이라고 여겨질 정도였다. 조선인을 주된 고객으로 했던 화신백화점 식당에서는 런치를 조선식으

○ 도쿄 스다초식당에서 제공하던 런치의 모습.

로 변형한 '조선런치'를 판매해 큰 인기를 얻기도 했다.

그렇다면 런치는 어떤 음식으로 구성되었을까? 옆의 이미지는 1931년 일본 도쿄의 '스다초식당須田町食堂'에서 제공하던 런치의 모습이다. 스다초식당은 1924년 개업한 식당으로 이전까지 비싸고 고급스럽게 여겨지던 서양요리를 대중화한 식당으로 유명했는데, 메뉴로는 역시 런치가 대표적이었다. 이미지를 살펴보면 밥과 함께 생선프라이, 마카로니샐러드, 양배추, 송이버섯 등이 한 그릇에 담겨 나왔음을 알 수 있다. 런치를 시키면 커피도 무료로 제공되었다.

미쓰코시백화점의
단골 손님들

런치는 백화점 식당을 찾는 손님들이 즐겨 먹는 몇 가지 요리를 하나의 접시에 담아서 제공하는 메뉴였다. 애피타이저, 해산물 요리, 고기 요리, 디저트가 순서대로 제공되는 코스 요리, 곧 정식의 상대적인 방식이었다. 정식은 가격이 비싼 데다가 식사 순서, 도구 사용법 등 지켜야 하는 예절도 많았다. 이런 이유로 서양식 요리에 익숙하지 않았던

사람들은 부담 없이 먹을 수 있는 런치를 선호했다.

　이효석이 〈조선일보〉에 연재했던 소설 〈성화〉에는 호텔 식당의 정식과 백화점 식당의 런치를 비교하는 장면이 등장한다. 소설의 '나'는 호텔 식당에서 제공된 칠면조와 샴페인을 처음 맛보고는 거북해하는 유례를 데리고 백화점 식당으로 향한다. 그녀는 백화점 식당에 가서야 긴장이 풀린 듯, 접시의 고기를 가리키며 칠면조가 아니라 닭고기라는 농담도 한다. 거북한 예절을 지키지 않아도 되고, 익숙한 음식을 먹을 수 있으니 농담도 나왔나 보다. 유례는 나이프를 편하게 사용하며 냅킨으로 입을 훔치기도 한다. 소설에는 백화점 식당이 '대중적'이라고까지 표현되는데, 런치가 정식에 비해 저렴하고 격식도 따지지 않으니 부담이 없었던 것 같다.

　그렇다면 런치의 가격은 어느 정도였을까? 1930년대를 기준으로 하면 런치는 40전에서 50전 정도 했다. 지금으로 따지면 2만 원에서 2만 5,000원 정도 되는 금액이다. 조선음식을 파는 식당에서 장국밥, 비빔밥, 대구탕, 떡국을 20전에 판매했으니, 그것들보다는 두 배 넘게 비쌌던 셈이다. 그러니 〈성화〉에서 사용된 '대중적'이라는 표현은 호텔 식당과 비교할 때만 적절할 것이다.

　이왕 얘기가 나왔으니 미쓰코시백화점 식당에서 팔았던 다른 메뉴의 가격도 알아보자. 안타깝게도 경성 미쓰코시백화점의 메뉴는 현재로서 찾아보기 힘들다. 대신 일본 니혼바시에 있었던 미쓰코시백화점 본점 식당의 1920년대 중반 메뉴를 살펴보자. 같은 계열의 백화점이고 주된 고객 역시 일본인이었으니 경성 지점의 메뉴 및 그 가격과 크게 다르지 않았을 것이다. 하지만 경성 미쓰코시백화점 식당이 개장한 시점이 1930년이었음을 고려하면, 여기서 메뉴가 추가되고 가격도 조금 올랐을 수는 있다.

　아래의 이미지를 살펴보면 먼저 서양식 요리로는 비프스테이크, 비프스튜, 카레라이스, 돈가스, 샌드위치 등이 눈에 띈다. 또 일본식 요리로는 장어꼬치구이鰻蒲焼, 장어덮밥鰻めし, 붕장어덮밥穴子丼, 회, 닭고기달걀덮밥, 스시, 도시락 등이 보인다.

　가격은 서양식인 비프스테이크, 비프스튜가 50전, 카레라이스, 돈가스, 샌드위치가 30전이었다. 일본식인 장어꼬치구이는 1원, 장어덮밥, 붕장어덮밥, 도시락이 50전, 닭고기달걀덮밥, 스시가 30전이었다.

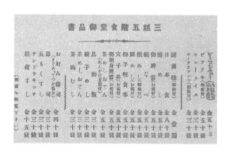

앞서 런치가 40~50전 정도 했으니, 이 음식들과의 비교를 통해 그 가격대를 짐작할 수 있다. 단 런치가 40~50전 정도 했던 것은 1930년대였다는 점을 고려해야 한다.

○ 1920년대 중반, 니혼바시에 있던
　미쓰코시백화점 본점 식당의 메뉴판.

백화점 식당에서 런치가 인기를 얻자 '베이비런치御子樣洋食'라고 해서 아이들을 위한 런치도 출시되었다. 아래의 이미지는 미쓰코시백화점 식당에서 판매했던 베이비런치의 모습이다. 돈가스, 함박스테이크, 스파게티, 새우프라이, 볶음밥 등 아이들이 좋아하는 음식을 한 접시에 제공했다. 볶음밥을 산 모양으로 만들어 그 위에 미쓰코시백화점을 상징하는 '越'이 적힌 깃발을 꽂은 것도 눈에 띈다.

베이비런치가 출시된 배경에는 가족 단위의 손님을 유치하기 위한 백화점의 노력이 있었다. 당시 백화점 식당을 제외하고는 가족들, 특히 아이들과 같이 식사를 할 수 있는 공간이 거의 없었는데, 가족 손님들의 식사 공간으로서 백화점 식당은 5장에서 화신백화점 식당을 다루면서 자세히 살펴보겠다.

○ 과거 미쓰코시백화점에서 판매했던 베이비런치.

○ 현재 미쓰코시백화점에서 판매하는 베이비런치의 모습. ©くーさん

앞서 잠깐 이야기했지만 미쓰코시백화점 식당의 메뉴에 조선음식이 없었다는 점을 눈여겨볼 필요가 있다. 그것은 조지아, 미나카이 백화점도 마찬가지였다. 이를 통해 식민지 시대 경성에 위치했던 미쓰코시, 조지아, 미나카이 등의 백화점들이 누구를 주된 고객으로 상정하고 운영되었는지를 추측해 볼 수 있다.

다시 《삼곡선》으로 돌아가 보자. 필수와 정희가 식당에 자리를 잡자 종업원이 옆에서 주문을 기다리고 있었다. 종업원은 하얀 모자를 쓰고 하얀 에이프런을 두르고 있었는데, 아래의 이미지는 공식 유니폼을 입은 미쓰코시백화점 식당 종업원의 모습이다. 모자를 쓰지는 않았지만 《삼곡선》 삽화에 나오는 모습과 크게 다르지 않다. 최금동의 소설 〈애련송〉에도 백화점 식당 종업원의 모습이 등장한다. 식사를 하던 손님이 식탁에 달린 버튼을 누르자 하얀 에이프런을 걸친 소녀들이 음식을 들고 식탁 사이를 오간다고 묘사되어 있다.

○ 공식 유니폼을 입은
미쓰코시백화점 식당
종업원의 모습.

미쓰코시백화점 식당에서 일하는 종업원은 일본인 15명, 조선인 5명으로 모두 20명이었다고 한다. 종업원의 국적을 보면 식당이 누구를 주된 고객으로 삼고 있었는지를 짐작할 수 있다. 그들은 모두 15세에서 18세 사이의 여자아이들로, 급여는 하루에 60전에서 80전 정도였다. 급여를 월급이 아니라 일급으로 받은 데서 이들의 고용 여건도 파악할 수 있다.

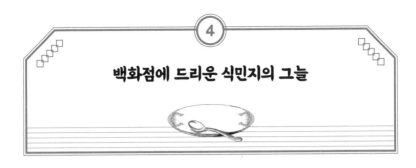

백화점에 드리운 식민지의 그늘

근대식 백화점이
탄생하다

본정 입구의 신축 건물에 미쓰코시백화점이 새롭게 들어선 것은 세계 최초의 백화점인 '봉마르쉐Le Bon Marché'가 프랑스에 문을 연 지 80년이 되었을 때였다. 미쓰코시로 한정하면 일본 미쓰코시가 '백화점 선언'을 하고 25년이 지나서였다. 미쓰코시백화점 본점은 도쿄의 '니혼바시日本橋' 근처에 위치하고 있었다. 1928년부터는 고베神戸를 시작으로 긴자銀座, 신주쿠新宿, 가나자와金澤 등에 지점을 개설하는 한편, 식민지였던 조선의 경성과 만주의 대련大連에도 지점을 세웠다.

　미쓰코시백화점의 기원은 1673년으로 거슬러 올라간다. 에도에

○ 세계 최초의 백화점으로 알려진 프랑스 봉마르쉐백화점의 당시 전경.

○ 에도 시대 오복점의 모습.

'미쓰이오복점三井嗚服店 에치고야越後室'를 개점한 것이 그때였다. 위의 이미지는 에도 시대 오복점의 모습이다. 이미지 왼편으로 보이는 것처럼 건물 주위에 천막으로 차양이 쳐져 있었다. 상품은 전시해 놓지 않고 손님이 원하는 물건을 그때그때 꺼내 오는 방식이었다.

　미쓰이오복점은 여러 차례 미국에 견학단을 파견해 생산과 판매 방식을 배우려고 노력했다. 1904년에는 근대적인 경영 방침을 도입하면서 '주식회사 미쓰코시오복점'으로 탈바꿈한다. 건물을 르네상스식으로 신축하고 그 내부를 상품을 직접 '보여주는' 공간으로 연출했다. 손님들 역시 점차 전시된 이미지 자체를 소비하게 되었다.

　미쓰코시백화점 본점에 식당이 문을 연 것은 1907년 4월이었다. 처음 개장했을 때는 테이블이 7~8개 정도 있었고, 스시, 서양과자, 일본과자, 커피, 홍차 등 여섯 가지의 메뉴만을 파는 작은 규모였다. 아래의 이미지는 초창기 일본 미쓰코시백화점 식당의 내부이다. 1921년에 이르러 서관이 증축되자 600명을 수용할 수 있는 대형 식당이 들어섰다. 장어구이덮밥, 단팥죽, 메밀국수, 샌드위치, 아이스크림, 사이다 등을 판매하기 시작해 점차 현재 백화점 식당의 모습을 갖추게 된다.

　니혼바시에 있었던 미쓰코시백화점 본점은 1922년 11월에 동관을 증축하고, 300명 정도를 수용 가능한 제2식당을 개장했다. 이 식당에서는 일본요리와 함께 서양요리도 제공했다. 제1식당과 제2식당은 온실 화단을 사이에 두고 연결시켜 웅장함을 더했다.

　다음의 이미지는 니혼바시에 있었던 미쓰

○ 초기 일본 미쓰코시백화점 식당의 내부.

○ 니혼바시
미쓰코시백화점
본점의 전경.
국립민속박물관.

○ 니혼바시
미쓰코시백화점
본점 제2식당 내부.

코시백화점과 그 식당의 모습이다. 1935년 백화점이 증축되면서 식
당은 다시 한번 확장 이전을 한다. 이를 계기로 미쓰코시백화점 식당
을 찾는 손님들이 급격히 늘어났다. 평일에는 평균 1만 명 정도였고,
주말과 공휴일에는 1만 6,000~1만 7,000명에 이르렀다고 한다. 판매
하던 음식은 70퍼센트가 일본식이었고, 30퍼센트가 서양식이었다.

　이 시기가 되면 가족 동반으로 식당을 찾는 손님도 크게 늘어난다.
이는 1930년대 중반 백화점이 가족 동반의 쇼핑 공간, 더 나아가 놀이
공간이 되었음을 말해준다. 앞서 얘기했던 베이비런치 등 어린이를

위한 메뉴가 등장한 것도 이때였다.

그런데 백화점에 대형 식당이 들어서며 더 많은 손님이 유치된 것이 일본에서만 일어난 독특한 현상이었다는 점도 흥미롭다. 백화점에서 음식을 판매한 것은 물론 쇼핑하러 오는 손님들을 위해서였다. 영국이나 프랑스의 백화점에서도 쇼핑 중 요기가 될 만한 간단한 음식을 판매했다. 여기에는 내부에서 요기를 하게 해 더 많은 상품을 판매하려는 의도가 있었을 것이다. 그런데 일본의 백화점 식당은 그런 의도를 뛰어넘을 정도의 규모였으며 다양한 메뉴를 구비하고 있었다. 이는 당시 일본에 식사를 하기 적당한, 특히 가족 동반의 식사를 할 만한 공간이 없었다는 이유가 강하게 작용한 결과일 것이다.

당시 일본에는 가족이 다 함께 식사할 만한 곳뿐만 아니라 나들이를 할 공간도 부족했다. 백화점에서 옥상에 정원을 마련하고 동물이나 식물 전시를 기획했던 것도 그 때문이었다. 특히 당시에는 높은 건물이 드물었어서 음료와 간단한 요깃거리도 판매했던 백화점 옥상정원은 전망대로서의 역할 역시 훌륭하게 해냈다.

일본인을 위한
출장소였던

이제 미쓰코시백화점과 그 식당이 조선에 어떻게 정착했는지 살펴보자. '미쓰코시 경성 지점'은 1906년 '출장 대기소' 목적으로 설치되었다. 출장 대기소는 임시로 운영된 출장소 정도로 이해하면 되겠다. 미

○ 미쓰코시백화점 경성 지점의
   개장을 알리는 광고.
   〈경성일보〉1930. 10. 24.

쓰코시 출장 대기소는 조선에 체류하는 일본인을 대상으로 도쿄 본점에 있는 상품을 통신판매 하는 데 주력했다.

일본의 강점에 의해 조선으로 이주하는 일본인이 크게 증가하자 미쓰코시 경성 지점은 1916년 10월 르네상스식 3층 건물을 지어 정식 출장소로 탈바꿈했다. 이어 손님과 매상이 모두 큰 폭으로 증가하며 영업이 호조를 띠게 되고 곧 1929년 9월 정식 지점으로 승격된다. 이와 발맞춰 1927년에 시작된 건물 신축 공사도 4년 만인 1930년 10월 마무리된다. 위의 이미지는 미쓰코시백화점 경성 지점이 새롭게 문을 연다는 소식을 알리는 신문 광고다.

신축된 미쓰코시백화점에 들어선 식당에서는 서양요리, 일본요리,

중국요리 그리고 음료 및 실과를 판매했다. 실제 판매 비율은 서양요리와 음료가 30퍼센트, 일본요리가 35퍼센트, 중국요리가 20퍼센트 정도였다고 한다. 메뉴는 모두 40종이었으며, 한 달에 한 번씩 부분적인 교체를 했다.

식당에서는 경성의 유명 일본요리옥들이 자랑하는 음식도 맛볼 수 있었다. 이는 미쓰코시백화점 식당이 서양요리와 음료만을 직접 조리하고 나머지 음식들은 유명 요리옥에서 제공받아 판매하는 시스템으로 운영되었기 때문이었다. 우동, 소바 등 면류는 남산정의 '기쿠야喜久屋'에서, 장어요리와 덴푸라는 욱정의 '카와나가川長'에서, 스시는 명치정의 '스시히사壽司久'에서 제공받았다. 이들 일본요리옥은 대체로 남촌에 있었는데, 이곳이 미쓰코시백화점과도 멀지 않아서 배달이 가능했던 것으로 보인다.

하지만 미쓰코시백화점 식당에서 가장 인기 있던 메뉴는 앞서 얘기한 것처럼 런치였다. 런치는 어떻게 손님들이 즐겨 찾는 메뉴가 되었을까? 일단 런치를 주문하면 음식을 각각 시키는 것보다 저렴하게 먹을 수 있기 때문이었다. 어쩌면 이게 가장 중요한 이유였을지도 모른다. 하지만 이 책이 주목하는 부분은 런치가 조금씩이나마 여러 가지 음식을 맛볼 수 있는 기회를 제공했다는 데 있다. 사실 어떤 음식의 맛을 제대로 알고 그것을 음미하기 위해서라면 단품을 시키는 편이 나았을 것이다. 런치에 제공되는 각각의 음식량은 그 음식의 맛을 제대로 알기에는 턱없이 적었다.

오카다 데쓰는 《음식기원사전たべもの起源事典》에서 일본에 서양음식이 유입된 과정과 그 특징에 대해 논의한 바 있다. 일본에 서양음식

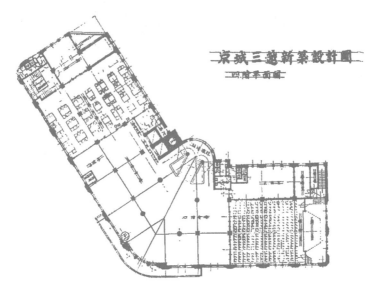

○ 경성 미쓰코시백화점의 4층 평면도.

이 본격적으로 유입된 시기는 흔히 '로쿠메이칸鹿鳴館' 시대라고 불리던 때였는데, 당시 서구화에 대한 열망이 높았기 때문에, 음식도 '서양열西洋熱'의 영향을 크게 받았다고 한다.

이를 고려하면 일본에 비프스테이크, 샌드위치, 커피, 라무네 등의 음식이 정착된 데에는 맛도 맛이지만 서양식 요리를 먹는 경험이 서구화를 향한 열망을 충족시켜 준다는 이유가 작용했을 것이다. 비싸지 않은 가격에 여러 가지 요리를 맛볼 수 있었던 런치는 이러한 이유에 가장 걸맞은 음식이었다.

위의 이미지는 식당이 위치했던 미쓰코시백화점 4층의 평면도인데, 왼쪽 위에 보이는 것이 식당이다. 미쓰코시백화점 식당의 라이벌은 역시 조지아와 미나카이 백화점 식당이었다. 특히 미나카이백화점은 1933년 신축하면서 현대식으로 꾸민 대형 식당을 개장한다. 하지만 미쓰코시백화점은 단골이 많아 식당 손님 역시 안정적으로 확보할 수 있었다고 한다.

흥미로운 점은 이들 백화점 식당의 메뉴를 보면 조선에 유입된 혹은 정착된 백화점들의 성격을 알 수 있다는 것이다. 미쓰코시백화점을 비롯한 조지아, 미나카이 백화점의 손님 비율은 조선인이 30퍼센트, 일본인이 70퍼센트 정도였다. 일본인에 비해서는 적었지만 백화점의 입장에서 30퍼센트를 차지하는 조선인 손님을 무시하기는 힘들었을 것이다. 그런데도 세 백화점 식당의 메뉴에 조선음식은 없었다.

이는 식당에만 한정된 특성은 아니었다. 미쓰코시백화점에는 조선옷과 생활용품을 판매하는 매장도 없었다. 토산품이라는 이름으로 팔리는 상품은 있었지만 이는 원주민들의 물건이라는 전시 효과에 한정되었다. 상품을 많이 팔아서 수익을 올려야 했던 백화점의 입장에서는 조선인 손님도 무시할 수 없는 비중을 차지했을 텐데, 조선에 체류하던 일본인 손님만을 타깃으로 삼았던 이유는 무엇이었을까?

당시 미쓰코시백화점 근처에는 일본요리옥, 카페 등 유흥가가 있어 그곳에서 일을 하는 게이샤와 여급들이 많았다. 하지만 주된 고객층은 관청과 기업에서 근무하는 일본인이었는데, 그들 대부분은 총독부와 관계된 관리이거나, 무역회사나 금융회사에서 근무하는 사원이었다. 이들은 식민지 조선에서 근무한다는 명분으로 일본에서보다 두 배 가까운 급여를 받았다. 그러니 이들의 소비력은 미쓰코시를 비롯한 조지아, 미나카이 등의 백화점에서 무시하지 못할 정도로 컸다. 이런 상황에서 극히 일부를 제외한 조선인들은 백화점의 입장에서 그저 돈이 되지 않는 식민지인에 불과했던 것이다.

　반면 일본에 백화점이 처음 들어섰을 때, 그곳에는 서양 제품도 있었지만 일본 제품이 더 많았다. 대표적인 것이 일본 옷과 그 재료인 옷감이었다. 1920~1930년대가 되자 경쟁적으로 '백화점'이라는 간판을 내걸었는데도, 손님들에게 여전히 오복점이라는 이미지가 강했던 것도 마찬가지 이유였다. 식당 역시 크게 다르지 않았다. 일본의 백화점 식당에서는 서양요리와 함께 일본요리도 판매했다. 앞서 비중을 확인했듯이 일본의 백화점 식당에서 판매되었던 음식은 서양요리가 30퍼센트에 불과했고 70퍼센트가 일본요리였다. 서양요리도 돈가스, 라이스카레, 오므라이스 등 화양절충의 음식, 곧 일본인의 입맛에 맞춘 음식이 대부분이었다.

　같은 이름을 달았던 백화점이었지만 일본의 미쓰코시백화점과 경성의 그것에는 제국과 식민지라는 간극이 자리하고 있었다. 일본 미쓰코시백화점의 경우 서양의 백화점 시스템을 도입해 오면서도, 그 내부를 일본인이 사용하는 상품이나 즐겨 먹는 음식으로 채웠다. 하지만 경성에 들어선 미쓰코시백화점을 비롯해 미나카이, 조지아 등의 백화점은 그렇지 않았다.

　이를 종합해 보면 미쓰코시, 미나카이, 조지아 등의 백화점은 경성에 위치하고는 있었지만 식민지를 지배하고 관리하는 제국을 위한 공간이었다. 그리고 백화점이 손님으로 상정한 잠정적인 타깃 역시 조선으로 이주했거나 조선에 체류하는 식민자 일본인이었다. 사실 이는 미쓰코시 출장 대기소가 조선에 체류하는 일본인을 대상으로 도쿄 본점에서 가져온 상품을 통신판매했을 때부터 일관된 기조였다.

1930년대 중반이 되면 경성의 인구는 40만 명을 넘고, 1940년대에는 90만 명을 넘어 두 배 이상 증가한다. 조선과 일본 전체로 따져도 경성은 도쿄 다음으로 큰 도시였다. 하지만 경성의 인구가 급격히 증가하며 조선인 손님의 비중이 늘어났더라도 일본인이 운영했던 백화점의 영업 방침은 변하지 않았다. 아무리 그 수가 늘어났더라도 식민지인은 식민지인이었기 때문이다.

미쓰코시백화점의 흔적을 더듬다

○ 현재 신세계백화점 본점의 전경.

경성의 맛집 가운데 미쓰코시백화점 식당은 지금도 그 흔적을 찾기 어렵
지 않다. 미쓰코시백화점이 있던 자리에 신세계백화점 본점이 세워졌기
때문이다. 1955년 2월 미쓰코시백화점 자리에 먼저 동화백화점이 들
어섰고, 1963년 11월 삼성그룹이 동화백화점을 인수하면서 신세
계백화점이 개장하게 된다.

위의 이미지는 현재 명동에 위치한 신세계백화점 본점의
모습이다. 1장에서 미쓰코시백화점의 오른쪽, 또 청
목당의 바로 뒤에 조선저축은행이 있었던
것을 확인했는데, 이미지 오른쪽
에 조금 보이는

것이 조선저축은행 건물이다. 조선저축은행 건물은 이후 SC제일은행 본점의 건물로 사용되다가, 현재는 신세계백화점에서 인수해 새로운 공간으로 개장될 예정이라고 한다.

현재 신세계백화점의 식당은 건물 5층에 자리하고 있다. 미쓰코시백화점 식당처럼 하나의 대형 식당으로 꾸며져 있진 않고 여러 개의 개성 있는 식당이 줄지어 있다. 그런 모습은 다른 백화점 식당가에서도 마찬가지다. 여전히 일본음식점과 중화요리를 맛볼 수 있는 식당도 있지만, 고기나 냉면을 먹을 수 있는 한국음식점도 있다. 식민지 시대 미쓰코시백화점 식당에서는 한국음식을 맛볼 수 없었다고 했으니 다행이라고 해야 할까? 한편에는 세계적으로 가장 유명한 커피 체인점도 들어서 있다. 앞에서 식민지 시대 미쓰코시백화점 식당의 커피가 맛으로 경성에서 1, 2위를 다퉜다는 것도 확인했다. 정말 맛있었는지는 모르겠지만 지금 아무리 유명한 체인점의 커피라도 그 맛을 재현해 내기는 힘들 것이다.

여유가 된다면 신세계백화점 식당가에 가서 경성 백화점 식당의 왕좌였던 미쓰코시백화점 식당의 흔적을 더듬어보는 것도 나쁘지 않을 것이다. 경성 최초이자 최고의 서양요리점이었던 청목당의 위치 역시 그 근처였으니 같이 둘러보는 것도 괜찮겠다.

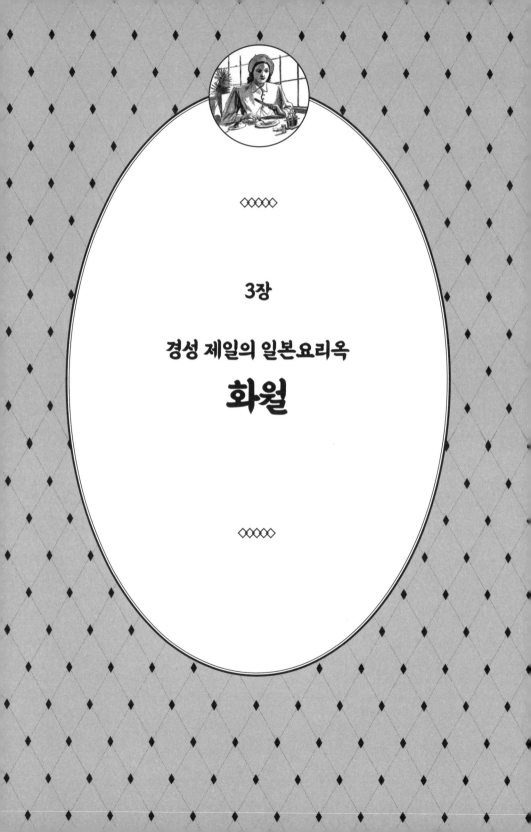

◇◇◇◇◇

3장

경성 제일의 일본요리옥

화월

◇◇◇◇◇

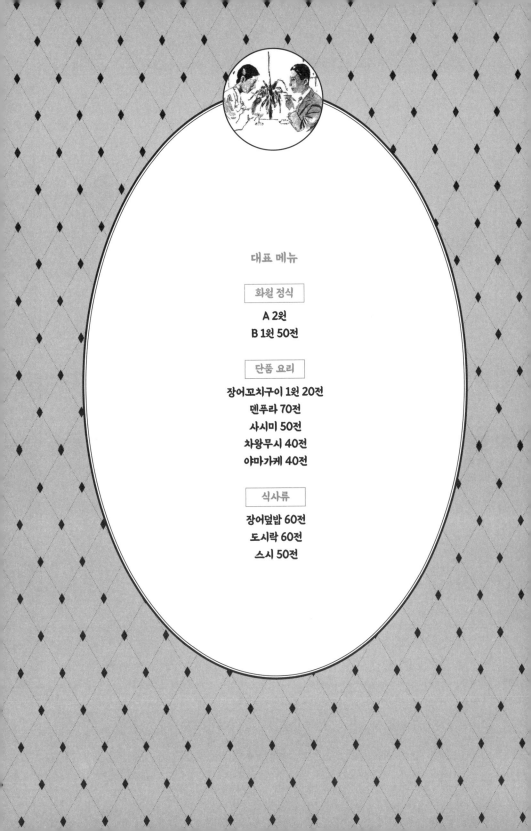

대표 메뉴

화월 정식

A 2원
B 1원 50전

단품 요리

장어꼬치구이 1원 20전
덴푸라 70전
사시미 50전
차왕무시 40전
야마가케 40전

식사류

장어덮밥 60전
도시락 60전
스시 50전

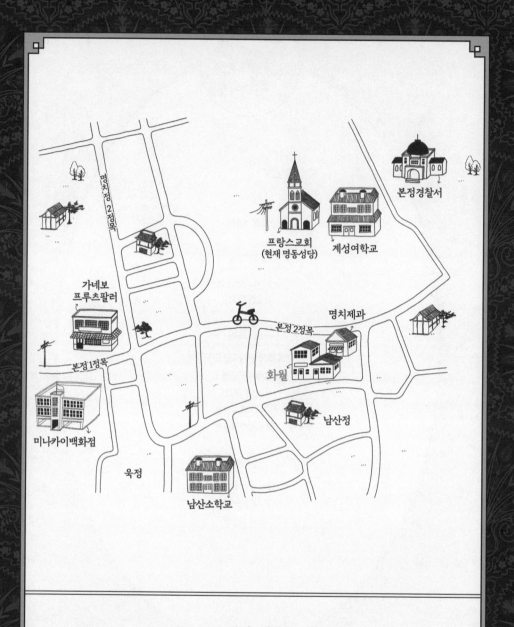

본정경찰서

프랑스교회
(현재 명동성당)

계성여학교

명치정 2정목

가네보
프루츠팔러

명치제과

본정 2정목

화월

본정1정목

남산정

미나카이백화점

욱정

남산소학교

주소 **본정 2정목 82**

사랑을 속살거리기 좋은 밤에는

'일본요리옥' 하면 가장 먼저 떠오르는 것은 회나 스시를 파는 요즘 일식집일 것이다. 식민지 시대 일본요리옥은 지금의 일식집과 비슷한 점도 있었지만 다른 점이 더 많았다.

1993년 4월부터 〈동아일보〉에는 "서울재발견"이라는 제목으로 서울의 옛 모습을 톺아보는 기획 기사가 연재되었다. 음식에 관한 기사들 역시 게재되었는데, 그중 요정의 흔적을 찾는 글도 있었다. 이 글은 먼저 요정料亭의 출발을 요릿집이라고 한 후 명월관, 태화관, 식도원 등 조선요릿집의 특징을 살펴본다. 그러고는 일본요리옥에 대해서도 다음과 같이 언급하고 있다.

일본인들이 많이 사는 남촌에는 일본요릿집이 흥청댔다. 일본기생과 일본요리를 내놓아 친일파의 집회 장소가 되기도 했다. 그중 화월, 백수, 파일, 화선, 에비수가 유명했다.

일본인들이 많이 거주하던 남촌에는 일본요리옥이 흥청댔으며, 친일파의 집회 장소가 되었다고 한다. 그리고 이 장에서 살펴볼 화월 역시 대표적인 일본요리옥으로 소개되고 있다. 뒤에서 확인하겠지만 위의 기사에는 맞는 부분도 있고, 또 그렇지 않은 부분도 있다.

먼저 일본요리옥을 조선요릿집과 함께 살펴보고 있다는 점을 주목해 보자. 사실 일본요리옥은 지금의 일식집보다는 술과 기생이 함께했던 조선요릿집에 더 가까웠다. 이 책에서 일본과 조선 뒤에 각각 요리옥, 요릿집이라는 표현을 붙여 지칭하는 것은 당시 부르던 관행에 따른 것일 뿐 둘의 의미는 크게 다르지 않다.

그런데 위 기사에서 요정의 연원을 확인하면서 일본요리옥보다 조선요릿집을 먼저 언급하기 때문에, 얼핏 일본요리옥이 조선요릿집의 영향으로 들어섰다고 오해할 수 있다. 하지만 실제로는 그것과 반대로 일본요리옥이 조선에 유입되고 그 시스템을 모방해 세워진 것이 조선요릿집이었다. 요정이라는 명칭 역시 일본에서 고급 요리옥을 지칭하던 표현에서 유래해 조선에 수입된 것이다.

이 장에서는 식민지 시대 경성 제일의 일본요리옥으로 불렸던 화월을 구경해 보려 한다.《대경성도시대관》에 화월의 사진과 함께 화월이 당시 경성을 대표하는 일본요리옥이었음을 말해주는 짧은 소개가 실려 있다. 다음의 이미지가 그것인데 번역하면 다음과 같다.

경성 일본요리옥의 선구로 화류계를 총괄하는 곳이다. 일류 요정으로 사람들에게 명성이 높으며, 연회 등으로 손님들의 발길이 끊이지 않는다. 1930년대 후반 유치다 류조內田隆三가 지배인이 되면서 한층 더 개혁을 행해 번창하고 있다.

花 月

京城に於ける料理店の開祖として花柳界の總元締格である一流の料亭として士くより名聲を博し宴會等に常に賑ひを呈してゐる。最近內田隆三氏が支配人として一段の改革を行ひ一層の繁昌を示してゐる。(本町二ノ八二電話本局②五七番　三三三〇番)

○ 《대경성도시대관》에 수록된 화월의 소개글.

화월이 경성에 있는 일본요리옥을 대표하며, 심지어 그곳을 총괄한다고 되어 있다. 또 앞선 〈동아일보〉의 기사와 마찬가지로 일류 요정으로 명성이 높다는 말도 덧붙여져 있다. 하지만 명월관, 태화관, 식도원 등 식민지 시대 조선요릿집은 지금도 많이 알려져 있는 반면 화월이라는 일본요리옥은 들어본 이조차 드물 것 같다. 이런 상황은 이 책에서 화월을 살펴보는 데 장점과 단점 모두로 작용한다.

먼저 장점은 제대로 논의된 적이 없기 때문에 이곳에서 팔았던 음식과 가격, 외관과 내부 등을 살펴보는 과정도 처음이라 새롭고 흥미롭다는 것이다. 또 연회에 빠지지 않고 등장해 노래와 연주, 접대를 맡았던 '게이샤芸者'의 모습을 살펴보는 것 역시 마찬가지다. 그런데 그만큼 화월의 흔적을 찾는 일이 어려우니, 이를 재현하는 것도 힘들다는 단점이 있다. 이번에 살펴볼 소설들도 마찬가지라서 일본요리옥이 등장할 경우 그냥 일본음식점으로 표현되거나, 이름이 나오더라도

'×월' 정도로 표기하는 데 그친다.

　일본요리옥을 살펴보는 작업에는 그것과 조선요릿집의 관계를 깊숙이 들여다보고, 이를 밝혀내야 한다는 어려움 역시 존재한다. 조선요릿집은 일반적으로 생각하듯 전통과 맞닿아 있는 요릿집이 아니었다. 그러니 이 장은 조선요릿집이 일본의 영향을 받아 등장했다는 것을 확인하는 불편한 장이 될지도 모르겠다.

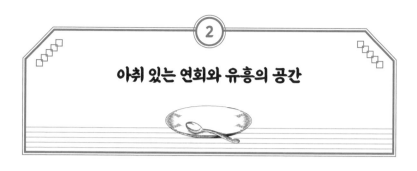

2
아취 있는 연회와 유흥의 공간

옥상,
이랏샤이마세!

일본요리옥인 화월로 독자들을 안내할 첫 번째 소설은 이무영의 《명일明日의 포도鋪道》이다. 《명일의 포도》는 1937년 6월부터 12월까지 〈동아일보〉에 연재되었고 그다음 해 영창서관에서 단행본으로도 발행되었다. '명일의 포도'라는 어색한 제목을 그래도 자연스럽게 해석해 보면 '내일의 아스팔트' 정도가 되겠다.

이무영은 독특한 이력을 지닌 작가이다. 휘문고등보통학교를 다니다가 일본으로 유학을 가 일본의 중학교에 입학하는데 얼마 안 돼 중퇴한다. 그리고 일본 작가의 문하생으로 들어가 4년 정도를 지낸다.

등단은 1926년 잡지 〈조선문단〉을 통해 했는데, 그것도 일본에 체류하면서였다.

귀국한 후에는 소학교 교원이나 잡지사 직원으로 일하면서 작품활동도 꾸준히 이어갔다. 1930년대에는 '조선문필가협회'의 발기인으로 참여하는 한편 '구인회' 회원에 이름을 올리기도 했다. 1935년부터는 〈동아일보〉 학예부 기자로 활동했는데,《명일의 포도》는 자신이 근무하던 신문에 연재한 소설인 셈이다.

《명일의 포도》 초반부는 이건혁과 김일구를 중심으로 진행된다. 두 사람은 형장에서 죽음을 맞이한 부친들에 의해 의형제를 맺은 사이다. 건혁과 일구 역시 사회주의 운동에 연루되어 검거되는데, 일구는 친일을 담보로 석방된다. 자산가로 성공을 이룬 일구와 달리 신념을 버리지 못한 건혁은 옥살이를 하다가 병이 심해져 가석방되지만 곧 숨을 거두고 만다. 일구는 그제서야 등장해 건혁의 아내와 딸의 후견인을 자처하며 딸인 영주를 일본에 보낸다. 사실 일구는 세속적인 욕망으로 가득 찬 인물로 영주를 유학이라는 명분으로 일본에 보낸 것도 건혁의 아내 소연에 대한 흑심 때문이었다.

일구의 본심을 알 길 없는 소연은 영주 문제를 상의하기 위해 본정에서 일구를 만난다. 두 사람은 근처의 일본요리옥으로 향하는데,《명일의 포도》에서 화월이 등장하는 것은 그 때문이다. 다음의 이미지는 《명일의 포도》가 연재될 때의 삽화로 소연과 일구가 본정에서 만나 화월로 향하는 모습을 그리고 있다.

그런데 여기서 잠시, 화월의 위치를 추정해 보기 위해 같은 장면에 등장하는 일구 아내의 모습도 살펴보자. 일구와 소연이 본정에서 만

○ 본정에서 일본요리옥으로
  향하는 소연과 일구.
  《명일의 포도》삽화.
  〈동아일보〉1937. 10. 17.

날 때 일구의 아내도 황금정 네거리에서 다른 남자 차성환을 만나고 있었다. 두 사람 역시 저녁을 먹기 위해 황금정에서 남산 방향으로 향하다가 일구의 아내가 일구와 소연을 발견한다. 그녀 역시 떳떳하지 못한 처지라 성환에게 잠시 '명치제과'에 가서 기다리라고 말하고 일구와 소연을 미행한다.

화월에 들어간 일구와 소연의 모습을 살펴보자.

조선 안에서는 덴푸라로 가장 연조가 깊은 집이라고 안내한 간결한 일본요릿집 하녀가, "이랏샤이마세!" 하고 인사를 하며 의미잇게 생긋 웃는 것도 소연이는 무슨 의미인지 몰랏고, 하녀들이 "옥상! 옥상!" 하고 자기를 부를 때는 몹시 거북스러우면서도 소연은 비교적 자유롭게 이야기할 수가 잇엇던 것이엇다.

일구의 아내는 일구가 부정한 만남을 가진다고 여기지만 그런 생각조차 없었던 소연은 일구에게 영주 문제를 상의한다. 사실《명일의

포도》에서 소연과 일구가 방문한 일본요리옥의 이름은 '×월'이라고
만 나와 있다. 그런데 명치제과에서 남산으로 올라가는 길에 있었다
는 것, 또 덴푸라로 가장 연조가 있는 집이라고 소개된다는 점 등을 고
려하면, 이 일본요리옥은 화월임이 명확하다.

《명일의 포도》는 화월에 대한 몇 가지 정보를 제공한다. 먼저 화월
의 위치가 명치제과와 멀지 않았다는 점이다.《대경성도시대관》에는
화월의 주소가 본정 2정목 82번지로 나와 있는데, 명치제과는 본정
2정목 92번지에 위치하고 있었다. 그러니 명치제과를 지나 오른쪽으
로 꺾으면 바로 화월의 건물이 보일 정도로 두 곳은 가까웠다. 화월의
위치는 지금으로 따지면 명동역 앞에 있는 SC제일은행 뒤편 LF 의류
매장 부근이었다.

또 알 수 있는 정보는 일본요리옥에 들어서면 종업원들이 "이랏샤
이마세いらっしゃいませ!", 곧 "어서 오십시오!"라고 인사했다는 것이
다. 실제로 당시 요리옥에 손님이 들어가면 일하는 하녀들 모두가 각
자의 위치에서 "이랏샤이마세!"를 외쳤다. 격식의 정도는 달랐겠
지만, 이는 식민지 시대 다른 음식점, 카페, 다방에서도 마찬가지였다.

심지어 조선인을 손님으로 하는 가게에서도 그랬다. 이무영의 〈지
축을 돌리는 사람들〉에는 9장에서 소개할 '낙랑파라'가 등장한다. 목
일회, 구인회 등 식민지 시대 예술가들의 아지트로 알려진 낙랑파라
는 이순석이 운영했으며 손님 대부분이 조선인이었다. 〈지축을 돌리
는 사람들〉에서 강식은 조선 사람이 운영하고 조선 손님이 찾아오는
낙랑파라에서도 종업원들이 "이랏샤이마세!"라고 인사하는 것에 대
해 의아해한다. 앞의 인용을 보면 남녀가 같이 일본요리옥을 찾았을

○ 《대경성도시대관》에 수록된 화월 내부 사진. 서울역사박물관.

때는 여성에게 "옥상! 옥상!"이라고 다정하면서도 격식 있는 호칭을 썼다는 것도 알 수 있다. 여기서 '옥상奥さん'은 다른 사람의 부인을 예의 있게 부르는 말 정도라고 생각하면 된다.

이제 화월의 내부를 구경해 보자. 화월에 들어가면 가장 먼저 단목과 대죽으로 아취 있게 꾸민 일본식 현관이 보였다. 이 현관을 지나면 공연과 함께 연회를 열 수 있는 큰 공간이 마련되어 있었다. 회사의 모임이나 행사를 가졌던 것은 조선요릿집도 마찬가지였는데, 그 회사가 일본 회사가 아니라 조선 회사라는 점만 달랐다.

위의 이미지는 《대경성도시대관》에 소개된 화월의 내부 사진으로 공연과 연회를 열던 중앙 홀의 모습이다. 화월에는 이런 큰 공간 외에도 일본식의 아담한 풍취가 살아 있는 '오자시키お座敷'도 여럿 있었다. 오자시키는 다다미로 된 방 정도로 이해하면 된다. 방문의 목적이

연회나 모임인지 아니면 남녀의 만남인지에 따라 어울리는 공간을 선택하는 것이 가능했다.

마지막으로 화월이 덴푸라, 곧 튀김으로 유명한 일본요리옥이었다는 점을 살펴보자. 덴푸라는 일본의 전통음식으로 알려져 있지만 실제 덴푸라를 즐겨 먹기 시작했던 것은 에도江戸 시대부터였다고 한다. 오쿠보 히로코大久保洋子는《에도의 패스트푸드》(청어람미디어, 2004)에서 덴푸라가 에도 시대의 패스트푸드 중 하나로 자리 잡은 과정에 대해 논의한 바 있다.

에도가 도쿠가와德川 막부의 행정중심지가 된 이후 많은 사람들이 모여들었고, 곧 끼니를 해결하는 문제가 부각되었다. 당시에도 포장마차에서 팔던 스시, 장어구이와 함께 덴푸라는 초닌町人들이 즐겨 찾던 음식이었다. 이들은 생선을 오래 숙성시키는 대신 식초를 가미한 밥에 올려 스시로 만들어 먹거나, 장어의 경우 숯불에 구워서 금방 먹을 수 있게 했다. 덴푸라도 에도만에서 잡은 생선에 튀김옷을 입혀 기름에 튀겨내 즉석에서 먹을 수 있게 만든 것이었다. 메이지 시대 이후

ㅇ 덴푸라는 에도 시대부터
일본인들이 즐겨 먹던 음식으로
화월의 대표 메뉴였다.

덴푸라는 일본요리옥에서 빠지지 않는 메뉴로 자리 잡게 된다.

후원과 연결된
고즈넉한 팔조방

일본요리옥은 이 책의 2장에서 살펴본《찔레꽃》에도 등장한다. 조 두 취는 은행의 임시 주주총회에 참석하는데, 주주총회가 열린 곳은 '유 선관'이라는 조선요릿집이었다. 공식적인 모임이 끝나자 본격적인 연 회를 위해 방 밖에서 대기하던 기생들이 들어온다. 그중에는 조 두취 와 깊은 관계를 맺고 있던 옥란도 있었다. 술 시중을 들던 옥란은 조 두취에게 둘이서 조용한 데로 가자고 유혹한다. 그러자 조 두취는 옥 란을 데리고 일본요리옥으로 자리를 옮긴다.《찔레꽃》에는 남촌에서 이름 있는 요리옥이라고 나와 있는데, 이곳도 구경해 보자.

조 두취가 조용한 방으로 달라고 하자 하녀는 후원과 곧바로 연결 된 팔조방으로 두 사람을 안내한다. 여기서 팔조방이란 다다미 여덟 개로 된 방을 뜻하는데, 다다미의 크기와 개수에 따라 방의 명칭이 달 랐다. 방을 안내받은 조 두취는 옥란이 거품이 넘쳐흐르게 따른 맥주 를 마신다. 유선관에서 이미 얼근히 취했던 조 두취는 목이 말랐는지 맥주를 단숨에 들이키며 시원해한다.

두 사람이 음식과 맥주를 먹고 마시면서 얘기하는 동안 후원에는 황혼이 내린다.《찔레꽃》에 등장한 일본요리옥 역시 정원과 후원이 갖춰져 있었으며, 방과 곧바로 연결되어 있었음을 알 수 있다. 해가 저

o 조선요릿집 '유선관'에서
  열린 연회에 참석한
  조 두취와 옥란.
  《찔레꽃》삽화.
  〈조선일보〉1937. 5. 4.

o 일본요리옥의 방에서
  옥란의 무릎을 베고 잠든
  조 두취.《찔레꽃》삽화.
  〈조선일보〉1937. 5. 7.

물자 계속된 술자리에 피로를 느꼈는지 조 두취는 옥란의 무릎을 베고 잠깐 잠이 들기도 한다. 잠까지 잤던 것을 보면 일본요리옥의 오자시키는 집과 같이 조용하고 아늑한 분위기였던 것 같다.

　앞선 이미지 가운데 위쪽은 유선관에서 열린 연회 장면이고 그 아래는 일본요리옥에서 옥란의 무릎을 베고 잠을 청하는 조 두취의 모습이다. 비록 하나의 삽화에 불과하지만 조선요릿집과 일본요리옥의 분위기를 잘 드러내주고 있다. 옥란은 얼마 후 잠이 든 조 두취를 깨워 앞으로 어떻게 할 것인지 채근한다. 조 두취는 요즘은 기생을 부인으로 들이는 사람도 드물지 않다고 둘러대며 200원을 주고 옥란의 투정에서 벗어난다. 200원은 지금으로 따지면 1,000만 원이나 되는 큰돈이니, 옥란의 채근에는 그만한 이유가 있었던 것 같다.

다시 《명일의 포도》로 돌아가 화월의 위치를 살펴보자. 소연과 일구가 방문한 화월은 앞서 말했듯 본정 2정목 명치제과 근처에 있었다. 《찔레꽃》에 등장한 일본요리옥은 남촌에 위치했다고 묘사되는데, 실제로 일본요리옥이 밀집해 있었던 남촌은 본정, 명치정, 대화정, 욱정 등을 포함하는 지역이었다.

명치정에는 오늘날 증권거래소라고 할 수 있는 미두취인소를 비롯해 은행, 보험회사 등 일본인이 운영하는 회사가 밀집해 있었고, 본정에는 일본인을 고객으로 하는 상점이나 음식점이 많았다. 대화정은 명치정이나 본정보다 남산 쪽에 위치했고 욱정은 지금의 회현동 부근이었다. 대부분의 일본요리옥도 그 근처에 위치했는데, 정확히는 명치정, 본정보다는 본정과 남산의 사이였던 대화정이나 욱정에 더 많았다. 화월 외에 유명한 일본요리옥으로는 본정과 남산 사이에 위치해 도미회로 유명했던 송엽정과 회월이 있었다. 또 남산 쪽으로 더 가면 나오는 남산장도 회와 덴푸라로 명성이 높았다.

본정에서도 가장 중심부였던 '2정목'에 위치했다는 사실은 화월이 발전을 거듭했던 주된 이유 가운데 하나였다. 손님이 계속 늘어나자 화월은 인접한 곳에 '신화월'이라는 일본요리옥을 증축해 개업했다. 또 남산정에서 운영되었던 '화월 별장'은 당시 소개에 따르면 화월 본점에서 분리된 곳으로 복요리나 자라탕이 유명했다고 하는데, 소위 당대의 유흥업소였던 '마치아이待合い'에 가까운 가게였던 것으로 보인다.

화월을 찾는 손님들은 주로 어떤 사람들이었을까? 앞서 언급했지만 가장 주된 손님은 회사나 관청의 모임 혹은 연회에 참석한 사람들이었다. 그들은 화월에 마련된 중앙 홀에서 1차로 공식적인 모임을 가진 후 2차로는 본격적으로 술을 마시고 음식을 먹었다.

연회나 모임에 참석한 손님이 아닐 경우 몇 가지 음식을 주문해 놓고 술을 마시는 경우가 많았다. 《찔레꽃》에서 맥주를 마시며 안주를 먹었던 조 두취와 옥란도 그 경우이다. 드물지만 혼자 술을 마시러 일본요리옥을 찾는 경우도 있었다. 이 책의 4장에서 살펴볼 소설《사랑의 수족관》에서 현도가 그랬다. 사랑하던 이의 결혼 소식을 들은 현도는 혼자 욱정에 있는 작은 일본요리옥 다다미방에서 안주 몇 가지를 시켜 술을 마신다.

○ 화월 별장의 입구. 서울역사박물관.

화월 같은 일본요리옥에서도 술을 마시지 않고 식사만 하는 경우가 있었다. 《찔레꽃》에는 경애와 민수가 일본요리옥에서 식사를 하는 장면이 등장한다. 경애는 민수를 졸라 요리옥으로 향하는데 차가 광화문을 거쳐 남촌 방향으로 갔다는 것을 보면 역시 일본요리옥이 모여 있는 부근에 위치한 곳이었음을 알 수 있다. 경애와 민수는 하녀의 안내에 따라 방으로 자리를 잡고, 잠시 후 하녀가 가져온 음식을 먹는다. 참고로 밥은 솥으로 준비되어 직접 떠먹는 방식이었다.

　민수가 사시미를 한 접시 다 먹는 것을 빤히 보고 안젓든 경애는 제풀에 꺽긴 듯이 "진지 잡수서요" 하고 밥공기를 민수 압헤 내밀어 주고 "어서 혼자서 만히 잡수서요" 하고 입을 빗죽하엿다. (…) 민수는 노랏케 울어난 차물을 공기에 따르면서 "우리 롱담은 여기까지 하기로 합시다" 한다.

　민수가 회 한 접시를 다 비우자 경애는 그 앞에 밥을 건네며 혼자서 많이 먹으라고 한다. 냉랭한 분위기에서 민수 혼자 식사를 한 데는 이유가 있는데, 경애가 민수와 정순의 사이를 눈치챘기 때문이었다.

　인용을 보면 민수가 밥공기에 노랗게 우러난 찻물을 부었다고 한다. 이는 당시 일본요리옥에서 식사를 할 때 밥에 찻물을 부어 '오차

○ 일본요리옥에서 식사하는 민수와 경애.
《찔레꽃》삽화.〈조선일보〉1937. 8. 19.

즈케 おちゃずけ'를 만들어 먹기도 했다는 것을 말해준다. 앞의 삽화를 보면 뾰로통한 경애의 표정이 눈에 띈다.

다시 《명일의 포도》로 돌아가 소설이 어떻게 마무리되었는지 확인해 보자. 애욕에 가득 찬 일구는 영주를 일본으로 보낸 후 소연에게 본색을 드러낸다. 일구는 소연을 강제로 겁탈하고 수치심을 이기지 못한 소연은 자결한다. 이 사실을 알게 된 일구의 자식 한승은 부친 대신 영주에게 용서를 빈다. 그리고 영주를 사랑하는 마음을 접고 그녀의 후견인이 되어 영주와 상훈을 맺어주게 된다.

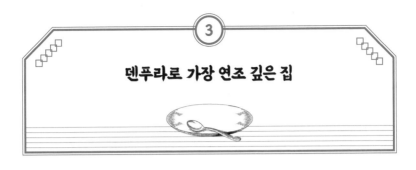

덴푸라로 가장 연조 깊은 집

입에 짝짝 붙는 정종과
계절메뉴

독자들을 일본요리옥 화월로 안내할 두 번째 소설은 현진건의 《적도》
이다. 《적도》는 1933년 12월부터 다음 해 6월까지 〈동아일보〉에 연
재된 소설이다. 거의 100년 전에 활동했다는 점을 고려하면 현진건은
그나마 잘 알려진 작가일 것이다. 특히 〈운수 좋은 날〉, 〈B사감과 러브
레터〉 등은 교과서에 실리며 누구나 한 번쯤 읽어봤을 만한 대중적인
소설이 되었다.

　《적도》는 〈운수 좋은 날〉이나 〈B사감과 러브레터〉만큼 많이 알려
진 소설은 아니지만, 몇 가지 흥미로운 점을 지니고 있다. 연재 열흘

정도 전에 발표된 연재 예고에서는《적도》를 작가가 10년 만에 다시 쓴 소설이라고 소개하고 있다. 모든 '예고'가 그렇듯 어느 정도 과장도 섞여 있었겠지만, 당시 현진건이 작가보다는〈동아일보〉사회부장 일에 매진하고 있었다는 걸 생각해 보면 전혀 거짓말은 아니었던 것 같다.

또《적도》가 현진건의 형인 현정건과 관련된 내용을 담고 있다는 점도 흥미롭다. 현정건은 독립운동에 매진했던 인물로, 사회주의 계열의 독립운동을 하다가 상하이上海에서 일본 경찰에 체포된다. 소설이 연재될 때는 출감 후 감옥에서 얻은 병을 이기지 못하고 세상을 떠난 상태였다.《적도》에도 상하이에서 독립운동을 하다가 귀국한 상열이라는 인물이 등장하는데, 그에게서 현정건의 흔적을 찾아보는 것도 흥미로울 것이다.

현정건이 세상을 떠난 지 두 달 정도 지나 그의 아내 윤덕경도 음독 자결을 했다는 사실도 유의해 볼만 하다. 게다가 유서에는 시동생인 현진건에게 섭섭하다는 말도 적혀 있었다고 하니 그녀의 자결을 소홀히 넘기기는 힘들 것 같다.《적도》가 연재되던 시기는 현정건에 이어 그의 아내가 세상을 떠난 지 얼마 되지 않아서였다. 시기를 고려하면 현진건이《적도》를 집필한 데는 현정건, 윤덕경의 사망이 어떻게든 영향을 미쳤음을 알 수 있다.

《적도》의 중심인물은 김여해, 홍영애, 박병일이다. 여해와 영애는 사랑하는 사이였으나, 영애는 부호인 병일과의 결혼을 선택한다. 여해는 결혼식 날 병일을 찾아가 상해를 가하고 그것 때문에 감옥에 수감된다. 5년을 감옥에서 보낸 여해가 출소하는 시점에서 소설《적도》는 시작된다. 한편 병일은 아내를 두고도 기생인 명화와 가깝게 지내는

데, 명화가 병일과 관계를 유지하는 데는 큰돈을 뜯어내 새 출발을 하려는 속셈이 있었다.

《적도》에 일본요리옥이 등장하는 것은 병일이 명화를 데리고 식사를 하러 가는 장면에서다. 사실 소설에서는 그들이 방문한 일본요리옥의 이름을 정확히 밝히고 있진 않다. 하지만 경성에 있었던 일본요리옥들이 비슷한 외관과 내부, 또 영업 시스템을 지녔던 점을 고려하면,《적도》에 등장하는 일본요리옥을 살펴보는 일은 화월의 모습을 재현하는 데도 도움을 줄 것이다.

소설은 병일과 명화가 일본요리옥을 찾았던 시기를 묶어놓은 듯하던 포플러 나무의 가지들이 파릇파릇 자신의 색깔을 찾아가던 봄이었다고 묘사하고 있다. 일본요리옥에 자리 잡은 두 사람이 나눈 대화를 엿들어보자.

병일은 입에 짝짝 붙는 듯한 정종에 벌써 얼근하게 취해 오른다. 껍데기째 볶은 소라 고동과 배추 절임이 봄맛을 자아내는 듯하엿다. "봄날에 덴푸라는?" 병일은 명화가 어우적어우적 새우 덴푸라를 씹는 것을 보고 핀잔을 주엇다. "자, 술이나 한 잔 먹으라구" 하고 찔끔 쏟는 듯이 병일은 명화에게 술 한잔을 부어 주엇다.

○ 일본요리옥에서 술을 마시는 병일과 명화.《적도》삽화. 〈동아일보〉1934. 3. 29.

앞의 이미지는《적도》가 연재될 때의 삽화로, 일본요리옥을 찾은 병일과 명화가 술을 마시는 장면을 그리고 있다. 상 위에는 음식 접시와 함께 보통 '도쿠리とくり'라 불리는 '정종正宗' 병이 여러 개 놓여 있다. 당시 일본요리옥에서 주로 정종, 곧 일본 청주를 마셨음을 보여주는 부분인데, 정종 외에 맥주와 양주도 판매했다.

원래 정종은 일본 청주의 상품명 가운데 하나였다. 한국으로 따지면 소주의 상품명 가운데 '진로'가 있는 것과 마찬가지다. 정종은 일본 효고兵庫 지방의 동부에 위치한 양조장 '야마무라山邑'에서 생산한 청주의 이름이었다. 그러다가 19세기 중반 이후 정종이 일본 청주 가운데 가장 이름난 술로 자리를 잡으면서 청주를 가리키는 보통명사가 된 것이다.

그렇다면 정종의 가격은 어느 정도였을까? 정종은 맥주와 달리 홉으로 가격을 계산했다. 위 삽화 속 보이는 병목이 좁은 도쿠리 한 병에 대략 정종 한 홉이 들어갔다. 1930년대 말 맥주 큰 병이 75전이었을 때 정종 한 홉은 50전이었는데, 한 홉이 180밀리리터 정도 되니 같은 양이면 정종이 맥주보다 두 배 정도 비쌌다는 것을 알 수 있다.

이번에는 삽화의 배경을 살펴보자. 술을 마시는 두 사람 뒤로 숲과 같은 모습의 배경이 희미하게 보인다. 일본요리옥이 대부분 정원과 후원을 갖추고 있었음을 앞에서 확인했는데, 화월도 마찬가지였다. 하지만 유명세에 비해 화월의 외관을 확인할 수 있는 사진은 흔하지 않다. 다음의 이미지는《대경성사진첩大京城寫真帖》에 실린 화월의 정문 사진이다. 사진을 보면 정원이 잘 가꾸어져 있고 정원을 통과해 현관으로 들어가게 되어 있었음을 알 수 있다. 정원 뒤로는 부분적이나

○ 《대경성사진첩》에 실린
  화월의 정문 사진.
  서울역사박물관.

마 일본의 전통식 건물도 보인다.

《대경성도시대관》에 실린 경희구, 송엽정, 청산장 등의 외관 역시 크고 작은 것만 제외하면 화월의 외관과 비슷했다. 화월은 본정 2정목이라는 번화가에 있었음에도 고적한 분위기를 띠고 있었는데, 정원과 후원을 함께 갖춘 구조가 큰 역할을 했을 것이다. 정원과 후원은 남산정 쪽으로 갈수록 크고 잘 가꾸어져 있었다. 남산약수터에서 조금 내려온 곳에 위치한 일본요리옥을 다룬 잡지 기사도 있다. 고적하면서도 깨끗한 방을 갖추고 있어서 사랑을 속살거리기 좋은데, 음식 가격이 비싸 회사의 과장급 이상이라야 찾을 수 있다고 했다.

《적도》에서 병일은 정종을 마시며 껍질째로 볶은 '소라고둥'과 '배추절임漬物'을 안주로 먹는다. 그는 명화가 '새우덴푸라'를 먹는 것을 보고는 핀잔을 주기도 하는데, 덴푸라가 봄이라는 계절에 어울리지

○ 일본요리옥으로 들어가는
경애와 민수.《찔레꽃》삽화.
〈조선일보〉1937. 8. 18.

않는 음식이라는 이유에서였다. 병일의 말을 통해 일본요리옥에서는
철마다 계절에 맞는 음식을 제공했다는 것을 알 수 있다. 인용에 나타
나듯 봄철에는 소라와 배추절임을 제공한 것이 그 예이다. 일본요리
옥에서 제공되었던 그 밖의 계절음식을 살펴보면 여름에는 갯장어,
민물장어와 함께 가지, 차조기가 있었다. 또 가을에는 꽁치, 가자미와
함께 토란, 순무가 준비되었고, 겨울에는 방어, 복어, 굴과 함께 연근,
참마가 제공되었다.

앞서 살펴보았듯이《찔레꽃》에서 경애와 민수도 일본요리옥을 방
문했는데, 그들이 그곳에 도착해 차에서 내리니 아늑한 분위기의 외
관이 그들을 맞는다고 되어 있다. 위의 이미지는 경애와 민수가 일본
요리옥에 도착해 들어가는 모습을 그린 삽화이다. 역시 잘 꾸며진 정
원을 통해 한참 걸어가야 현관이 나오는 것을 알 수 있다.

《적도》로 돌아가 보면 일본요리옥은 후반부에 다시 한번 등장한
다. 상하이에서 독립운동을 하던 상열이 귀국해 명화를 찾으면서였
다. 상열은 과거 명화의 스승이자 연인이었는데, 병색이 깊은 모습으

로 귀국해 명화를 찾는다. 상열은 자신의 처지를 고려해 명화에게 조용한 곳으로 안내해 줄 것을 요청한다. 그런 상열의 말에 명화가 가장 먼저 떠올린 곳이 일본요리옥이었다. 상열이 괜찮은지 염려하자 명화는 걱정하지 말라며 다음과 같이 말하는데, 명화의 대답에서 일본요리옥의 또 다른 특징을 확인할 수 있다.

먼저 일본요리옥은 조선요릿집과 달라서 조선인 손님이 적다고 한다. 이 부분은 일본요리옥의 주된 손님이 누구였는지 파악하는 데 도움을 준다. 또 명화는 일본요리옥은 방이 각각 떨어져 있어 손님끼리 마주치는 일이 드물다고 한다. 일본요리옥의 방이 독립적인 구조로 되어 있었음을 뜻하는데, 손님들이 그만큼 호젓하게 술을 마시기 좋았을 것이다. 아래는 일본요리옥을 찾은 명화와 상열의 모습을 그린 삽화이다. 삽화에는 숲으로 보이는 배경과 함께 고적한 분위기가 잘 드러나 있다.

그리고 마지막으로 명화는 일본요리옥은 취체도 거의 나오지 않는다며 상열을 안심시킨다. 조선요릿집과 달리 일본요리옥은 신분 확인이나 소지품 검사 등의 취체도 이루어지지 않았던 것 같다. 이를 통해

○ 독립된 방에서
고즈넉한 시간을 보내는
명화와 상열.《적도》삽화.
〈조선일보〉 1931. 5. 2.

당시 취체의 주된 대상이 누구였는지도 추측해 볼 수 있다.

담백하고 간드러진
요리상

명화가 상열을 데리고 간 일본요리옥의 식탁도 구경해 보자.《적도》에서는 먼저 술잔의 크기를 눈깔만큼 작다고 묘사하고 있다. 정종 잔이 소주를 마실 때 쓰는 잔보다 작았다는 것을 과장해서 표현한 것으로 보인다. 이어 껍질째 구운 소라, 센 머리칼 같은 무채, 연분홍 생선회, 골패짝 같은 오이나물 등이 맛깔나게 차려져 나왔다고 한다. 여기서 골패짝은 네모 모양의 납작한 노름 도구를 가리키는데, 오이를 넓적하게 썰어서 만든 나물을 이에 비유한 듯하다.

소설은 이를 한마디로 담백하고 간드러진 요리상이라고 표현한다. 그런데 그 담백하고 간드러진 음식들을 상열은 먹지 못한다. 야릇한 냄새가 니글거려 비위를 뒤집었기 때문이다. 상열의 병색이 깊어서 그렇기도 했겠지만 당시 조선 사람들이 일본요리의 맛을 어떻게 느꼈는지를 말해주는 흥미로운 부분이다. 상하이에서 활동했던 상열은 중국요리는 텁텁하고 질번질번하다고 얘기하기도 했는데, 중국요리의 맛에 대한 언급 역시 흥미롭다.

《적도》에 등장하는 일본요리옥은 그곳의 식탁이 어떤 요리로 채워졌는지 말해준다. 먼저 크게는 봄, 여름, 가을, 겨울 등 계절에 따라 제철 요리를 제공했다. 그 밖에 회, 덴푸라, 스키야키, 생선구이 같은 요리는 기본적으로 준비되었으며, 요리옥에 따라 몇 가지의 음식이 더해지는 방식이었다. 화월을 비롯한 일본요리옥을 찾은 손님들은 이러한 음식을 안주로 해 술을 마시거나 식사를 했다.

식민지 시대 일본요리옥 화월에서 술을 마시거나 식사를 하려면 돈이 얼마나 필요했을까? 먼저 술값부터 알아보자. 앞서 얘기한 것처럼 정종은 한 홉에 50전 정도였는데, 당시 정종 가운데 가장 고급이었던 '송죽매松竹梅', '백응白鷹'은 1원에서 1원 50전까지 했다. 맥주는 큰 병이 75전, 작은 병이 50전이었다. 양주는 한 잔에 50~60전 정도 했다. 요즘으로 환산하면 정종 한 홉, 곧 한 도쿠리는 2만 5,000원, 맥주는 한 병에 2만 5,000~3만 7,500원 정도였다. 또 양주는 한 잔에 2만 5,000~3만 5,000원이었다. 지금으로 따져도 저렴하지 않은 가격이었다.

음식값은 어땠을까? 지금에 와서 화월의 메뉴판을 찾아보기는 어렵다. 그나마 가능한 방법은 일본에 있던 일본요리옥의 메뉴판을 통해 우회적으로 화월에서 판매했던 메뉴와 가격에 접근하는 것이다. 화월을 비롯해 경성에 있던 일본요리옥의 주된 손님이 조선에 체류하던 일본인이었음을 고려하면, 이들의 메뉴와 그 가격이 비슷한 시기 일본에 있었던 요리옥의 그것과 크게 다르지 않았을 것이기 때문이다.

다음의 이미지는 일본에 있던 '이마한今半'이라는 요리옥의 메뉴판이다. 메뉴와 가격을 들여다보면 먼저 정식이 1원 50전이라고 되어 있다. 1장에서 확인한 것처럼 정식은 서양의 코스 요리가 일본에 정착되면서 얻은 이름이었는데, 일본요리옥이었던만큼 일본요리가 순서

○ 일본에 있던 요리옥 '이마한'의 메뉴판. ©Sukiyaki Imahan Honten

에 따라 나왔을 것으로 추정된다.

이어 메뉴에는 덴푸라 70전, 사시미 40전, '오왕모리 おわんもり' 30전, '차왕무시 茶わんむし' 40전이라고 되어 있다. 오왕모리는 맑은장국에 생선, 닭고기, 채소 등을 넣고 끓인 요리이고, 차왕무시는 찻잔에 닭고기, 새우, 어묵, 표고버섯 등을 넣고 찐 요리이다. 또 '사이쿄야키 西京焼き', '야마가케 山かけ', '오니가라 鬼がら'라는 메뉴도 있었는데, 가격은 모두 40전이었다. 여기서 사이쿄야키는 교토식 구이 요리이고, 야마가케는 다랑어회에 산마즙을 곁들인 것이었다. 오니가라는 닭 뼈로 끓인 육수에 새우를 껍질째 넣고 졸인 요리였다. 또 츠키미 月見와 타마고야키 玉子焼는 30전이었는데, 츠키미는 날달걀을 깨서 얹은 소바나 우동을 뜻하고, 타마고야키는 달걀말이를 가리킨다.

앞의 메뉴판을 통해 일본요리옥에서 정식은 1원 50전, 단품 요리는 30전에서 70전 정도 했음을 알 수 있다. 지금으로 따지면 정식은 7만 5,000원, 단품 요리는 1만 5,000원에서 3만 5,000원 정도였다. 이왕 가격 얘기가 나왔으니 일본요리옥에서 판매했던 음식의 가격을 당시 사람들이 즐겨 먹던 다른 음식들과도 비교해 보자.

먼저 당시 가장 대중적인 일본요리였던 '우동鎞飩'과 '소바蕎麦'는 얼마였을까? 우동과 소바는 일본의 대표적인 국수 요리로 우동은 밀가루로 만들어 밝은색이고, 소바는 메밀가루로 만들어 우동보다 어두운 빛을 띤다. 오쿠보 히로코는 《에도의 패스트푸드》에서 우동을 즐겨 먹던 일본 사람들이 17세기 말부터는 소바를 더욱 선호하게 되었다고 언급한 바 있다.

이태준의 《청춘무성》에는 은심이 정혼자를 만나러 하와이로 가던 도중 도쿄에 머물면서 소바집에 가서 소바를 먹는 장면이 나온다. 강경애의 소설 《인간문제》에도 신철이가 '우미관' 앞에서 '가케우동掛けうどん'을 먹는 대목이 등장한다. 이들 소설에서 우동의 가격은 모두 5전 안팎으로 나온다. 이는 당시 대중적으로 즐겨 먹던 조선음식인 설렁탕의 1/3밖에 안 되는 가격으로, 가장 저렴한 음식이었던 '호떡胡餅'과 비슷한 가격이었다. 그런데 우동이나 소바가 이토록 저렴했던 것은 우동과 소바 둘 다 성인이라면 몇 그릇씩 먹어야 배가 부를 만큼 양이 적었기 때문이다. 보통 술을 마시면서 안주를 먹은 후 간단히 시켜 먹는 요깃거리로 만들어져 양을 적게 하고 싸게 팔았던 것이다.

그러니 성인이 식사로 배부르게 우동이나 소바를 먹으려면 10~15전 정도의 비용이 들었을 것이다. 2장에서 살펴봤지만 식민지 시대에 돈가스, 라이스카레, 고로케 등 화양절충의 음식은 20~30전 정도 했다. 또 조선음식의 경우 설렁탕이 15전이었고, 냉면, 비빔밥, 대구탕 등은 20전 정도였다. 이에 비해 일본요리옥의 메뉴는 정식이 1원 50전, 단품 요리는 70전에서 30전 정도였다. 정식의 경우 우동이나 소바로 따지면 10~15그릇, 돈가스나 라이스카레로 하면 7~8그릇 정도를 먹을 수 있는 가격이었다. 또 설렁탕으로 따지면 10그릇, 다른 조선음식으로는 7~8그릇 정도를 먹을 수 있었다.

《찔레꽃》에는 화월이 당시 경성을 대표하는 일본요리옥이었음을 보여주는 장면이 등장한다. 조 두취와 옥란이 함께 이 책의 8장에서 소개할 조선호텔 식당을 방문했을 때였다. 앞서 유선관에서 열렸던 연회를 빠져나가 일본요리옥으로 갈 때도 단둘이었으니, 두 사람이 보통 사이는 아니었나 보다. 조 두취가 조선호텔 식당에 도착했을 때, 마침 경구, 경애, 민수, 정순 등 조 두취의 자식들도 그곳에서 식사를 하고 있었다. 조 두취와 옥란이 창문 아래 식탁에 자리를 잡자, 경구는 기생과 함께 온 아버지를 발견하고 조선호텔에 식사하러 온 것을 후회한다.

재미있는 장면은 그다음이다. 식사를 하던 조 두취가 갑자기 종업원을 불러 일본요리옥에서 스시를 주문해 달라고 부탁한다. 8장에서 확인하겠지만 당시 조선호텔 식당에서는 서양요리만을 판매했다. 조선음식은 물론 일본음식도 팔지 않았다. 옥란이 조선호텔 식당의 정식이 입에 맞지 않는다고 하자 조 두취가 다른 식당에서 스시를 시켜 달라고 요청한 것이다.

식민지 시대 경성 아니 조선 최고의 식당임을 자부했던 조선호텔 식당에서 옥란의 변덕 때문에 다른 식당의 음식을 시켰다는 것이 흥미롭다. 하지만 더욱 흥미로운 것은 조 두취의 부탁으로 스시를 주문한 일본요리옥이 바로 '화월'이라는 점이다. 조선호텔 식당에서 음식을 주문할 정도였다는 사실이 화월이 경성 최고의 맛을 자랑하는 일본요리옥이었다는 것을 증명해 주기 때문이다.

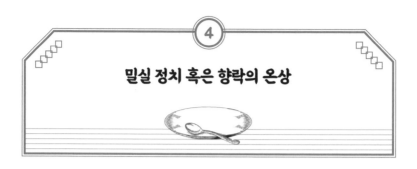

밀실 정치 혹은 향락의 온상

오쿠보 히로코는 앞서 살펴본 책에서 에도 시대에 일본요리옥이 등장하는 과정에 주목한 바 있다. 흥미롭게도 일본요리옥은 찻집으로부터 출발했다고 한다. 처음에는 찻집에서 차를 마시면서 간단히 요기할 수 있는 음식을 제공하다가, 이것이 밥과 반찬으로 발전하게 되면서 찻집이 식사 공간의 역할까지 하게 되었다는 것이다.

이후 사교 목적의 모임을 전문적으로 담당하는 요리옥도 등장하게 된다. 이곳에서는 손님 수에 맞춰 술과 안주를 준비하면서 안주의 가짓수가 늘어났고, 미각은 물론 시각적 풍미 역시 가미되었다. 술과 함께하는 요리가 나오는 순서도 점차 자리를 잡아갔다. 가장 먼저 '미소시루味噌汁', 곧 일본식 된장국과 함께 간단한 안주와 조림 음식이 제공되었다. 이어 생선구이, 회, 맑은국 등이 마련되었으며, 술과 안주를 먹은 후에는 몇 가지 반찬과 밥이 함께 제공되었다.

화려함과 아늑함을 동시에 갖추고 있었으며 풍미 가득한 음식을 제공했던 최고급 요리옥인 '야오젠八百善'이 등장한 것도 이때였다. 이를 시작으로 에도 시대 후기에 등장한 고급 요리옥들은 여러 개의 방을 구비하고 고급스러운 식사를 제공하게 된다. 무사나 상인 등이 정치, 상업과 관련된 대화를 나눌 사적인 공간이 필요했던 것도 고급 요리옥이 등장하는 데 영향을 미쳤다. 이들은 대화를 나누다가 계약이 맺어지면 술과 함께 가부키를 비롯한 공연을 즐겼다.

이후 요리옥의 수가 늘어나고 그 규모가 커지면서 일본요리옥에는 새로운 풍경이 등장하게 된다. 바로 '게이샤藝妓'의 등장이다. 손님들은 게이샤의 서비스를 받으며 술을 마시고 음식을 먹었다. 일본요리옥이 정착되는 과정에서 게이샤의 등장은 일종의 전환점이었다.

일본에서는 요리옥이 자리를 잡던 시기에 유곽도 모습을 드러냈다. 처음에 '유조遊女'와 게이샤는 모두 유곽에서 일하는 여성을 일컫는 이름이었다. 유조는 노래를 부르거나 춤을 추고 유곽을 찾은 손님들을 대접했던 반면 게이샤는 극에 출연하거나 곡을 연주하는 역할을 했다. 처음에 게이샤는 '藝妓'

ㅇ 샤미센을 연주하는 게이샤의 모습.

라는 이름에 걸맞게 주로 예능과 관련된 일에 종사했다. 앞의 이미지는 게이샤가 연회에서 '샤미센三味線'을 연주하는 모습이다.

흥미로운 점은 유곽에서는 유조가 중심이었고 게이샤는 유조를 보조하는 역할에 한정되었다는 것이다. 대우 면에서 둘의 차별은 눈에 띌 정도였는데, 이는 당시 규정과 제도에서도 명확히 드러났다. 게이샤가 유조를 제치고 조명받게 된 것은 메이지 시대에 이르러서였다. 메이지 시대가 되면서 이전 시기까지 허용되었던 매춘이 명목상 금지되었고, 그때까지 매춘을 담당했던 유조의 활동은 심한 제약을 받게 되었다. 반면 당시까지 게이샤의 역할은 극에 출연하거나 곡을 연주하는 것이었기 때문에 상대적으로 매춘 금지라는 제약에서 자유로웠다.

메이지 시대와 함께 유곽의 중심에 위치하게 된 게이샤는 이후 서양에서 유입된 노래와 춤도 담당하며 다양한 활동을 해나갔다. 한편으로 연회에 참석한 손님들을 접대하는 역할도 조금씩 맡게 되는데 연회가 끝나면 암암리에 손님과 함께 나가 매춘을 하기도 했다. 아이러니하게 근대의 개막과 함께 합법과 비합법이라는 차이는 있었지만, 결국 게이샤가 유조의 역할까지 담당하게 된 것이다.

주영하는 《식탁 위의 한국사》(휴머니스트, 2013)에서 조선요릿집이 일본요리옥의 영향을 받아 탄생했을 가능성이 크다고 주장한다. 일본 요리옥은 이미 1880년대 제물포 개항과 함께 조선에 일본인 거주지가 생기면서 유입되기 시작했는데, 경성에 들어선 것은 1885~1886년경으로, 1906년 통감부 설치를 계기로 크게 늘어나며 자리를 잡았다고 한다.

조선요릿집은 일본요리옥의 그늘에 위치해 그 영향을 받았다. 처음에는 조선식으로 모든 음식을 차려 제공했지만 점차 음식이 순서대로 나오는 일본요리옥의 방식을 따라갔다. 술과 안주를 갖춘 술상이 먼저 제공되었고 일본의 게이샤가 그랬던 것처럼 기생이 출연해 공연을 하고 접대를 하는 연회가 열렸다. 본격적인 연회와 접대가 끝나면 간단하게 식사를 하는 것으로 자리가 마무리되었다.

식민지 시대 경성에 유입된 일본요리옥 역시 사적인 대화 공간과 공적인 연회의 공간이라는 두 가지 성격을 모두 지니고 있었다. 《명일의 포도》, 《적도》 등의 소설을 보면, 일본요리옥은 조용한 오자시키가 여러 개 구비된 모습으로 등장한다. 그곳에서 손님들은 대화를 하며 술과 음식을 즐겼고, 보다 은밀한 대화를 원하는 남녀 손님은 따로 구비된 방에서 시간을 보냈다. 또 두 소설에 나타나지는 않았지만 넓은 홀에서 연회나 모임을 가지기도 했다. 연회에는 술과 음식이 제공되었으며 공연을 위해 게이샤를 부르는 것이 관행이었다. 물론 사적인 모임에서도 손님들의 요청에 따라 게이샤가 참석하기도 했다.

경성에 위치한 일본인 게이샤조합으로는 본정권번, 대화권번이 있었는데, 역시 일본요리옥이 밀집되어 있었던 본정, 대화정에 자리했다. 공창公娼의 성격을 지닌 유곽은 따로 조성이 되어 신정, 도산 등에 위치했다. 신정은 지금의 묵정동이고 도산은 용산의 도화동이다.

연회에 부름을 받은 게이샤는 돌아가면서 샤미센을 연주하고 노래를 불렀다. 그리고 자기 공연 차례가 아닌 나머지 게이샤들은 연회에 참석한 손님들의 술 시중을 들었다. 연회 시간에 따라 정해진 비용을 받아 일부를 권번에 내고 나머지를 자신의 몫으로 가졌다. 또 연회가 끝나

○ 일본요리옥 중앙 홀의 모습.《삼곡선》삽화.
〈동아일보〉 1935. 2. 6.

고 나면 손님과 2차를 가기도 했는데, 거기서 손님에게 받는 돈은 온전히 자신의 몫이었다.

2장에서 살펴본 장혁주의 《삼곡선》에는 일본요리옥의 두 가지 특징이 모두 나타나 있어 흥미롭다. 《삼곡선》에서 상수는 서적상 조합의 연회에 참석하기 위해 일본요리옥을 방문한다. 위의 이미지는《삼곡선》에 실린 삽화인데, 처음 상수가 종업원을 따라 도착한 넓은 공간, 곧 중앙 홀의 모습이다.

잠시 후 손님들이 거의 다 참석하자 그들은 따로 마련된 오자시키로 안내된다. 오자시키에는 미리 음식이 차려져 있고 잠시 후 술 시중을 들 여성들이 들어온다. 그런데《삼곡선》에서 연회에 부름을 받은 사람은 게이샤가 아니라 기생이었다. 일본요리옥에서는 게이샤를 부르는 것이 일반적이었지만 조선인이 방문했을 경우 조선 기생을 청하기도 했다고 한다.

《명일의 포도》에서 소연과 일구가 화월에 갔을 때 소연을 '옥상!'이라고 부르는 종업원이 있었다. 화월을 비롯해 요리옥에서 일하는 종업원을 부르는 호칭은 '하녀'였다. 그들은 일본인 손님이 대부분이었던 만큼 일본어를 사용했으며, 격식과 예의를 갖추어 손님에게 서빙을 했다. 하지만 성애적인 서비스를 하지는 않았는데, 이는 게이샤의 몫이었기 때문이다. 종업원의 역할은 명월관, 식도원, 태화관 등 조선요릿집에서도 마찬가지였다. 일반적으로 조선요릿집에서 술이나 요리를 날랐던 사람을 '기생'이라고 알고 있는 이들이 많지만, 이는 사실이 아니다. 기생은 소리와 연주를 하고 손님의 술 시중을 드는 역할을 맡았다. 조선요릿집에서 술이나 요리를 나르거나 허드렛일을 했던 사람은 기생이 아닌 주로 남자 종업원이었다.

1930년대 경성에 정착한 카페나 바에서 손님과 대화를 나누며 술 시중을 드는 사람을 '여급'이라고 불렀는데, 여급이라는 이름은 일본에서 '웨이트리스waitress'의 번역어로 사용되었던 명칭이 조선에 들어온 것이었다. 여급 역시 일본요리옥의 게이샤, 조선요릿집의 기생과 같은 역할을 했다.

일본요리옥과 함께 살펴볼 만한 흥미로운 공간이 있다. 앞서 잠깐 얘기했던 '마치아이'라는 공간이다. 마치아이도 넓게 보면 일본요리옥이었는데, 게이샤나 기생을 두고 영업하는 유흥업소에 가까웠다. 일본요리옥은 공연을 위해 게이샤나 기생을 부르기도 했지만, 몇 가지 안주를 시켜 술을 마시거나 식사를 하는 곳이기도 했다. 이와 달리 마치아이는 가게에 자체적으로 게이샤나 기생을 두고 손님을 접대하며 매춘을 전문으로 했다.

최독견의 〈낭만시대〉에는 식민지 시대 마치아이에 관한 이야기가 등장한다. 마치아이에 가면 먼저 일본식 머리인 '마루가게丸ﾏげ'를 한 '나카이仲居'가 게다를 신고 나와 손님을 맞았다고 한다. 손님들 대부분은 조선요릿집이나 카페에서 술을 마시고 2차로 마치아이에 오는 경우가 많았는데, 마치아이 내부에는 손님들이 목욕을 하거나 잠을 잘 수 있는 별채가 마련되어 있었다. 손님들은 마치아이에 있는 게이샤나

기생과 술을 마시고 같이 잠을 자거나 혹은 조선요릿집이나 카페에서 만난 여급, 기생을 데리고 마치아이에 가서 술을 마시기도 했다.

《삼곡선》을 보면 보통 일본요리옥과 마치아이는 다른 공간으로 여겨졌음을 알 수 있다.《삼곡선》에서 상수는 정희와 조용히 식사를 할 일본요리옥을 찾는다. 단목과 대죽으로 분위기 있게 꾸민 일본식 현관을 발견한 상수는 정희를 데리고 그곳으로 들어가려고 한다. 그런데 문을 열고 들어서려던 상수는 분위기를 보고 그곳이 마치아이 같다며 서둘러 정희를 데리고 다시 나온다. 상수의 행동을 보면 마치아이는 확실히 일반적인 일본요리옥보다는 퇴폐적인 유흥업소에 가까웠던 것으로 보인다.

남산정, 대화정 등 남촌을 중심으로 번성했던 경성의 일본요리옥은 1945년 종전을 계기로 모습을 감추게 된다. 하지만 일본요리옥의 시스템을 벤치마킹해 들어섰던 조선요릿집은 그렇지 않았다. 해방과 한국전쟁 등 격동의 시기를 맞아 고개를 낮추고 관망했던 것도 잠시, 오히려 더욱 번창하게 된다. 요릿집이라는 꼬리표를 떼고 본격적으로 요정이라는 이름으로 불리게 된 것 역시 그때였다.

요정은 정권이 바뀔 때마다 밀실 정치나 향락의 온상으로 비판받아 퇴출의 기로에 섰다. 삼청각, 대원각 등 고급 요릿집이 문을 닫으면서 더 이상 조선요릿집 혹은 요정이라고 지칭할 만한 음식점은 남아 있지 않다. 하지만 술과 음식과 접대가 함께하는 공간은 이름만 달리할 뿐 지금도 여전히 사라지지 않았다고 보는 것이 사실에 가까울 것이다.

《적도》는 어떻게 끝났을까? 현진건은 여해, 영애, 병일, 명화의 갈

등을 어떻게 마무리지었을까? 여해는 병일과 위스키를 마시고는 병일의 동생 은주를 겁탈한다. 여해에게 능욕을 당한 은주는 며칠을 고민하다 자살하기 위해 한강에 뛰어든다. 양심의 가책에 시달리던 여해는 한강에 뛰어들어 은주를 구출한다.

이후 소설은 다소 서둘러 마무리되는 듯한 느낌으로 결말을 향해 나아간다. 일본요리옥을 소개할 때 명화와 함께 등장한 상열은 사실 중요한 임무를 맡아 귀국한 것이었는데, 여해는 이를 알고 그의 임무를 대신 맡으려 한다. 반면 상열은 운동을 이어나간다는 명분으로 명화와 은주를 데리고 다시 해외로 향한다. 여해는 상열이 맡은 임무를 수행하다가 체포되어 취조를 당하는데 그 과정에서 자살로 삶을 마무리한다.

현진건의 형인 현정건이 세상을 떠났을 때, 각종 언론은 '장구한 해외 풍상에 시달린 고난과 영어 생활에 지친' 현정건이 별세했는데, 임종 당시 '세계 무산계급 ××××을 힘차게 고창하였다'고 했다. 이를 고려하면《적도》에 등장한 여해와 상열의 모습이 현정건의 모습과 겹쳐 보이는 것은 자연스러운 일일 것이다.

경성의 이름난 일본요리옥

◌◌◌◌

《대경성도시대관》은 1937년 발행된 사진첩인데, 관공
서, 학교, 은행, 회사 등 경성에 위치했던 주요 건물들의 사진
과 설명을 싣고 있다. 여기에는 경성에서 유명했던 일본요리옥의
사진과 설명도 실려 있다. 그중 대표적인 일본요리옥 몇 곳을 소개하려
한다.

송엽정松葉亭

1911년에 문을 열었다. 남산정 1정목 3번
지에 위치하고 있다. 전화는 본국 2번에
5307이다. 복어 요리로 명성이 높다. 회
사나 관청의 고위층을 접대하는 경성의
일류 일본요리옥이다. 50명을 수용하는
큰 방과 다다미방 8개가 구비되어 있
다. 종업원은 모두 20명이다.

○ 송엽정의 중앙 홀. 서울역사박물관.

경희구京喜久

욱정 2정목 39번지에 위치하고 있다. 전화번호는 본국 2번
에 0076이다. 경성에서 유명한 일본요리옥 중 한
곳이다. 특히 다다미방이 다른 어떤 요리옥
보다 화려하고 호화로운 것으로
유명하다.

○ 경희구의 현관. 서울역사박물관.

　어떤 연회도 소화할 수 있는 공간이지만 특히 대규모 연회를 가질 때 즐겨 이용된다.

매월梅月

황금정 2정목 195번지에 위치하고 있다. 전화번호는 본국 2번에 4587이다. 전통 도쿄 방식으로 좌석에서 바로 튀기는 즉석 덴푸라가 유명하다. 경영자는 교토 출신이라서 식기의 경우 교토의 고급스러운 분위기를 연출한다.

○ 매월의 종업원들.
　서울역사박물관.

4장

본정에서 남국의 파도소리를

가네보 프루츠팔러

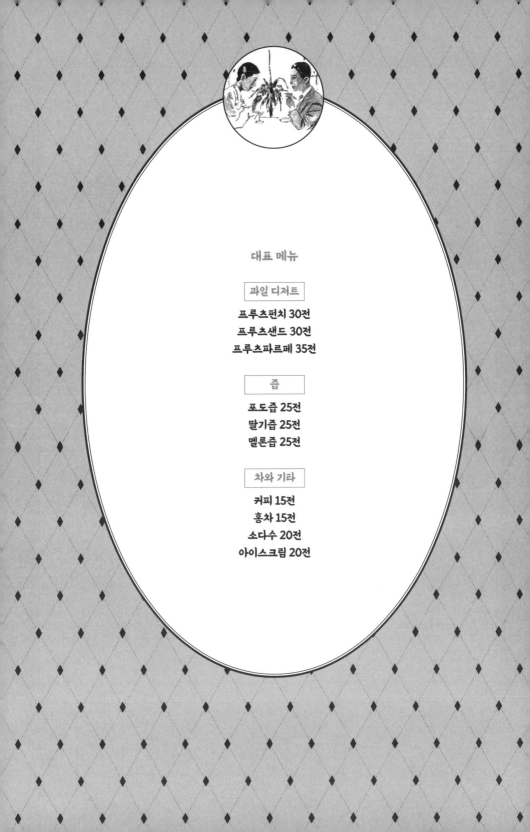

대표 메뉴

파일 디저트

프루츠펀치 30전
프루츠샌드 30전
프루츠파르페 35전

즙

포도즙 25전
딸기즙 25전
멜론즙 25전

차와 기타

커피 15전
홍차 15전
소다수 20전
아이스크림 20전

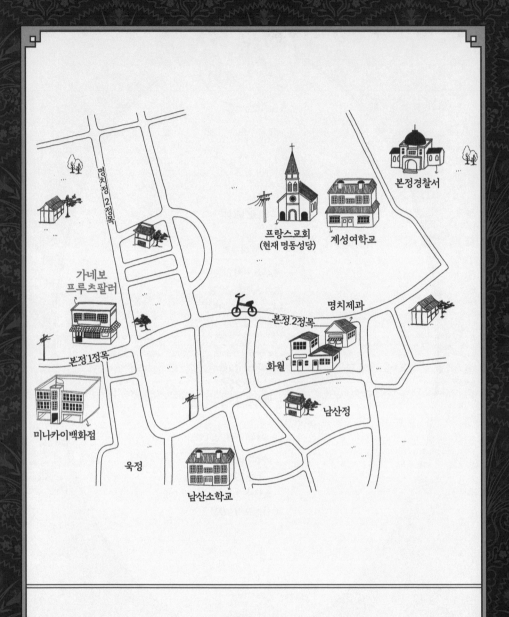

프랑스교회
(현재 명동성당)

계성여학교

본정경찰서

가네보
프루츠팔러

명치정 2정목

명치제과

본정 2정목

화월

본정 1정목

남산정

미나카이백화점

육정

남산소학교

주소 **본정 1정목 32번지**

'혼부라'의 필수 코스

이 장에서는 본정 1정목에 자리했던 '가네보 프루츠팔러鐘紡フルーツパ
ーラー'에 대해 소개하려 한다. 가네보 프루츠팔러라고 하면 아마 대부
분이 처음 들어본다는 반응일 것이다. 그나마 '가네보'를 화장품 회사
라고 알고 있거나 오래전 이름인 '종방鐘紡'으로 기억하는 독자가 있
을지도 모르겠다. 그래도 '프루츠팔러'를 익숙하게 여기는 이는 없을
듯하다.

그런데 1930년대 후반 경성의 젊은이들에게 가네보 프루츠팔러는
낯설지 않은 이름이었다. 특히 본정을 무대로 논다는 모던보이, 모던
걸에게는 더욱 그랬다. 가네보 프루츠팔러는 미쓰코시백화점, 명치제
과와 함께 한 번쯤 가봤어야 얘기가 통한다는 그야말로 '핫플레이스'
였다.

뒤에서 자세히 살펴보겠지만 식민지 시대 모던보이, 모던걸에게는 '혼부라本ぶら'라는 유행이 있었다. 혼부라는 '긴부라銀ぶら'에서 유래한 용어인데, 당시 도쿄의 젊은이들이 특별한 일 없이도 '긴자銀座' 거리를 어슬렁어슬렁ぶらぶら 돌아다니는 것을 긴부라라고 했다. 이를 따라 경성에서도 본정의 일본식 명칭인 '혼마치本町'와 '부라ぶら'를 합쳐 특별한 일 없이 본정 거리를 돌아다니며 구경하는 일을 혼부라라고 불렀던 것이다. 가네보 프루츠팔러 역시 혼부라의 코스 중 하나였다.

프루츠팔러는 '가네보 서비스스테이션鐘紡サービスステーション'이라는 건물 안에 있었다. 가네보 서비스스테이션은 방적회사인 가네보에서 생산한 최신 옷감, 옷, 잡화 등을 전시하고 판매하던 상점이었다. 특히 신식 결혼식을 선망했던 당시 젊은이들에게 이곳은 최신의 고급

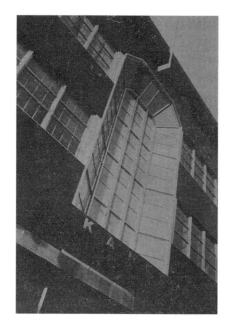

◦ 《대경성도시대관》에 실린
가네보 서비스스테이션의 외관.
서울역사박물관.

결혼 예복을 맞추는 공간으로도 유명했다.

《대경성도시대관》에도 앞의 이미지와 함께 가네보 서비스스테이션에 대한 소개가 실려 있다. 견직물, 면, 인견, 스테이플파이버, 양모, 삼베 등 다양한 옷감을 판매한다고 되어 있는데, 여기서 '스테이플파이버staple fiber'는 인공 섬유 정도의 뜻이다. 가네보 공장에서 생산하는 신제품을 진열해 고객의 편의를 도모하기 위한 공간으로 1936년 2월 문을 열었다는 내용도 덧붙여져 있다.

이번 장에서는 독자들과 함께 가네보 프루츠팔러를 구경하려 한다. 프루츠팔러는 '프루츠fruit'와 '팔러parlor'의 합성어로, 이름에서 나타나는 것처럼 과일 레스토랑 혹은 과일 디저트 카페 정도로 생각하면 되겠다. 프루츠팔러는 서비스스테이션을 방문하거나 혼부라를 나온 젊은이들이 즐겨 찾던 공간이었다. 특히 실내 매장은 칸막이가 있는 박스형 좌석인 '로맨스박스'로, 또 실외 매장은 남국의 해변처럼 꾸며, 손님들의 발길을 끌어들였다.

또 이 장에서는 프루츠팔러에서 판매했던 과일 음료나 디저트를 맛볼 계획이다. 더불어 명치제과와 우열을 가리기 힘들 정도로 맛있었던 커피 맛도 확인할 것이다. 그리고 식민지 시대에 조금은 뜬금없게 느껴지는, 프루츠팔러라는 독특한 음식점이 등장했던 이유에 대해서도 알아보려 한다.

프루츠팔러는 1930년대 후반 세련되고 화려한 본정의 풍경을 상징하는 공간이었다. 한편 음식점의 역사라는 측면에서 보면, 유수의 기업에서 운영하는 음식점의 시초이기도 했다. 방적회사 가네보는 식민지 시대 일본에서 상당한 매출을 올리는 기업이었기 때문이다.

방적 공장이 값싼 원료와 노동력을 구하기 위해 식민지로 진출하는 것은 정해진 수순이었고, 가네보도 그 길을 선택한 회사였다. 그렇기 때문에 가네보 서비스스테이션에 전시된 상품들이 아무리 새롭고 고급스러웠더라도 거기에는 식민지 조선의 멍에 역시 각인되어 있었다.

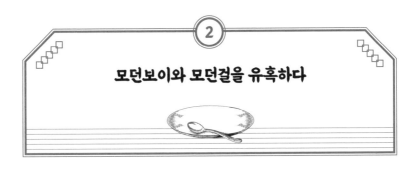

모던보이와 모던걸을 유혹하다

커피는 이 집이 아마
경성서는 제일 조흘 걸요

독자들을 가네보 프루츠팔러로 안내할 첫 번째 소설은 유진오의 《화상보》이다. 《화상보》는 1939년 12월부터 1940년 5월까지 〈동아일보〉에 연재된 소설로, 연재 당시 폭발적인 인기를 얻었으며, 다음 해인 1941년에는 한성도서주식회사에서 단행본으로도 발행되었다.

유진오는 식민지 시대의 다른 작가와 비교해 보면 이채로운 부분이 있다. 보통 식민지 시대 작가들은 고등보통학교를 마치고 대학에 진학하지 않거나 진학했더라도 중퇴한 경우가 대부분인데, 이와 달리 유진오는 경성제국대학에 입학해 법문학부를 우수한 성적으로 졸업했다. 유진오는 경성제국대학에 다닐 당시 문단에 데뷔해 〈귀향〉, 〈송군 남매와 나〉 등을 〈별건곤〉과 〈조선일보〉에 발표했다. 대학 졸업 후인 1930년대 후반에는 보성전문학교 교수가 되어 후학을 양성하는 일에 힘을 쏟았고, 작품 활동을 병행하며 〈김강사와 T교수〉, 〈창랑정기〉와 같은 대표작을 집필했다.

작가는 《화상보》의 연재를 예고하는 글에서 다음과 같이 얘기한다.

사람은 어떠케 살아야 할 것인가? 하는 문제는 항상 새로이 반복되는 문제이다. 수만흔 위대한 사상가가 이에 대해 답변을 시험햇으되 이 문제는 여전히 해명되지 안흔 채로 오늘도 또 우리에게 새로운 해답을 요구하고 잇다. (…) 이번 소설에서는 내 꿈이 내 현실을 깨트리지 안는 한 힘것 화려한 꿈을 얽어보려 한다.

인용은 두 가지 정도를 말하고 있다. 하나는 《화상보》가 '사람은 어떻게 살아야 하는가' 하는 문제를 주제로 한다는 점이고, 다른 하나는 그럼에도 소설이니만큼 현실만이 아니라 화려한 꿈도 표현한다는 것이다. 하지만 실제 《화상보》는 전자보다는 오히려 후자에 치중한 소설로 보인다.

《화상보》의 중심인물은 김경아와 장시영으로, 두 사람은 서로에게 호감을 느끼고 장래를 약속한 사이다. 경아는 도쿄에서 성악을 공부한 후 베를린, 뮌헨 등에서 열린 공연에 참여해 호평을 받는다. 경아와 달리 시영은 가정형편 때문에 다니던 고등농업학교를 중퇴하고 작은 중등실업학교의 교사로 일하게 된다. 두 사람이 놓인 상황의 차이는

소설이 전개되며 점차 갈
등으로 번진다.

4년 만에 조선으로 돌아
온 경아는 시영의 마음을
확인하기 위해 그를 찾는
다. 경아가 시영의 집을 찾
았을 때, 마침 이영옥도 그
의 집을 방문해 있었다. 영

○ 본정에서 산책 중인 경아와 시영.《화상보》삽화.
〈동아일보〉1940. 1. 23.

옥은 시영이 근무하는 학교 교주의 딸로 시영을 짝사랑하는 인물인데
시영의 동생인 보순이 아프다는 핑계로 시영의 집을 찾은 것이었다.
이들 네 사람은 불편하게 함께 점심을 먹게 되고, 이후 과일을 먹다가
본정으로 산책을 나간다. 위의 이미지는 산책에 따라나선 경아와 시
영의 모습을 그린 삽화인데, 두 사람의 표정에서 어색함이 묻어난다.
보순도 어색한 분위기를 느꼈는지, 산책 도중 어디에라도 들어가자고
제안한다. 보순의 말에 영옥은 한 카페로 이들을 안내하는데, 그곳이
바로 이 장에서 소개하려는 가네보 프루츠팔러이다.

이들 네 사람이 본정 입구를 잠깐 산책하다가 들어간 것처럼 가네
보 프루츠팔러는 본정 1정목에 위치하고 있었다. 전차를 타면 조선은
행 앞 정거장에서 하차하면 되었다. 가네보 푸르츠팔러는 전차에서
내려서 미쓰코시백화점 반대편 본정 입구로 들어가 히라타와 미나카
이 백화점을 지나면 바로 왼편에 위치하고 있었다. 번화한 본정의 상
점가에서도 가장 중심에 있었다고 할 수 있다. 당시 창경원으로 불렸
던 창경궁에서 종로 4정목, 황금정 4정목을 거쳐 본정에 이르는 노선

의 전차를 타도 갈 수 있었다. 본정 정거장에서 내리면 조선은행 앞 정
거장에서 내리는 것보다 가까웠다.

미쓰코시백화점 식당을 살펴보며 얘기했지만 미쓰코시백화점이
본정 입구 쪽으로 이전하고 나서 그 자리에 들어선 것이 가네보 서비
스스테이션이었다. 당시 정확한 주소는 본정 1정목 32번지였다. 지금
으로 보면 명동 세종호텔의 뒤쪽 정도에 있었다고 보면 된다.

이제 가네보 프루츠팔러에 들어간 네 사람의 모습을 구경해 보자.

'가네보-'의 사치한 존재는 시영도 모르는 바 아니엇스나 그 옆에 매끈
한 '프루-츠 팔-러'가 생긴 줄을 소문도 듣지 못한 바엿다. 이곳으로 들
어오자고 말을 낸 것은 영옥인 듯 영옥은 익숙한 걸음으로 앞서 들어가
'로맨스박스' 하나를 차지하며 남은 사람들을 청해 들인다. 그러고는 무
엇을 먹겠느냐고 일일이 돌아가며 묻는다.

인용에서 시영은 '가네보'는 알았지만 그 옆에 '프루츠팔러'가 생긴
것은 몰랐다고 한다. 여기서 시영이 말한 가네보는 가네보 서비스스
테이션이다. 가네보 서비스스테이션이 준공된 것은 1935년 11월이었
는데, 1933년 8월 〈조선일보〉에 실린 기사에는 1934년 4월 개점한다
고 되어 있다. 어떤 이유에서인지 1년 이상 늦게야 문을 연 셈이다. 프
루츠팔러는 준공 당시에는 없었으니 서비스스테이션이 개장하고 얼
마 뒤에 들어선 것으로 보인다. 시영이 가네보는 알았지만 거기에 프
루츠팔러가 생긴 것을 몰랐다고 한 언급은 이와 관련된 듯하다.

가네보 서비스스테이션은 옆의 층별 안내도를 보면 알 수 있듯 3층 건물이었다. 1층에서는 셔츠, 넥타이, 핸드백, 수입 잡화 등을 판매했다. 새로운 상품, 요즘 말로 '신상'이 아니면 세일을 하기도 했다. 프루츠팔러 또한 1층에 위치하고 있었다. 2층은 신사복이나 웨딩드레스 등 결혼 예복을 전문으로 했고, 견, 면 등의 옷감이나 고급 조선옷도 팔았다. 1, 2층과 달리 3층은 상설매장은 아니었다. 3층에서는 주

○ 가네보 서비스스테이션
층별 안내도.〈조선일보〉 1940. 7. 26.

로 기획 전시를 하거나 계절에 따라 패션쇼를 열기도 했다.

아래의 이미지는 가네보 서비스스테이션의 신문 광고인데, 부인복과 아동복의 봄 신상품이 나왔음을 알리고 있다. 이처럼 계절에 따라

○ 가네보 서비스스테이션의
광고.〈조선일보〉 1940. 4. 21.

새롭게 출시한 상품을 소개하는 가네보 서비스스테이션의 광고는 당시 신문에서 드물지 않게 찾을 수 있다.

서비스스테이션은 미쓰코시백화점이나 조지아백화점, 명치제과와 함께 본정의 핫플레이스 가운데 하나였다. 그리고 가네보 프루츠팔러는 커피 맛으로도 미쓰코시백화점 식당, 명치제과와 우열을 다툴 정도로 유명했다. 영옥이 망설임 없이 일행을 프루츠팔러로 안내한 것도 그 때문일 것이다.

인용문에서 또 하나 흥미로운 부분은 영옥이 일행을 '로맨스박스'로 안내했다는 것이다. 여기서 로맨스박스는 무엇이었을까? 식민지 시대 다방이나 카페의 구조는 크게 둘로 나뉘었다. 홀과 같은 공간에 여러 개의 식탁을 놓은 개방형이 있었고, 식탁과 식탁 사이에 칸막이를 설치한 박스형이 있었다. 아래의 이미지는 영옥의 안내로 네 사람

○ 가네보 프루츠팔러에 자리 잡은 영옥 일행.《화상보》삽화.
〈동아일보〉 1940. 1. 24.

이 프루츠팔러에 자리 잡은 모습이다. 삽화에는 잘 나타나 있지 않지만 이들은 지금 로맨스박스에 앉아 있을 것이다.

프루츠팔러에서 박스형 좌석을 로맨스박스라고 불렀던 것은 연인들이 박스형 좌석을 선호했기 때문으로 보인다. 물론 드물게 경성역 티룸의 이상李箱처럼 박스형 좌석에서 혼자 시간을 보내는 인물도 있었다. 그런데 프루츠팔러의 모든 좌석이 박스형은 아니었다. 실내 매장은 박스형이었지만 실외 매장은 다른 모습으로 꾸며져 있었다. 하나의 매장을 다양한 구조로 꾸민 것도 푸르츠팔러의 이채로운 특징이었다.

그런데 공간에 따라 구조를 다르게 한 것은 프루츠팔러보다 명치제과가 먼저였다. 명치제과는 1층은 박스형으로 꾸며 연인을 타깃으로 했고, 2층은 그 밖의 손님을 대상으로 개방형으로 꾸몄다. 명치제과에서는 손님들이 1층 박스형 좌석을 선호해 먼저 자리가 찼다고 한다. 이것이 효과적인 영업 전략이라고 생각했던지, 프루츠팔러 역시 명치제과를 벤치마킹했다. 다른 점이 있다면 프루츠팔러는 실내를 박스형으로 꾸미고, 실외는 이국적인 분위기를 연출하는 데 치중했다는 것이다. 실외 공간의 이국적인 분위기에 대해서는 3절에서 《사랑의 수족관》을 살펴보면서 구체적으로 확인하겠다.

다시 《화상보》로 돌아가 보자.

커피네 홍차네 제각금들 청하니까 "커피는 이 집이 아마 서울서는 제일 조흘 걸요." 영옥이 그 방면의 조예를 자랑한다. "그래요?" 경아가 대답하는데, "미쓰코시 것이 제일 조타더니!" 보순이 불복을 한다. "건 그렇지만 이런 차집 중에서 말이지." 말하는 영옥을 건너다보며 문득 시영은 나란히 안즌 영옥과 경아와의 대조를 생각하는 것이엇다.

인용은 가네보 프루츠팔러에 대한 몇 가지 정보를 제공한다. 먼저 커피를 판매했는데, 앞서 언급했듯이 커피 맛이 좋기로 소문이 날 정도였다는 것이다. 미쓰코시백화점의 커피가 더 맛있다는 보순의 말에 영옥이 '이런 찻집' 중에서라고 꼬리를 내린다. 당시에는 커피를 판매하는 공간을 백화점 식당과 일반 커피숍으로 구분했음을 말해주는데, 이들의 말에 따르면 백화점 식당을 더 나은 곳으로 여겼던 것 같다. 이어지는 부분에서는 종업원이 커피를 가져오자 모두 '사시'로 설탕을 넣는다. 여기서 사시는 찻숟가락 정도 되겠다. 당시 커피를 마실 때 설탕을 넣는 것이 일반적이었음도 알 수 있다.

소설이 전개되면서 시영과 경아의 관계는 계속 어긋난다. 경아는 귀국 독창회를 부민관에서 열어 관객들의 환호를 받는다. 부민관은 경성부에서 공연이나 강연 장소의 필요성을 느끼고 1935년 12월 준

○ 부민관의 외관.
국립춘천박물관.

공한 공간이었다. 앞의 이미지는 부민관의 외관을 찍은 사진이다. 지하 1층, 지상 3층으로 지어졌으며, 대강당의 경우 좌석이 1,800개에 이를 정도로 큰 규모였다. 부민관은 지금도 남아 있는 드문 식민지 시대 건물인데, 현재는 서울특별시의회로 사용되고 있다.

이곳에서 독창회를 성공적으로 마친 경아는 다음 날 시영에게 만나자고 한다. 약속 장소는 역시 가네보 프루츠팔러였는데, 카페에 도착한 시영은 경아가 안상권과 함께 있는 것을 보고 발길을 돌린다. 상권은 경아가 도쿄에서 유학하고 이후 공연을 여는 데 도움을 준 후원자이다. 시영은 경아와 상권의 관계를 오해하고 경아에게 그만 만나는 것이 좋겠다는 편지를 보낸다.

식민지 시대의 SNS, 메신저

편지를 읽은 경아는 행선지도 정하지 못한 채 택시를 타고 본정으로 간다. 조선에 돌아온 것이 오랜만이라 아는 곳이 없는 경아의 발길은 다시 가네보 프루츠팔러로 향한다.

> "장 선생께서는 저의 마음을 몰라주십니다. 뵈옵고 자세한 말씀 드리려 하오니 미안하오나 이리로 좀 나와 주시옵소서. 가네보에서, 경아 올림."
> 가게에서 종이와 봉투를 얻어 간단한 편지를 써 가지고 메신저를 불러 시영에게로 보낸다. 메신저는 45분이나 지난 후에 겨우 돌아왔으나 허

행이었다. 처음 경아가 써 주던 봉투를 도로 갖다 내밀며 집에 업서서 못 전햇다 한다.

경아는 가네보 프루츠팔러에서 시영에게 나와달라는 편지를 보낸다. 그랬더니 '메신저messenger'가 45분 정도 지난 후 돌아와서는, 받을 사람이 집에 없어서 못 전했다고 말한다. 경아는 시영이 어디 갔는지 확인하려고 다시 메신저를 보내는데, 메신저는 돌아와서 시영이 어제 저녁에 나가서 안 들어왔다는 소식을 전한다. 그런데 여기서 두 번이나 시영을 찾아갔다가 돌아온 인물, 메신저는 도대체 누구였을까?

소설에는 찬 바람에 얼굴이 벌겋게 된 메신저가 멀어서 혼났다며 돈 아니라 더한 것을 주어도 또 심부름은 못 하겠다는 눈치를 보인다고 되어 있다. 아마 대부분의 독자가 메신저라는 직업에 대해 처음 들어볼 테니, 여기서는 두 번씩이나 헛걸음을 한 메신저가 어떤 일을 하던 사람이었는지 알아보도록 하자.

돈 아니라 더한 것을 줘도 못 하겠다는 것으로 보아 돈을 받고 편지를 전하는 사람이었던 것 같다. 실제 식민지 시대 소설, 특히 1930년대 소설에는 메신저라 불리는 인물이 드물지 않게 등장한다. 이태준의 《청춘무성》에서 천달은 마음에 둔 득주에게 돈과 다이아몬드 반지를 보내는 데 메신저를 이용한다. 이근영의 《탐구의 일일》에서 현우는 혜경에게 다른 일이 생겨 못 간다며 꽃과 편지를 보내는데, 이를 전달했던 인물도 메신저였다.

지금은 SNS 없는 생활을 상상하기도 힘들다. SNS는 여러 용도로 사용되지만, 가장 요긴하게 사용하는 이들은 역시 연인들일 것이다.

못다 한 이야기를 나누거나 약속 시간이나 장소를 정하고 바꾸는 데 없어서는 안 될 서비스이다. 식민지 시대에 바로 이 SNS 역할을 했던 존재가 메신저였다. 1930년대 후반 등장한 메신저는 물건이나 전보를 배달하기도 했지만 그들의 주된 역할은 역시 연인들의 편지를 전달하는 것이었다. 긴 편지보다는 급하게 전해야 할 짧은 메시지를 주로 전달했다. 주로 종로와 본정, 명치정 등에서 활동했고, 이름난 음식점이나 다방에는 메신저가 거의 상주하다시피 했다.

1939년 11월 〈동아일보〉에 실린 기사에는 메신저가 접수받는 300여 건의 의뢰 가운데 연인들의 편지가 190건, 물품 배달이 54건, 나머지가 심부름이라고 되어 있다. 물론 우편을 이용할 수도 있었겠지만, 메신저는 우편보다 더 빠르게 물건이나 편지를 직접 전달할 수 있다는 장점이 있었다. 그들을 다룬 신문 기사의 제목처럼 메신저는 식민지 시대에 '전서구傳書鳩', 곧 편지를 전하는 비둘기 역할을 했던 것이다.

아래의 이미지는 《대경성도시대관》에 실린 메신저 회사의 사진이다. '메신저사'라는 간판 아래 자전거 뒤로 서 있는 메신저들의 모습이 보인다. 《대경성도시대관》에는 메신저사

○ 《대경성도시대관》에
수록된 메신저들의 모습.
서울역사박물관.

가 경성에서 전달 및 배달 청부업을 하는 곳이라는 고전적인 해설도 덧붙여져 있다.

역시 비슷한 시기 〈조선일보〉에는 메신저가 성격 급한 도시인의 총애를 받는다며 경성 부내에만 200여 명이 활동하고 있다는 기사가 실린다. 이처럼 메신저 일을 하는 사람이 늘어나면서 이와 관련된 움직임도 나타났다. 하나는 행정 당국에서 메신저의 숫자와 업무를 파악해서 취체 규칙을 제정하려는 것이었고, 다른 하나는 메신저들이 자신의 권리를 지키기 위해 동업조합을 조직한 것이었다.

《화상보》에서 경아는 편지를 쓴 후 메신저를 불러 시영에게 보낸다. 메신저는 편지를 전달하기만도, 전달한 후 기다려서 답장을 받아오기도 했다. 비용은 전자의 경우 가까운 거리에 10~20전이었고, 기다려서 답장을 받아오는 경우는 15~30전 정도였다. 10전이면 지금의 5,000원, 30전이면 15,000원 정도이니 새삼 SNS의 고마움을 느낀다. 메신저의 한 달 수입은 40원, 지금으로 따지면 20만 원 정도였는데 당시로서는 적은 편이 아니었다.

밝은 면이 있으면 그늘도 있기 마련이라 메신저를 이용하는 데서 발생하는 문제도 있었다. 문제는 연서를 보낼 때보다 물건을 전달할 때 흔하게 일어났던 것으로 보인다. 전달하던 편지를 열어 10원을 횡령하거나, 이불, 사과, 엿을 배달하다가 이불은 맡겨 돈을 받고 엿과 사과는 먹어버리는 사건도 발생했다. 또 풍관을 해치고 문제를 일으킨다며 경성역의 지게꾼을 메신저로 대신해 지게꾼이 일자리를 잃는 문제도 있었다.

다시 소설로 돌아가 보자. 경아는 시영과 오해가 거듭되면서 상권과 결혼하기로 마음을 먹는다. 그런데 웨딩드레스를 맞추기로 한 날 갑자기 상권의 전처가 나타난다. 경아는 이를 보고 몹시 놀라지만, 심란한 마음을 달래며 상권과 함께 가네보 서비스스테이션으로 예복을 맞추러 간다.

> 일이 끝난 후 아래층 프루츠팔러로 들어가 파이와 커피를 주문한 후, 상권은 "이제 2주일만 잇스면"하고 빙긋이 웃으며 경아를 본다. 결혼식 날짜가 2주일 후로 박두한 것이엇다. 그러나 경아는 여전히 흥이 안 나는 듯 "2주일 후 일을 누가 알겟서요?"한다.

위의 인용은 웨딩드레스를 맞춘 상권과 경아가 아래층의 프루츠팔러에서 주고받은 대화이다. 사실 두 사람의 모습은 소설 속에서뿐만 아니라 실제 가네보 프루츠팔러에서 가장 흔히 눈에 띄는 풍경이었을 것이다. 프루츠팔러는 결혼식 때 입을 옷을 맞추러 와서 기다리거나 혹은 볼일을 마친 후 차와 간단한 음식으로 허기를 달래던 공간이었기 때문이다. 이후 경성 젊은이들의 핫플레이스가 되면서, 꼭 예복을 준비하지 않더라도 가네보 서비스스테이션을 구경하다가 요기를 하는 곳으로 자리 잡게 된다.

가네보 서비스스테이션과 프루츠팔러는 박태원의 소설 《여인성장》에도 등장한다. 소설의 중심인물인 숙경은 서비스스테이션에서 철수에게 줄 넥타이를 구매한다. 다음의 이미지는 숙경이 철수에게 선물할 넥타이를 고르는 모습이다. 숙경의 가족 모두가 서비스스테이션의 단골인 것을 잘 알고 있는 점원은 선물할 것인지를 묻는다. 숙경

○ 서비스스테이션에서 철수에게 선물할 넥타이를 고르는 숙경.
《여인성장》삽화. 〈매일신보〉 1941. 12. 5.

은 그렇다고 대답하며 점원이 주는 쪽지에 철수의 주소를 적는다. 숙경의 가족은 서비스스테이션을 자주 이용하기 때문에 월말에 한꺼번에 사용한 돈을 내는 방식을 이용한 듯하다. 이를 통해 서비스스테이션에서 전표를 작성하고 월말에 계산을 하는 방식도 통용되었음을 알수 있다.

화신백화점을 다루면서 얘기하겠지만 식민지 시대 백화점에서도 상품권을 발행했다. 3원권에서 20원권까지 다양한 금액의 상품권이 발행되었는데, 20원권이면 지금으로 100만 원 정도에 해당하는 큰 금액이었다. 그래서 상품권 뒷면에는 사용한 가격을 기입하는 공간이 있었고 금액을 다 쓸 때까지 여러 차례 사용할 수 있었다. 방식은 조금 다르지만 가네보 서비스스테이션에서도 단골에 한해 전표를 작성한 후 월말에 계산하는 방식을 사용했던 것이다.

쇼핑을 마치고 나오던 숙경은 우연히 친구 수임이를 마주친다. 수임이가 차나 한잔 하자고 제안해 두 사람은 '파아러'로 향하는데, 이역시 프루츠팔러였다. 두 사람은 거기서 '구리이무', 곧 '크림'을 주문해서 마신다. 두 사람 역시 서비스스테이션에 쇼핑을 하러 왔다가 프루츠팔러에 들렀다는 것, 또 그곳에서 파는 메뉴 가운데 '크림'도 있었다는 것을 알 수 있다. 프루츠팔러에서 판매했던 다른 메뉴에 대해서는 《사랑의 수족관》을 살펴보면서 다시 얘기하겠다.

《여인성장》에도 '혼부라'라는 말이 등장하니 잠깐 살펴보자. 숙경은 올케로 들어온 숙자와 친근하게 지낸다. 어떤 화장품을 쓰는지 물어보고 나누어주기도 하며 살갑게 대하는데, 어느 날은 가네보에 좋은 치맛감이 들어왔다며 숙자에게 같이 혼부라를 가자고 한다. 역시 가네보 서비스스테이션이 혼부라의 코스로 사랑받았음을 말해주는 부분이다.

향기롭고 이국적인 파일 디저트 카페

모래 위의
비치파라솔

《사랑의 수족관》은 김남천의 소설로, 1939년 8월부터 1940년 3월까지 〈조선일보〉에 연재되었다. 연재를 마친 후에는 '인문사'에서 단행본으로 출간되기도 했다. 김남천은 문학에서 계급주의적 지향을 보였던 '카프KAPF'의 작가로 알려져 있다. 실제 그는 도쿄에서 유학 중이던 1929년부터 카프가 해산된 1935년까지 카프의 회원으로 활동했다. 이념적 지향이 분명히 드러나는 〈공장신문〉, 〈공우회〉, 〈물〉 등이 당시 그가 썼던 소설들이다. 1931년 10월 카프 맹원 1차 검거 때는 문인 중 유일하게 2년 실형을 받고 복역하기도 했다.

1930년대 후반 김남천은 이 절에서 살펴볼《사랑의 수족관》과 함께 〈경영〉, 〈바다로 간다〉 등의 소설을 발표한다. 이들 소설은 이전처럼 이념적 지향을 드러내기보다, 도회적 분위기를 배경으로 인간 실존의 문제에 천착하고 있다.

《사랑의 수족관》은 김광호와 이경희라는 인물을 중심으로 전개되는데, 역시 이 시기에 발표한 다른 소설과 같이 1930년대 후반 경성의 화려하고 번화한 모습이 잘 나타나 있다. 광호는 대학을 졸업하고 철도회사에서 토목기사로 일하는 청년이며, 경희는 대학에서 가정학을 전공한 뒤 사회사업에 관심을 가진 여성이다. 소설은 광호와 경희가 경성으로 향하는 기차에 동행하는 장면으로 시작된다.

지방 공사장에서 일하던 광호는 형이 위중하다는 소식을 듣고 경성으로 가는 기차에 오른 상황이었다. 경희는 광호가 일하는 현장의 공사를 맡은 대흥콘체른 사장의 딸로 아버지를 만나고 경성으로 돌아가는 길이었다. 두 사람은 기차 안에서 사회사업에 대한 논쟁을 벌이지만 그 과정에서 호감도 느끼게 된다. 광호는 경성에 도착하자마자 병원에 가서 형의 병세를 살피고 급한 용무를 마친다. 기차에서 얘기를 나누며 광호에게 호감을 느낀 경희는 그날 오후 광호가 다시 공사장이 위치한 지방으로 떠난다는 것을 알고 편지를 보낸다.

떠나시기 전에 상론할 일이 잇사오니 오전 열시 정각 본정의 가네보 프루츠팔러까지 나와 주시기 바랍니다. 못 나올 사정이 계시다면 이 아이 편에 회답을 적어 주시면 고맙겟습니다.

경희는 광호에게 가네보 프루츠팔러에 나와줄 것을 청하면서 못 나올 사정이 있으면 '아이 편'에 회답을 달라고 한다. 인용에서 아이로 불린 존재는 역시 메신저였다. 메신저는 주로 10대 후반의 소년들이 었는데, 그래서 아이라고 불렀나 보다. 경희도 메신저를 통해 편지를 보내면서 회신 역시 메신저 편에 달라고 한다.

편지를 받은 광호 역시 경희에게 좋은 감정을 지니고 있던 터라 그 시간에 나가겠다는 회신을 보낸다. 경희는 정한 시간보다 일찍 약속 장소인 프루츠팔러에 도착한다. 아래는 프루츠팔러에 도착한 경희의 모습이다.

> 그는 삐-차 파라솔을 꼬자 놓은 테-블로 가서 문 잇는 쪽을 향하여 안잣다. 모래 위에 아침 해발이 비스듬히 들어서 아침 일직이 바닷가에 나간 것 갓다. 그는 광호가 오기까지 아무것도 청하지 안흐려 하엿다. 그러나 10시가 넘어도 광호는 오지 안핫다. 그는 할 수 업시 과일즙 하나를 청햇다. 먹기 시작하기 전에 그가 왓스면 하고 생각햇스나 오지 안는다. 한 모금을 빠라서 목을 추겨 본다. 달고 향기롭다.

프루츠팔러에 간 경희는 비치파라솔을 꽂은 테이블에 자리를 잡는다. 같이 주문하려다가 광호가 늦자 먼저 과일즙을 시켜서 목을 축이는데, 그 맛이 달고 향기로웠다고 한다. 이는 가네보 프루츠팔러에 대한 몇 가지 새로운 정보를 제공한다.

먼저 프루츠팔러에 비치파라솔을 꽂은 테이블이 있었다는 것이다. 다음의 이미지는 프루츠팔러에서 광호를 기다리는 경희의 모습이다.

○ 가네보 프루츠팔러 실외 매장에서 광호를 기다리는 경희.
　《사랑의 수족관》삽화.〈조선일보〉1939. 9. 22.

테이블 위를 보면 당시 과일즙을 어떤 모양의 잔에 담아서 제공했는
지도 알 수 있다. 또 비치파라솔 아래에 등나무로 된 의자가 여럿 보이
고 그 뒤로 서비스를 하는 종업원의 복장도 눈에 띈다.

　프루츠팔러의 실내와 실외가 다른 구조였으며 실내에는 로맨스박
스, 곧 식탁 사이에 칸막이가 있는 박스형 좌석이 설치되어 있었음은
앞서 이야기했다. 실외 매장은 위의 이미지와 같이 바닥에 모래를 깔
고 비치파라솔을 설치해 해변 분위기로 꾸며져 있었다. 당시 남국의
해변이 지식인을 비롯한 경성의 젊은이들이 꿈꾸는 공간 가운데 하나
였기 때문으로 보인다. 실내를 로맨스박스라 부르며 연인을 타깃으로
홍보했다면, 실외는 남국의 해변 분위기로 연출해 역시 젊은 손님들

을 끌어들였다. 실내와 실외의 구조를 다르게 한 것이 꽤 효과적이었어서, 가네보 프루츠팔러는 곧 본정의 명물이 되었다.

광호는 경희와 약속한 시각인 10시보다 10분 정도 늦게 도착한다.

그는 방안의 위치를 잘 모르는 모양이어서 유리창을 통해 그가 옷감을 들고 선 매네킹 아페 잠시 동안 두리번거리고 서 잇는 것이 보엿다. 사위를 한번 둘러보다가 왼편에 잇는 긱다실을 멀끔히 드려다보고 한참만에야 나츨 돌려 경희가 안즌 쪽을 차자보앗다. 광호는 성큼성큼 걸어서 프루츠파ー라로 들어왓다. 곤색 양말에 꺼먼 구두를 신고 머리엔 벌써 가벼운 가을 모자를 썻다.

가네보에 들어선 광호는 마네킹 앞에 서서 두리번거리다가 왼편에 있는 끽다실을 들여다보며 경희가 있는지 확인한다. 여기서 끽다실은 앞서 얘기했던 박스형 구조로 된 프루츠팔러의 실내 매장을 가리킨다.

본래 '끽다실喫茶室'은 일본어 한자에서 온 이름이다. 일본에서는 다방 혹은 찻집을 끽다실이나 '끽다점喫茶店'이라고 불렀다. 시기를 기준으로 엄밀하게 구분하면 일본에서 끽다실, 끽다점은 두 가지 의미로 사용되었다. 먼저 메이지 시대에 끽다실, 끽다점은 1장에서 살펴봤던 청목당 본점, 제과점에서 개설한 찻집, 또 긴자에 있었던 대만의 찻집 등을 부를 때 사용되었다. 그런데 1920년대 중반 이후에는 끽다실이나 끽다점이 조금은 다른 의미를 지니게 된다. 당시는 카페가 여급들이 남성 고객을 대상으로 에로틱한 자극과 성애적인 서비스를 제공하는 유흥공간이 되었던 시기였다. 그때부터는 유흥공간이 된 카페와는 달리 커피를 마시거나 식사만을 하는 곳을 끽다실이나 끽다점으로 부르게 되었다.

1930년대 경성역에 티룸이 새롭게 들어섰다는 소식을 알리는 신문 광고는 경성역 티룸을 끽다점이라고 부르고 있다. 이 장에서 가네보 프루츠팔러의 라이벌로 다뤘던 '명치제과'의 정확한 이름은 '명치제과 경성판매점'이었는데, 이곳에서도 차나 음료를 파는 곳을 '끽다부喫茶部'라고 불렀다.

잊을 수 없는
과일 디저트의 맛

다시 《사랑의 수족관》으로 돌아가 보자. 끽다실 내부를 들여다보며 경희를 찾던 광호는 한참 만에야 고개를 오른편으로 돌려 자리에 앉아 있는 경희를 발견한다. 당시 가네보 서비스스테이션에 들어서면 왼편으로 박스형 실내 매장이, 오른편으로 해변 분위기를 낸 실외 매장이 위치하고 있었다.

"무엇으로 하실까요?" 하고 경희가 묻는다. 광호가 경희의 물잔을 보아서 "전 먼저 시켜서 먹었습니다만…" 하고 변명한다. "저도 포도즙으로 하겠습니다." 조금 이따가 시킨 것이 왔다. 경희는 광호가 과일즙에 입을 댈 때 저도 먹어 보다 남은 것을 같이 한 모금 마셨다.

인용에서 자기도 포도즙으로 하겠다는 광호의 말을 들어보면 앞서 경희가 시킨 음료도 포도즙이었던 듯하다. 여기서 과일즙, 포도즙이라는 어색한 이름이 등장하는데, 이는 과일주스, 포도주스를 가리키는 말이었다. '주스'라는 용어는 식민지 시대에는 사용되지 않고 1950년대가 되어서야 일반적으로 사용되었다. 포도즙을 마시면서 이야기를 나눈 경희와 광호는 가네보에서 빠져나와 미쓰코시백화점 옆에 있는 서양요리점으로 향한다. 1장에서 확인한 것처럼 그곳은 청목당이었는데, 두 사람 역시 청목당의 대표 메뉴였던 정식을 먹는다.

청목당에 관해서는 앞서 살펴봤으니, 여기에서는 가네보 프루츠팔러에서 판매했던 메뉴에 대해 조금 더 알아보자. 먼저 《화상보》의 시영, 경아, 영옥, 보순 네 사람은 커피와 차를 마셨다. 웨딩드레스를 맞추러 간 경아와 상권은 커피와 함께 파이로 요기를 했고, 《여인성장》의 숙경이는 친구와 함께 크림을 마셨다. 이를 통해 가네보 프루츠팔러에서는 커피나 차와 같은 음료와 함께 간단한 요깃거리도 판매했음을 알 수 있다. 하지만 프루츠팔러의 대표 상품은 커피나 과자가 아니었다. 《사랑의 수족관》에서 경희와 광호가 마신 포도즙, 곧 포도주스가 프루츠팔러의 대표 상품이었다.

프루츠팔러에서 주로 판매했던 것은 'Fruit Parlor'라는 이름에서 알 수 있듯 과일을 재료로 한 음료나 디저트였다. 특히 '프루츠펀치 Fruit Punch', '프루츠샌드 Fruit Sandwitch', '프루츠파르페 Fruit Parfait' 등이 주력 메뉴였다.

다음의 이미지는 《여인성장》에서 숙경이와 수임이가 크림을 마시는 모습이다. 그런데 이미지 왼쪽에 유리로 된 3단 진열장 속 음식들

이 눈에 띈다. 그림에서
는 잘 보이지 않지만,
이들 모두 과일을 재료
로 한 음식이었다는 점
도 가네보 프루츠팔러
의 주력 메뉴가 과일을
재료로 한 음료나 디저
트였음을 말해준다.

○ 가네보 프루츠팔러에서 크림을 마시는 숙경과 수임.
《여인성장》삽화.〈매일신보〉1941. 12. 7.

　　프루츠팔러에 있는 진열장은 백화점 식당의 그것을 벤치마킹한 것
으로 보인다. 앞서 미쓰코시백화점 식당을 구경하면서 식당 입구에
유리로 된 진열장이 있었음을 살펴보았다. 식당 입구에 음식 샘플을
전시해 놓은 것은 백화점 식당에서 처음 도입한 방식이었으니, 가네
보 프루츠팔러의 진열장 역시 거기서 발상을 얻었을 것이다.

　　가네보 프루츠팔러가 독특한 공간이었음은 이봉구의 회고에서도
나타난다. 이봉구는 1971년 7월〈경향신문〉에 실린 "서울 새 풍속도"
라는 글에서 프루츠팔러 바닥에 바닷가를 연상시키는 모래가 깔려 있
었던 것, 또 여러 가지 메뉴를 쇼윈도에 진열해 놓은 것이 기억에 남는
다고 했다. 또 거기서 먹었던 아이스크림의 맛을 잊을 수 없다며, 이후
다시 맛보기 힘든 맛이라고 말하기도 했는데, 이는 프루츠팔러의 인
기 메뉴였던 프루츠파르페였을 것으로 추정된다.

　　앞서 가네보 프루츠팔러의 라이벌로 언급되었던 명치제과는 어떤
곳이었을까? 이곳은 이태준의 소설《청춘무성》이나《딸 삼 형제》에
도 등장한다.《청춘무성》에서 은심은 크리스마스가 다가오자 기분 전

환을 위해 본정으로 산책을 나선다. 은심의 산책은 꽃집, 다방, '마루젠丸善'으로 이어지는데, 여기서 마루젠은 도쿄에 본점을 둔 책과 문구를 파는 상점으로 본정에도 지점이 있었다. 산책 도중 은심은 가네보 서비스스테이션 앞에서 우연히 학교 친구들을 만나자 반가운 마음에 함께 명치제과로 간다. 《대경성도시대관》에서는 이곳을 과자, 사탕, 유제품 등으로 조선 전체에서 유명한 곳이라고 설명하고 있다.

당시 명치제과의 주소는 본정 2정목 80번지였다. 앞서 얘기한 본정 1정목의 가네보 서비스스테이션을 지나 본정 2정목으로 조금 더 가면 오른쪽에 명치제과의 3층 건물이 나타났다. 가네보 서비스스테이션 앞에서 만났는데 프루츠팔러에 가지 않고 굳이 명치제과에 간 것을 보면 은심과 친구들은 명치제과를 좀 더 좋아했나 보다.

명치제과는 이 절에서 다룬 《사랑의 수족관》에도 등장한다. 소설에서 경희는 현순과 같이 경성에서 탁아소를 운영할 계획을 세우는데, 두 사람이 계획을 논의하기 위해 만난 곳이 명치제과다. 두 사람 모두 《화상보》의 일행이 그랬듯 커피를 시키고는 스푼으로 설탕을 넣는데, 커피에 설탕을 넣어 달게 마시는 방식이 일반적이었음을 다시 확인할 수 있다.

《딸 삼 형제》에서는 정매가 필조에게 같이 차를 한잔 마시자는 제안을 받고는 본정의 명치제과 2층이면 괜찮다고 한다. 정매는 같은 날 동생 정국과도 본정에서 약속이 있었는데, 둘은 가네보 프루츠팔러에서 만나기로 한다. 이들 소설을 보면 가네보 프루츠팔러와 명치제과가 우열을 가리기 어려울 만큼 인기가 많았던, 본정의 핫플레이스였음을 알 수 있다. 비록 《청춘무성》의 은심과 친구들은 명치제과를 더 선호하는 것으로 나타나지만 실제로 둘의 차이는 크지 않았다.

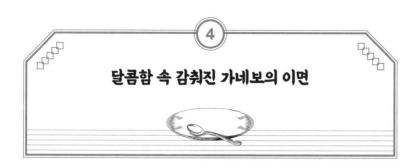

달콤함 속 감춰진 가네보의 이면

가네보 프루츠팔러는 독특한 공간이었다. 앞서 살펴본 서양음식점이나 뒤에서 구경할 커피숍, 호텔 식당 등은 일정한 변화를 겪었더라도 서양에서 일본으로 유입된 것이었다. 그리고 그것들은 대부분 일본을 거쳐 식민지 조선으로도 넘어왔다. 그런데 프루츠팔러의 경우는 달랐다. 프루츠팔러는 서양에서 유입된 공간이 아니라 일본 자국에서 인기를 끌어 식민지 조선에 정착하게 된 식당이라는 점에서 특별히 눈여겨볼 만하다.

프루츠팔러는 과일을 이용한 메뉴를 개발해 판매했다. 대표적인 메뉴로는 프루츠펀치, 프루츠샌드, 프루츠파르페가 있었다. 다음의 이미지는 1930년대 일본 긴자에 있던 프루츠팔러의 내부 사진이다. 사진을 자세히 들여다보면 진열장에 전시되어 있는 음식 역시 앞서

○ 1930년대 일본 긴자의 프루츠팔러 매장 내부.

살펴본 메뉴들과 크게 다르지 않은 것 같다.

프루츠펀치는 과일즙에 탄산수를 섞고 시럽 혹은 알코올을 넣은 음료였다. 시럽을 넣으면 가벼운 음료가 되고, 알코올을 넣으면 칵테일이 되었다. 프루츠샌드는 빵 사이에 과일과 크림을 넣어 만든 과일 샌드위치로, 속에 들어가는 주된 과일은 딸기, 바나나, 키위 등이었다. 프루츠파르페는 긴 모양의 잔에 과일과 아이스크림을 켜켜이 쌓아 담은 디저트의 하나로, 과자, 크림 등의 토핑을 얹기도 했다.

물론 서양에서도 프루츠펀치, 프루츠샌드, 프루츠파르페 등을 판매했다. 하지만 서양의 프루츠펀치는 펀치 전문점에서 파는 여러 종류의 펀치 가운데 하나일 뿐이었다. 이는 샌드위치나 파르페의 경우에도 마찬가지였다. 서양에는 프루츠팔러처럼 과일 전문점의 이름을 걸고 과일을 재료로 여러 가지 음식을 만들어 판매하는 음식점은 드물었다.

일본에서 프루츠팔러의 기원을 쫓아 올라가면 에도 시대 과일 가게를 만나게 된다. 메이지 시대가 되면 과일 가게에서 음식점도 함께 운영하게 되는데, 과일 가게를 방문해 즉석에서 과일을 먹는 외국인들을 보고 아이디어를 얻었다고 한다. 그 대표적인 가게가 '니혼바시' 근처에 있었던 '센비키야千疋屋'라는 곳인데, 센비키야는 지금도 프루츠팔러로 운영되고 있다. 다음 페이지에 실린 1930년대 센비키야 도쿄 지점의 사진을 살펴보면, 프루츠팔러가 어떤 분위기였는지 느껴볼 수 있다.

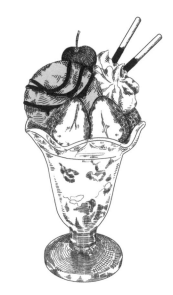

○ 가네보 프루츠팔러의 대표 메뉴였던 프루츠파르페. 긴 모양의 잔에 과일과 아이스크림, 과자 등을 쌓아 만든 디저트이다.

메이지 시대 과일 가게가 운영하던 음식점에서도 프루츠펀치, 프루츠샌드, 프루츠파르페 등을 판매했다. 또 음식점에 따라 '프루츠밀크Fruit Milk', '쇼트케이크Shortcake' 등을 팔기도 했다. 프루츠밀크는 이름 그대로 과일즙과 우유를 섞은 음료였고 쇼트케이크는 '페이스트리pastry', 즉 여러 겹이 생기도록 구운 빵 위에 과일을 얹은 케이크였다. 이렇듯 과일 가게에서 판매했던 음식들은 음료 혹은 샌드위치나 케이크였는데, 과일을 재료로 한 디저트라는 점에서 이전까지 일본에 없던 음식이었다.

이후 과일 가게들은 도쿄 근처에 대규모 직영 농장을 운영하며 다른 지역까지 지점을 확장해 갔다. 센비키야는 1900년대 초 도쿄 교외에 3,000평의 과일 농장을 열고 이후 긴자, 교바시京橋, 아사쿠사淺草 등에 지점을 개설했다. 또 1920년대 후반부터는 '나카노高野', '만소万惣', '니시무라西村' 등 과일을 재료로 하는 음식점이 연달아 개점했다.

○ 당시 도쿄에 위치했던 센비키야의 외관.

이들 과일 가게가 프루츠팔러라는 이름을 처음 사용한 것은 1920년 대 말이었다. 1층에서 과일을 판매하고, 2층을 프루츠팔러로 운영하는 시스템은 이전부터 이어진 것이지만, 고급스럽고 세련된 분위기를 연출하는 등 이전과 차별화하기 위해 노력했다. 당시 프루츠팔러에서 가장 인기가 있었던 메뉴는 프루츠펀치, 프루츠파르페와 함께 딸기 쇼트케이크, 블루베리 쇼트케이크였다고 한다.

그런데 여기에서 한 가지 질문이 떠오른다. 왜 프루츠팔러라는 독특한 가게가 일본에서 등장했고 유행했을까 하는 것이다. 구스다 에미楠田惠美는 〈프루츠팔러의 고현학フルーツパーラーの考現學〉에서 프루츠팔러가 일본에 등장하고 정착한 과정에 대해 논의했다. 그녀는 먼저 초창기에 등장했던 프루츠팔러는 그냥 과일 가게에 불과했을지 모른다고 전제한다. 그런데 글이 주목하는 부분은 1923년 도쿄대진재 이

후 지금의 모습을 갖춘 프루츠팔러가 도쿄에 연이어 모습을 드러냈다는 점이다. 이는 도쿄의 가게들이 이전과는 달리 독자적인 메뉴를 개발하며 자신만의 개성을 창출하기 시작했다는 것을 뜻한다. 구스다 에미는 이전 시기와 달리 일본이 '주체적'으로 근대를 수용하려는 태도를 갖게 되면서 이러한 양상이 나타났다고 파악했다.

하지만 구스다 에미가 말한 것과 달리 프루츠팔러가 일본이 그 이전부터 추구했던 '서양열'과 그렇게 멀리 떨어진 공간 같지는 않다. 프루츠팔러에는 다양한 메뉴가 있었지만 그 재료로 사용되는 과일은 레몬, 오렌지, 바나나, 파인애플, 멜론, 망고에서 벗어나지 않았다. 이들은 모두 서양을 원산지로 하는 과일이라는 공통점을 지닌다. 또 프루츠펀치나 파르페 역시 일본식 용기가 아니라 당시 유행하던 서양의 칵테일 글라스에 담겨 제공되었다.

오히려 프루츠팔러는 '주체적'이라기보다는 더욱 '지나치게' 서양을 뒤쫓으려 한 공간으로 보인다. 에드워드 사이드Edward W. Said는《세계, 텍스트, 그리고 비평가The World, the Text and the Critic》에서 중심부에 대한 주변부의 과도한 모방을 '양자로 입양되는 것affiliation'을 통해 설명한 바 있다. 부모에 대한 과도한 모방은 친자보다 양자에게 더욱 분명하게 나타나는데, 완전한 결연을 통해 진짜 가족이 되고자 하는 욕망 때문이라고 했다.

일본에서 나타난 프루츠팔러의 등장과 정착 역시 서양에 대한 과도한 모방에 따른 것은 아닐까? 근간에 대해 사고하지 않는 일방적 모방이 흔히 드러내는 오류처럼 처음 모방의 대상이었던 모델보다 더 나아간 모습이라는 것이다. 즉 서양보다 더욱 서양 같은 모습이라는 건데, 물론 그것도 겉모습에 한정된 모방이라는 한계가 있었다.

일본의 프루츠팔러가 앞선 상황이 만들어낸 산물이라면 경성에 개장을 했던 가네보 프루츠팔러도 그 그늘에서 자유롭지 못할 것이다. 가네보 프루츠팔러는 실내를 로맨스박스로 꾸미고 실외는 남국의 바다를 연상하도록 연출해, 경성의 모던보이와 모던걸을 유혹했다. 또 커피 맛이 좋기로 유명했던 명치제과에 뒤지지 않을 만한 맛과 향을 지닌 커피로도 인기를 끌었다. 하지만 이러한 화려함과 세련됨 역시 서양의 겉모습을 모방하는 것에서 더 나아가지 못했다는 것이다.

가네보 프루츠팔러에 대해 또 주목해 볼 만한 부분은, 이 음식점이 '가네보'라는 회사에 의해 개점되었다는 사실이다. 지금이야 동네 구멍가게조차 대기업에서 독점하는 상황이니까 새로울 게 없겠지만, 프루츠팔러는 유수의 기업에서 문을 연 음식점의 선구였다.

○ 가네보 서비스스테이션
   오사카 지점의 광고. 일본기록물협회.

가네보는 식민지 시대에 '종방'이라는 이름으로 더 많이 알려져 있었다. 도쿄에서 방적회사 가네보가 설립된 것은 1887년으로, 후발 자본주의로 출발한 당시 일본에서는 방적이 철강과 함께 경제의 주축을 이루는 산업이었다. 가네보가 1890년대부터 발전을 거듭해 1920년대 일본 전체에서 가장 높은 매출을 올리는 기업이 된

◦ 가네보 방적주식회사 동대문 공장. 서울역사박물관.

것도 이와 맞물려 있다. 옆의 이미지는 일본 오사카에 있던 가네보 서비스스테이션의 광고지인데, 서비스스테이션을 운영할 당시는 이미 가네보가 일본을 대표하는 기업으로 두각을 나타낼 때였다.

　가네보가 처음 조선에 진출했을 때 주력했던 분야는 제사, 곧 실을 만드는 산업이었다. 초기에 경성, 광주, 철원 등에 들어선 것도 모두 제사 공장이었다. 이어 1930년대 중반부터는 경성, 광주에 방적 공장을 설립하고 주력을 방적 산업으로 옮기게 된다.

　방적은 본래 실을 뽑아 옷감을 만드는 모든 과정을 가리킨다. 하지만 당시에는 제사와 구분해 실을 원료로

◦ 가네보 서비스스테이션 내부. 《대경성사진첩》수록.

옷감을 만드는 일을 뜻했다. 식민지 시대 가네보 경성 방적 공장에는 총 3,000여 명, 광주 공장에는 2,700여 명 등 많은 수의 직공들이 옷감을 만드는 일에 종사했다. 앞선 이미지 중 위쪽은 경성 신설리에 있던 가네보 방적회사의 모습이고 그 아래 이미지는 가네보 서비스스테이션의 내부 모습이다. 위의 공장에서 생산한 제품을 아래의 서비스스테이션에서 전시하고 판매한 것이다.

식민지 시대 조선에 세워진 공장 가운데 가장 많은 수를 차지한 것이 방적 공장이었다. 방적 공장이 값싼 원료와 노동력을 구할 수 있는 식민지로 진출하는 것은 정해진 수순이었고, 가네보 역시 그 대표적인 회사 중 하나였다. 따라서 가네보 또한 일본 회사가 식민지에 진출하는 과정에서 맞닥뜨렸던 여러 문제들을 피할 수 없었다.

1930년대 중반 가네보 공장에서 하루 12시간을 일하는 여직공이 받았던 일당은 30~35전이었다고 한다. 이는 당시 비빔밥이나 대구탕의 가격보다 조금 높은 정도였고 라이스카레나 돈가스를 먹을 수 있는 정도의 돈이었다. 가네보 공장에서 휴일 없이 한 달 동안 계속 일을 한다고 가정하면 9원에서 10원 50전 정도를 버는 것이 가능했다. 9원에서 10원 50전은 지금으로 환산하면 45~50만 원 정도에 불과한 금액이다.

1933년 9월 가네보 경성공장에서 일어난 여성 직공들의 파업 역시 장시간 노동과 저임금이 원인이었다. 파업에는 500여 명이나 되는 직공이 참여했는데, 파업이 발생하자 가네보 측은 즉각 경찰의 개입을 요구한다. 또 새로 직공을 모집한다는 광고를 붙이고 출근하지 않는 직공은 해고한다고 발표하는 등 강경하게 대처했다.

옆의 이미지는 같은 해 9월 24일 〈조선일보〉에 실린 가네보 방적회사의 구인공고이다. 위 공고가 올라온 지 나흘 만이자 파업이 발생한 지 1주 만인 1933년 9월 27일, 파업은 직공 측이 회사 측의 요구에 무조건 따른다는 조건으로 마무리되고 만다.

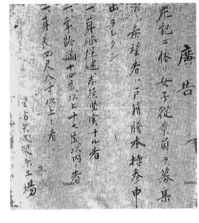

○ 가네보 방적회사 구인공고.
〈조선일보〉1933. 9. 24.

본정 1정목에 화려하고 세련된 모습으로 단장한 가네보 서비스스테이션은 위에서 살펴본 구차하고 어두운 모습과는 거리가 먼 공간으로 보인다. 그곳에는 혼부라를 나온 모던보이, 모던걸들을 유혹할 세련되고 고급스러운 옷과 소품만이 가득했기 때문이다. 하지만 정작 그곳에 전시된 상품들은 열악한 근무 조건과 저임금에 시달리는 식민지 조선의 여직공들이 힘겹게 만들어낸 것들이었다. 아무리 고급스러운 상품이었다고 할지라도 거기에는 하루에 30~35전을 받으면서 12시간을 일해야만 했던 직공들의 땀과 눈물이 어려 있었다.

한편 1937년 이후 일본이 본격적인 전시체제에 돌입하게 되자 대부분의 공장은 군수 공장으로 탈바꿈한다. 조선에 위치했던 여덟 개의 가네보 제사 공장과 방적 공장 역시 모두 군수 제품을 만드는 공장으로 변신해 총력전에 대비한다. 가네보 프루츠팔러의 성격도 그러한 그늘에서 자유로울 수는 없을 것이다.

가네보 서비스스테이션과 메신저

∞

가네보 프루츠팔러와 관련한 당시 기사 두 가지를 소개하려 한다. 하나는 가네보 서비스스테이션의 개점을 알리는 기사이다. 기사는 서비스스테이션이 가네보에서 생산하는 옷감이나 옷을 광고하는 곳임을 말하고 있다. 또 혼부라의 코스가 늘어나서 '모보', '모까' 곧 모던보이, 모던걸들이 좋아하리라는 말도 덧붙이고 있다. 그리고 동시에 가네보 서비스스테이션의 개점이 종로 상인들에게는 또 하나의 부담이 될 거라는 걱정도 드러나 있다.

두 번째 기사는 '메신저'에 관한 것이다. 앞서 메신저가 식민지 시대에 SNS의 역할을 했던 존재라는 것을 확인했다. 물론 기사의 제목은 SNS가 아니라 전서구, 곧 편지를 전달하는 비둘기라고 되어 있다. 가네보 프루츠팔러에는 메신저가 거의 상주하다시피 했다.

"풍문첩", 〈조선일보〉 1933. 8. 17.

본정 1정목 미쓰코시 구관 자리에 종방 '써비스 스테이슌'이란 것이 내년 봄 4월부터 개점되리라 한다. 이것은 종방에서 계획품을 고안하여 시험적 판매를 하는 선전기관이라고. 철없는 '모보', '모까' 들은 소위 '혼부라' 거리가 생겨 조하할지도 모르나 그러치 안하도 미쓰코시, 조지아 등에 손님을 빼앗기는 종로 상인들에게는 또 큰 적이 하나 더 생긴 셈. 큰 자본 가지고 새로 고안해 내는 사치품 보고 침 흘릴 서방님, 아기씨들

은 별문제 치고 부진 중
인 포목상에게는 재미없는 소식. 무슨
대책이 업슬까? 그까지 것 하고 웃어버리지는
못할 문제…….

"염서艶書의 전서구傳書鳩", 〈동아일보〉 1939. 11. 12.

작금 장안 명물의 하나는 무슨 용달사 무슨 메센자 하는 장안 심부름 꾼이라고 할까? 최신 서사書使라 할까 하는 새로운 명물이 두각을 나타 내 번영하는 일일 것이다. 그리하여 현대 도시인들은 이들 용달사를 자기 집 하인 불러쓰 듯이 걸핏하면 밀서를 혹은 염서를 혹은 귀중한 소화물을 혹은 호출전언 등 별별 생활 사교에 선용하고 있어 메센자에 반영된 오색백 태의 세상 일모를 보면 다음과 같은 흥미진진한 현상을 연출시키고 잇다. 즉 종로 네거리에 있는 모 용달사를 통해 장안 선남선녀와 신사, 브로커, 여 급, 점원, 샐러리맨 등이 용달사에게 신신당부하는 바를 들으면 다음 생생 한 통계가 말하는 바와 같이 남녀사교문 배달이 1개월간 총 300여 건 중 190건으로 단연 제1위를 점령하고, 그 다음이 물품배달이라고 한다.
즉 앞선 용달사에게 1개월간 용달한 통계 307건을 각종 별로 따진
바를 들으면 제1위가 연서, 밀서 배달 등이 단연 제1위로 190건
을 돌파하엿다고 하며 그 다음이 물품배달로 54건, 제3위
가 순전한 심부름이엇다는데, 1개월 총수입은 40여
원이엇다고 한다.

2부

종로

경성 유일의 정갈한 조선음식점 **화신백화점 식당**
김두한의 단골 설렁탕집 **이문식당**
평양냉면에 필적하는 경성냉면 **동양루**

○ 화신백화점 앞 종로 네거리 풍경. 서울역사박물관.

VIEW OF SHORO STREET, KEIJO
（朝鮮名所）京城鍾路二丁目通リヨリ
東大門方面ヲ望ム

○ 종로 2정목 거리 풍경. 서울역사박물관.

1부에서 본정을 설명하면서 지금 본정의 위치를 정확히 알고 있는 사람은 드물다고 했다. 종로는 그 반대로 지금의 위치를 모르는 사람이 거의 없을 것이다. '종로鐘路'는 식민지 시대 이전에도 종로라는 이름으로 불렸고 지금도 마찬가지다.

종로라는 이름은 종루, 곧 보신각종이 위치한 길이라는 데서 유래한 이름이다. 종로는 광화문과 동대문을 횡으로 연결하는 길이었는데, 식민지 시대에는 '가', '동' 대신 '정목', '정' 등의 일본식 표기를 붙여야 했으므로 '종로 1정목', '종로 2정목' 등으로 불렸다.

식민지 시대 본정이 일본인들의 번화가였다면 조선인에게는 종로가 그랬다. 종로는 이미 조선 시대부터 비단, 모시, 종이 등을 파는 행랑들이 줄지어 이어졌던 한양의 중심가였다. 그 위세는 식민지 시대에도 유지되었으며, 특히 1정목과 2정목 경계에 위치했던 종로 네거리는 종로를 대표하는 중심가였다. 따라서 종로를 주로 찾았던 이들 또한 조선인이었다. 명치정과 더불어 본정이 일본인의 거리였다면 종로는 조선인의 거리였다.

하지만 종로를 오가던 사람 모두가 조선인이었던 것은 아니고 일본인 역시 적지 않았다. 처음 본정과 명치정에 모습을 드러냈던 카페는 1930년대가 되어 조선인 손님이 늘어나자 종로로도 진출하게 된다. 그런데 당시 종로에 문을 열었던 약 300개의 카페 가운데 1/3이 일본인이 운영하던 곳이었다고 한다. 이런 상황은 카페뿐만 아니라 다른 상점들도 마찬가지였을 것이다. 강점 이후 경성으로 이주하는 일본인이 늘어나면서 이들의 종로 진출은 꾸준히 이어졌고, 점차 종로는 조선인만의 길이라고 보기 어려워진다.

종로는 어쩌면 식민지 시대와 그 이전보다는 식민지 시대와 지금의 모습을 비교했을 때 더 분명한 차이가 있을지도 모르겠다. 현재 종로에도 상가들이 줄지어 있지만 지금의 풍경에서 한양 또는 경성의 화려한 중심가였던 종로의 옛 명성을 떠올리기는 어렵다. 이를 가장 잘 보여주는 공간이 파고다공원이다. 파고다공원은 조선에서 가장 먼저 개장한 근대식 공원으로 당시 해관 총세무사였던 영국인 존 브라운 John McLeavy Brown의 건의로 설계되었다. 이 공원은 뛰어난 자연 경관을 갖추고 있었음은 물론 연못, 정자, 화단, 온실, 전등 등 당시로서는 첨단 시설로 꾸며졌다. 종로를 오가던 조선인 특히 젊은이들이 파고다공원을 자주 찾았던 것 역시 그런 이유 때문이었다. 그런데 지금의 파고다공원, 곧 탑골공원을 보며 젊은이들의 사랑을 받았던 과거의 모습을 떠올리기는 힘들다. 파고다공원의 과거와 현재는 곧 종로의 과거와 현재를 상징한다.

2부에서는 종로에 자리 잡았던 세 곳의 맛집을 구경하려고 한다. 최고의 조선음식점으로 평가받던 화신백화점 식당, 지금도 여전히 운영하고 있는 설렁탕집 이문식당, 경성인들의 입맛을 사로잡았던 냉면집 동양루를 순서대로 들러보자. 이들을 구경하면서 경성의 중심가였던 예전 종로의 영화를 떠올려 보는 것도 괜찮을 것이다.

◇◇◇◇

5장

경성 유일의 정갈한 조선음식점

화신백화점 식당

◇◇◇◇

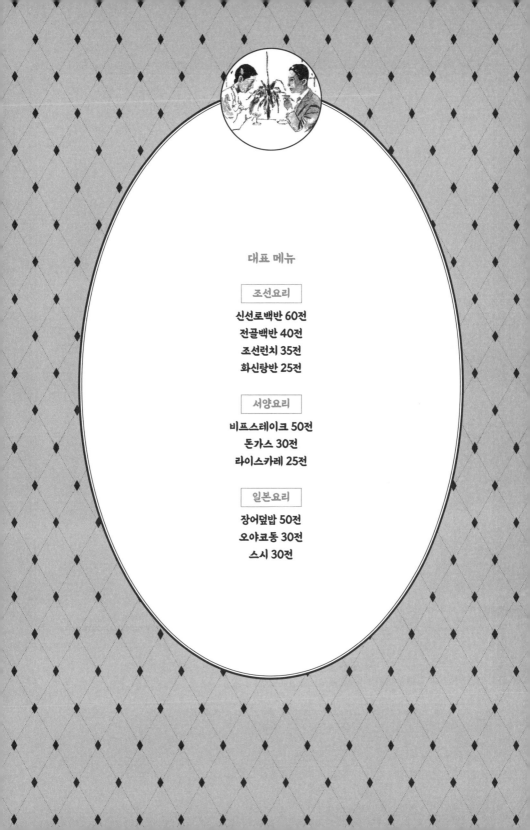

대표 메뉴

조선요리

신선로백반 60전
전골백반 40전
조선런치 35전
화신랑반 25전

서양요리

비프스테이크 50전
돈가스 30전
라이스카레 25전

일본요리

장어덮밥 50전
오야코동 30전
스시 30전

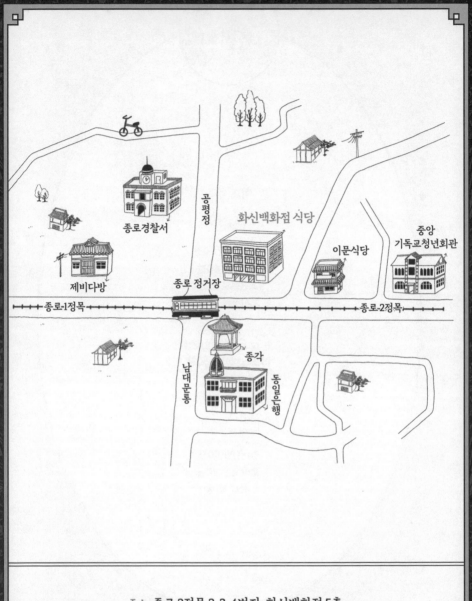

주소 **종로 2정목 2, 3, 4번지, 화신백화점 5층**

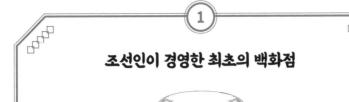

조선인이 경영한 최초의 백화점

백화점 1층 자동판매기 앞에서 아이가 아빠에게 무언가 사달라고 조른다. 1층과 2층을 연결하는 에스컬레이터는 쉴 새 없이 손님을 태워 나른다. 요즘 백화점에 가면 흔히 볼 수 있는 풍경이다.

하지만 앞선 묘사는 식민지 시대 화신백화점에 관한 것이다. 화신백화점 1층 입구에는 과자를 파는 자동판매기가 있었다. 10전짜리 동전을 넣으면 과자가 쏟아져 나와 아이들의 인기를 독차지했다. 당시엔 자동판매기가 아니라 로봇판매기라고 불렸다는 것도 흥미롭다. 다음의 이미지는 1937년 종로 네거리에 새롭게 신축한 화신백화점의 모습이다.

당시 신문에 '에스카레-터'로 소개된 에스컬레이터 역시 조선 최초로 설치되어 화신백화점의 명물로 자리 잡았다. 그런데 화신백화점

○ 종로 네거리에 신축 개장한 화신백화점의 전경. 서울역사박물관.

의 명물은 로봇판매기나 에스컬레이터만이 아니었다. 1934년 발행한 〈화신〉이라는 백화점 홍보 책자에는 다음과 같은 글이 실려 있다.

> 종로의 명물이 화신이라면 화신의 명물은 식당이라고 하여도 무방하겠습니다. 화신식당의 명물은 조선요리입니다. 양식이 28종, 화식이 20여종, 음료가 30여 종이 잇습니다마는 깨끗한 자리와 깨끗한 그릇으로 간편하고도 먹음직하게 조선요리를 제공하는 집은 경성 시내 화신 한 집밖에 업습니다.

화신백화점이 종로의 명물인데, 또 화신백화점의 명물은 식당이고 특히 조선요리라고 소개하고 있다. 서양식 28종, 일본식 20여 종으로 외국 요리도 다양했지만, 그래도 자랑거리는 역시 조선요리라는 것이다. 〈화신〉에서는 그 이유도 밝히고 있는데, 정갈한 자리와 그릇에 먹음직스러운 조선음식을 제공하기 때문이라 한다.

화신백화점에서 만든 책자라서 그렇겠지만 자랑이 대단하다. 흥미로운 것은 이 말이 허풍만은 아니었다는 점이다. 김웅초의 〈성녀 씨〉라는 소설에는 '성녀 씨'가 백화점 식당에 가서 밥을 먹는 장면이 나온다. 서양요리를 먹는데 불만이 가득해 차라리 조선음식을 사줬으면 비위에 맞았을 것이라고 투덜거린다. 그녀가 방문한 곳은 아마 미쓰코시백화점이나 조지아백화점 식당이었나 보다. 일본인이 운영하던 이들 백화점 식당에서는 서양식, 일본식 등 다양한 요리를 팔고, 심지어 각종 음료와 과일도 제공했지만, 조선요리는 메뉴에 없었다. 미나카이백화점도 마찬가지였다. 그러니 〈화신〉에서 조선음식을 제공한다는 자랑을 할 만했다.

그런데 종로통에 자리한 조선음식점에 갔더라도 성녀 씨의 불만에 찬 입은 들어가지 않았을 것 같다. 당시 조선음식점은 종로통을 사이에 둔 골목에서 쉽게 찾을 수 있었는데, 그곳은 행주질 한 번 안 한 듯한 상에 바닥은 몹시 지저분해 청결과는 거리가 멀었기 때문이다. 또 높이가 한 자밖에 안 되는 식탁에다가 목침 높이만 한 걸상에 주저앉아 먹어야 해서 불편하기 이루 말할 데 없었다고 한다. 조선음식점의 지저분하고 불편한 풍경은 다음 장에서 설렁탕집 이문식당을 살펴보면서도 확인하게 될 것이다.

식민지 시대 경성에는 고급스러운 서양요리점이나 일본요리옥은 드물지 않았다. 앞에서 확인한 청목당, 화월, 가네보 프루츠팔러 등도 매우 고급스럽고 청결했다. 그에 반해 조선음식점은 앞서 말한 지저분하

○ 화신백화점 식당 내부.

고 불편한 음식점들을 제외하면 명월관, 태화관, 식도원 등 몇몇 조선요릿집이 떠오르는 정도였다.

조선요릿집이 술과 기생이 함께하는 곳이었음을 고려하면 그곳에서 가족들과 함께 외식을 하기는 어려웠을 것이다. 그러니 정갈한 자리와 그릇에 맛있는 조선음식을 먹을 수 있는 곳은 화신백화점뿐이라는 자랑을 할 만했다. 위의 이미지는 1937년 11월 6층으로 신축된 건물에 들어선 화신백화점 식당의 내부 모습인데, 사진으로도 깨끗하고 고급스러운 분위기가 느껴진다.

이 장에서는 자랑 가득했던 화신백화점 식당에 들러보려 한다. 그런데 화신백화점 식당을 살펴보는 데는 어려움이 있다. 당시 화신백화점에 대한 언급은 어렵지 않게 찾을 수 있는 데 반해, 식당에 관한 이야기는 드물기 때문이다. 이는 미쓰코시, 조지아, 미나카이 등 다른 백화점 식당과 비교해서도 그렇다. 하지만 그렇기 때문에 이 책에서 다루는 화신백화점 식당에 관한 이야기가 더욱 흥미로울 것이다.

그렇다면 이제 화신백화점 식당을 구경하러 떠나보겠다. 대체 어느 정도였길래 자리와 그릇이 그렇게 깨끗하다고 자랑했는지 확인해 보자. 또 식당의 자랑거리였던 조선요리의 종류와 가격도 살펴볼 것이다. 조선인이 경영했고 대부분의 손님도 조선인이었던 화신백화점이었지만, 그곳이 정말 조선인을 위한 공간이었는지도 고민해 보려 한다.

화신백화점의 비범한 위용

종로를 덮는
초콜릿 빛깔의 그림자

화신백화점 식당으로 독자들을 안내할 첫 번째 소설은 〈여인명령〉이다. 〈여인명령〉은 1937년 12월부터 1938년 4월까지 〈조선일보〉에 연재된 소설로, 작가는 이선희였다. 이선희 하면 먼저 〈J에게〉, 〈아! 옛날이여〉를 부른 가수가 떠오른다. 그 가수만큼은 아닐지라도 식민지시대에 활동했던 이선희 역시 유명한 여성 작가였다. 〈여인명령〉 연재 예고에는 '여류작가로서 뛰어난 것만 아니라 전 문단을 통해서도독특한 존재로 정평이 나 있다'라고 소개될 정도였다.

이선희는 1934년 〈가등〉이라는 단편을 발표하며 문단에 데뷔했고,

○ 〈여인명령〉 1회 연재 지면. 〈조선일보〉 1937. 12. 18.

이후 〈여인명령〉, 〈처의 설계〉 등의 작품을 연이어 발표하면서 1930년
대를 대표하는 여성 작가로 자리를 잡게 된다. 작품 활동과 함께 〈조
선일보〉, 〈개벽〉 등의 신문이나 잡지의 기자로도 일했다. 위의 이미지
는 1937년 12월 〈조선일보〉에 실린 〈여인명령〉 1회의 연재 지면이다.

〈여인명령〉의 중심인물인 숙채는 경성에서 전문학교에 다니는 학
생으로, 어렸을 적부터 알고 지내던 유원과 미래를 약속한 사이다. 그
런데 유원이 사상범으로 검거되고 엎친 데 덮친 격으로 아버지, 어머
니마저 세상을 떠나고 만다. 그녀는 아무랑이라도 빨리 결혼을 하라
는 고향의 친척들을 피해 경성에 돌아와 하숙을 구하고, 같은 집에서
자취하는 명자의 소개로 화신백화점에 취직하게 된다. 일가를 피해
경성에 머물기 위한 호구지책이었지만, 독자들은 점원으로 취직한 숙
채 덕분에 화신백화점 여기저기를 구경할 기회를 얻는다.

먼저 숙채는 화신백화점의 위용을 45도 각도로 기울어진 6층 건물
의 그림자가 거리를 덮는다고 표현한다. 해가 저물 무렵 화신백화점
의 그림자가 종로를 뒤덮는 것같이 느껴졌다는 것이다. 높은 건물이
흔하지 않던 시기라 종로 네거리의 한 모퉁이에 6층 높이로 우뚝 솟

아 있는 건물의 위용이 남달랐던 것으로 보인다. 뒤에서 얘기하겠지만 〈여인명령〉이 연재될 때는 화신백화점의 신축 건물이 준공되어 새롭게 개장했을 때였다.

종로는 조선 시대부터 운종가로 불리며 비단, 모시, 종이, 면포 등을 팔던 행랑들이 이어진 곳이었다. 식민지 시대에도 종로 1정목에서 3정목까지는 내로라하는 가게들이 빼곡히 들어서 있었다. 그중에도 1정목과 2정목 사이에 위치한 종로 네거리는 종로에서도 가장 번화가였다. 교통도 편리해 전차를 타고 종로 정거장에서 내리면 백화점 입구와 곧바로 연결되었다. 이를 고려하면 화신백화점은 식민지 시대 종로의 한복판에 자리 잡고 있었다고 할 수 있다.

화신백화점은 정확히는 종로 네거리의 오른쪽 모퉁이쯤 있었다. 화신백화점에서 나와 오른쪽으로 가면 종로경찰서를 거쳐 광화문이 나왔고, 그 길에는 이상이 운영하던 다방 제비도 있었다. 왼쪽으로 가면 중앙 기독교청년회관을 거쳐 파고다공원으로 향할 수 있었다. 아래쪽 맞은편에는 보신각이 있었다. 그리고 종로 네거리에서 아래쪽으로 향하면 남대문통을 거쳐 곧바로 경성역으로 이어졌다.

화신백화점 식당을 찾는 사람들은 대부분 백화점에 쇼핑하러 온 손님들이었다. 물론 〈길〉이라는 소설에 나오듯 당시에도 백화점을 찾는 사람들 가운데는 '쇼-윈도 순례'라고 해 구경만 하는 이들도 있었다. 그렇다면 화신백화점에서는 어떤 물건을 팔았을까? 또 미쓰코시백화점, 조지아백화점, 미나카이백화점 등 일본인이 운영했던 본정 근처의 백화점과는 어떤 차이가 있었을까? 다음의 이미지는 화신백화점의 층별 안내도이다.

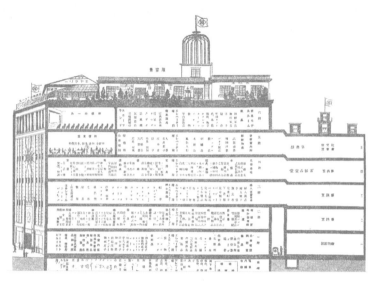

○ 화신백화점 층별 안내도.

먼저 화신백화점의 지하 1층 전체는 식료품 매장이 차지하고 있었
는데, 이 역시 화신백화점의 명물이었다.《딸 삼 형제》에 정매와 필조
가 이곳에서 도시락통을 사는 장면이 등장하니, 지하 1층 식료품 매장
은 다음 절에서 구체적으로 알아보겠다.

　1층에는 여행안내소, 상품권 매장, 화장품 매장이 있었다. 여행안
내소에서는 기차표를 예매하거나 숙소를 예약할 수 있었다. 이 책의
4장에서 살펴본《사랑의 수족관》에도 광호가 백화점 여행안내소에서
경성에서 지린吉林까지 가는 기차표를 사는 장면이 등장한다. 또 당시
에도 백화점에 상품권 매장이 있었다는 사실 역시 흥미롭다.

　채만식의 소설 〈종로의 주민〉을 보면 화신백화점 1층에 담배 판매
소도 있었음을 알 수 있다. 〈종로의 주민〉에 등장하는 송영호는 영화

감독이라는 직함을 달고
있지만 실제로는 백수에
가까운 인물이다. 그가 매
일 반복하는 일은 종로를
걸으면서 파고다공원, 모
리나가, 아세아다방 등을
기웃거리는 것이다. 또 매
일 화신백화점 1층에서

○ 화신백화점 엘리베이터.

담배를 사는데, 그곳에 영호가 '이쁜이'라고 부르는 점원이 있기 때문
이었다. 여기까지만 듣고도 알아차렸겠지만, 영호의 '이쁜이'를 향한
속내는 꺼내 보여지지도 못하고 그저 마음으로 끝난다. 그는 소설의
결말에 이르러서도 별일 없이 그저 종로를 계속 걷는다.

2층에는 남성용품, 귀금속, 시계, 안경 매장이, 3층에는 부인복과
부인용품, 아동복 매장이 있었다. 4층에는 다시 남성복과 구두, 서적
매장과 함께 가봉실, 재단실 등이 있었다. 미쓰코시백화점을 구경하
면서 얘기했듯이 가봉실이나 재단실은 지금과 달리 맞춤옷을 구매하
는 손님이 대부분이라서 구비되어 있던 것으로 보인다. 위의 이미지
는 화신백화점의 각층을 연결했던 엘리베이터의 모습이다. 두 손을
모으고 정중한 자세를 취한 '엘리베이터 걸'의 모습이 눈길을 끈다.

지금은 자연스러워서 의식하지 못하지만 각 층별로 판매하는 상품
을 구분하고 또 같은 층에 여러 매장이 들어서 있는 모습은 백화점에
서 처음 선보인 방식이었다. 이와 관련해 소설 〈여명기〉에는 백화점
을 처음 찾은 사람이 '전부 한 사람의 점방이냐?'라고 묻는 장면도 등

○ 화신백화점 뉴스관.

장한다. 층별 매장 구성에서 유의할 점은 지금과는 달리 2층에서 4층까지가 남성용품을 중심으로 구성되었다는 점이다.

5층에는 이 책의 관심이 놓이는 화신식당과 함께 악기 매장, 사진기 매장 등이 있었는데, 5층은 뒤에서 꼼꼼히 구경하도록 하자. 6층에는 서양식, 일본식 가구 매장과 함께 '뉴스관'이라는 공간이 자리하고 있었다. 그런데 뉴스관은 무엇이었을까?

〈조선일보〉기사를 참고하면 뉴스관은 1940년 5월 들어섰는데, 이름처럼 주로 뉴스를 상영하는 공간이었다고 한다. 위의 이미지가 화신백화점 뉴스관의 모습이다. 정원은 250명이고, 관람료는 어른 20전, 소인 10전이었다. 돈을 내고 뉴스를 접하러 왔다는 것을 보면, 식민지 시대 사람들은 뉴스에도 관심이 많았던 것 같다.

해방 이후 뉴스관은 일반 극장으로 바뀌었다. 박완서는 자전소설 《그 많던 싱아는 누가 다 먹었을까》에서 화신백화점 극장에서 영화를 본 이야기를 한다. 숙명여고보를 다닐 때 친구와 함께 수업을 빼먹고 화신백화점 5층에 있는 극장에 갔다고 한다. 다른 때도 그렇지만 수업

○ 화신백화점 옥상정원.

을 빠지고 극장에 가면 가슴이 더 세차게 뛰어놀았다는 것이다. 신식 건물에 있는 극장이었지만 해방 직후 전기 사정이 안 좋아서 그랬는지 정전이 자주 되어 영화 한 편을 보는 데 한참이나 걸렸다는 말도 덧붙인다.

7층은 옥상으로, 옥상정원, 갤러리, 원예실, 미용실 등이 있었다. 위의 이미지가 옥상정원의 모습이다. 지금과 달리 고층 건물이 없었던 당시에는 백화점 옥상이 전망대의 역할도 했다. 그래서 대부분의 백화점에서는 옥상에 정원을 꾸며 꽃이나 화초를 전시하거나 심지어 동물원으로 꾸미기도 했다. 이 책의 3장에서 살펴봤던 이무영의 《명일의 포도》에서도 한승이 화신백화점 옥상 난간 앞에 의자를 내놓고 해가 저물어가는 거리를 응시하는 장면이 등장한다.

이발소가 주로 남성복과 구두를 판매했던 4층에 있었던 데 반해 미용실이 옥상에 있었던 점도 흥미롭다. 앞서 언급했던 것처럼 화신백화점의 각 층은 남성용품 중심으로 구성되어 있었는데, 식민지 시대에 백화점을 방문했던 손님은 여성이 많았더라도 정작 그들이 샀던 상품은 남성용품이었기 때문이다.

다시 〈여인명령〉으로 돌아가 보자. 숙채가 거리를 뒤덮는 화신백화점의 그림자에서 초콜릿 향기가 풍긴다고 표현한 점이 흥미롭다. 그림자의 색깔이 초콜릿의 그것과 비슷하기도 했겠지만, 하필 그림자를 초콜릿에 비유한 데는 백화점이라는 공간이 지닌 아우라가 작용한 것으로 보인다. 숙채에게 화신백화점은 한편으로 그림자로 종로를 덮을 정도로 큰 규모의, 위압감을 주는 존재였다. 하지만 다른 한편으로는 새롭고 다양한 상품으로 가득 찬 세련된 도시의 공간이기도 했던 것이다.

조선인을 주된 고객으로 했다는 점에서 대개 화신백화점이 미쓰코시, 조지아, 미나카이 등 다른 백화점보다 뒤떨어졌을 것이라고 생각한다. 하지만 적어도 1937년 6층 규모의 신축 건물이 들어선 후 화신백화점의 모습은 그런 편견과는 거리가 멀었다.

화신백화점은 경성뿐만 아니라 조선에서 가장 높은 데다가 최신 시설을 자랑했다. 그 대표적인 예가 앞서 얘기했던 입구에서 3층까지를 연결하는 에스컬레이터로, 조선 최초로 설치된 것이었다. 옆의 이미지는 〈매일신보〉의 실린 "화신백화점에 명물 에스카레터"라는 제목의 기사다. 또한 화신백화점의 매출도 일본인들이 운영했던 세 백화점에 뒤지지 않았다고 한다.

○ "화신백화점에 명물 에스카레터",
〈매일신보〉1939. 4. 12.

세련됨과 차가움이 뒤섞인
낯선 공간

〈여인명령〉에서 숙채는 화신백화점의 내부를 다음과 같이 표현하고 있다.

> 이윽고 백화점 앞에 이르렀다. 억센 용수철을 박은 유리문을 안으로 잔뜩 밀고 들어서니 고객의 손이 아직 다키 전 물건들은 털 하나 일지 안코 정돈되어 있고 햇빛이 업는 헤너른 실내엔 아침 서슬이 아직도 푸르딩딩하게 차 있어 숙채는 어쩐지 그러케 정다움을 느끼지 못한다. (…) 숙채는 암말도 안코 명자를 따라 돌층층계를 발밧다. 층층계 끝에 선을 친 쇠조각이 구두 뒤축에 다흘 때마다 잘그랑잘그랑 소리가 이상스럽게 숙채의 발바닥을 딱딱하게 만드는 것 갓다.

화신백화점의 내부 역시 외관 못지않았나 보다. 용수철을 박은 유리문을 밀고 들어간 숙채는 티끌 하나 없이 정리되어 있는 매장에서 깨끗함을 넘어 차가움마저 느낀다. 소설에는 햇빛이 들어오지 않는 넓은 공간에 아침 서슬이 파랗게 차 있다고 되어 있다. 계단을 오를 때 구두 뒤축이 미끄럼방지 금속에 닿으며 나는 '잘그랑' 소리도 그녀를 긴장하게 만든다.

> 그 누리끼-한 크림색의 불빛이 흰 벽으로 된 널븐 실내에 하나 가득 담겨 선반 위에 치장해 노흔 인형이며 유리통 속에 들어 있는 과자며 '에

쓰’자로 꿰어 걸은 넥타이들이며를 비치고 잇다.

크림색 불빛이 장식해 놓은 인형, 유리병에 든 과자, ‘S’ 모양으로 걸어놓은 넥타이를 비추고 있다고 한다. 상품 진열대의 조명도 고급스러움을 더하기 위해 백열등을 사용했던 것으로 보인다. 〈해후〉라는 소설에서도 백화점 내부는 낮에도 백촉 전등이 번쩍인다고 표현하고 있는데, 조명의 밝기 역시 대단했던 것 같다.

숙채에게 화신백화점은 차가움과 세련됨이 뒤섞여 있는 공간이었다. 그녀는 거리를 덮을 정도로 큰 건물 그림자와 티끌 하나 없이 정리되어 있는 상품들에서 위압감과 차가움을 느낀다. 하지만 한편으로 새롭게 출시된 고급 상품으로 가득 찬 백화점에서 초콜릿과 같은 세련됨 역시 맛본다.

다음의 이미지는 화신백화점 매장에서 일하는 숙채의 모습이다. 정확하지는 않지만 넥타이, 양말 등 진열된 상품을 보면 잡화용품 매장의 점원으로 일하는 것 같다. 그런데 주목해야 할 부분은 숙채의 복장이다. 숙채는 한복을 입고 있는데, 당시 다른 매장의 점원들도 마찬가지였다.

미쓰코시, 조지아, 미나카이 등 이른바 남촌에 위치한 백화점들과 다른 화신백화점만의 특징은 조선인을 주된 손님으로 했다는 것이다. 점원들이 한복을 입고 상품을 판매한 것도 이와 관련되어 있었을 것이다. 그렇다고 일부러 한복을 입은 것 같진 않다. 뒤에서 화신백화점을 찾은 손님들도 대부분 한복 차림이었다는 것을 확인할 텐데, 당시는 지금과 달리 한복이 평소에 입는 옷이었기 때문이다.

　식민지 시대 백화점 점원은 '숍걸', '백화점의 꽃'으로 불리는 등 선망의 대상이었다. 백화점 점원이 등장하는 소설도 어렵지 않게 찾을수 있다. 채만식의 대표작 《탁류》에서 계봉이도 경성에 올라오자 백화점 1층 화장품 매장 점원으로 일을 하고, 유진오의 《화상보》에서 보순역시 여학교를 졸업하고 미쓰코시백화점의 점원으로 취직해 일한다. 이효석의 《성군》에는 영애가 백화점 점원에 지원하는 이야기가 등장한다. 흥미로운 것은 당락이 용모에 의해 결정되며 나이 제한도 있다는 것이다. 채만식의 《인형의 집을 나와서》에는 노라가 자신은 29살이라서 백화점 점원이 되기에는 나이가 많다고 말하는 부분이 등장하는데, 이를 고려하면 백화점 점원은 주로 10대 후반에서 20대 초반의여성들 가운데 용모가 준수한 사람을 뽑았다는 것을 짐작할 수 있다.

　선망의 대상이었을지라도 백화점 점원 일은 그리 쉽지 않았다. 앞선 소설들에는 백화점 점원이 아침 8시 반부터 밤 11시까지 서 있어야 해서 무척 힘이 들며, 피가 순환이 안 돼 다리가 붓고 아랫배까지 저린다고 나와 있다. 백화점 식당도 이용할 수 없기 때문에 도시락 두 개를 싸 가서 점심, 저녁을 요기했다고 한다. 심지어 이광수의 《애욕의 피안》에 나오는 것처럼 백화점 점원을 카페의 여급이나 우동집 갈보와 비슷하게 여기는 부정적인 인식도 있었다.

그렇게 힘들게 일하던 백화점 점원의 수입은 얼마나 되었을까? 채용 방식 때문이었는지 점원은 급여를 일급으로 따졌는데 하루 60전이었다. 휴일 없이 아침 8시 반부터 밤 11시까지 한 달을 일하면 18원 정도를 받았다. 이들과 비슷한 정도로 급여를 받았던 직업은 간호부나 전화교환수였다. 식민지 시대 은행원, 교사의 월급이 60~80원이었음을 고려하면 18원이 어느 정도의 급여였는지 짐작할 수 있다.

화신백화점의 식당 역시 조선인을 주된 손님으로 했다. 백화점 식당의 손님 대부분은 쇼핑을 위해 백화점을 찾은 사람들이었으니, 어쩌면 당연한 얘기일지도 모르겠다. 그런데 화신백화점 식당이 조선인 손님을 주된 타깃으로 삼은 것은 꽤 효과적인 전략이기도 했다.

앞서 백화점 식당에 갔는데 요리가 마음에 들지 않아 입이 잔뜩 나온 인물이 등장하는 소설 〈성녀 씨〉를 살펴보았다. 그날 성녀 씨는 남편 몽백 군의 선심으로 백화점에서 쇼핑까지 하고 식당을 방문한 길이었다. 성녀 씨는 남편을 따라 칼과 삼지창을 양손에 들고 식사를 하는데, 칼은 날이 서지 않아 음식이 제대로 잘리지 않고 삼지창 역시 거추장스러워 애를 먹는다. 불만 끝에 성녀 씨는 차라리 조선음식점에 가서 냉면이나 비빔밥을 사줬으면 비위에 맞았으리라고 말한다. 숟가락, 젓가락도 없이 입에 맞지 않는 음식을 먹는 것이 불편함을 토로하고 있는 것이다.

뒤에서 얘기하겠지만 화신백화점은 1933년 4월 '화신대식당'을 개장하면서 경성의 백화점 중 유일하게 조선음식을 판매하기 시작했다. 냉면이나 비빔밥을 사줬으면 잘 먹었을 것이라는 성녀 씨의 푸념을 들어보면 조선음식을 먹기 위해 화신백화점 식당에 방문하는 손님이 적지 않았을 것 같다.

1933년 12월 〈조선일보〉에 실린 "저물어가는 1933년"이라는 글에서도 조선 사람에게는 인조견보다 옥양목 광목이 필요하고 런치나 라이스카레보다 김치, 깍두기와 구수한 팥밥이 어울린다고 말하고 있다. 앞서 〈화신〉이라는 책자에서도 확인했듯이, 화신백화점은 이와 같은 조선 사람들의 욕구를 정확히 파악하고 있었던 것이다.

화신백화점 식당의 규모는 신축을 하고 나서도 일본인이 운영했던 남촌의 백화점들보다 작았던 것으로 파악된다. 1934년 4월 발행된 잡지 〈조선과 만주朝鮮及滿洲〉에는 각 백화점의 규모를 밝히는 글이 실려 있다. 미쓰코시백화점 식당이 테이블 28개에 좌석 150석, 조지아백화점이 테이블 30개에 좌석 185석, 미나카이백화점이 테이블 30개에 좌석 180석 정도였다고 한다.

화신백화점 식당은 테이블 20개에 좌석은 100석 정도여서 이들 식당보다 규모가 작았다. 그런데 화신백화점의 경우 신축을 하면서 4층에 일본요리를 전문으로 하는 '오코노미식당おこのみ食堂'을 개점했는데, 그것까지 포함하면 미쓰코시, 조지아, 미나카이와 거의 비슷한 수준의 규모였다. 손님 수 역시 크게 차이 나지 않았다. 미쓰코시백화점

의 손님이 좀 더 많긴 했지만 앞선 세 백화점 식당의 경우 대개 평일 기준으로 1,000명 정도가 방문했다고 한다. 4층의 오코노미식당까지 포함하면 화신백화점 식당의 손님도 그 안팎이었다.

그런데 조선인이 주로 찾았다고 하더라도, 화신백화점을 찾아 쇼핑을 하고 또 5층 식당을 찾아 식사를 할 수 있는 조선인은 극히 일부였다. 1937년 11월 〈동아일보〉에는 "낙엽을 타고서: 초동의 스케치"라는 글이 실렸다. 화신백화점을 방문한 필자는 엘리베이터를 타고 5층 식당으로 향한다. 그리고 유리로 된 진열장 옆에서 식권을 사서 하얀 에이프런을 걸친 종업원에게 비빔밥 한 그릇을 시킨다. 그런데 그의 옆자리에는 딸과 함께 온 영감님이 식사를 하고 있다. 아래의 이미지는 딸과 영감님의 모습인데, 영감님이 무언가에 몹시 놀란 듯 보인다. 식사 도중 '포틀랩portlap'을 마시다 잔을 떨어뜨려 술이 쏟아지고 잔이 깨졌기 때문이다. 여기서 포틀랩은 포트와인, 곧 적포도주에 뜨거운 물을 붓고 설탕을 탄 음료를 뜻한다.

영감님은 늘 마시던 술과 같은 것인 줄 알고 한꺼번에 마시려다가 뜨거워서 잔을 떨어뜨렸다고 한다. 이 에피소드는 화신백화점 식당이 대부분의 조선인들에게는 익숙하지 않은

○ 뜨거운 술잔을 떨어뜨린 영감님의 모습.
"낙엽을 타고서—초동의 스케치",
〈동아일보〉 1937. 11. 19.

공간이었음을 말해준다.

또 주목해야 할 부분은 식당 종업원의 복장이다. 앞선 삽화에서 백화점 점원으로 일하는 숙채는 매장에서 한복을 입고 있었다. 그런데 "낙엽을 타고서"에 나타난 식당 종업원들은 짙은 색 유니폼에 하얀 에이프런을 메고 있다. 식당 종업원의 유니폼에 대해서는 이미 2장에서 미쓰코시백화점 식당을 살펴보면서 확인했는데, 화신백화점 식당 종업원의 복장 역시 그것과 다르지 않았다.

○ 화신백화점의 식당 내부. "캐메라산보", 〈조선일보〉 1934. 7. 19.

위의 이미지는 1934년 7월 〈조선일보〉의 "캐메라산보"라는 사진란에 실린 화신백화점의 식당 내부이다. 대부분의 손님이 한복을 입고 있다. 앞서 〈여인명령〉에서 숙채가 점원으로 일하면서 한복을 입고 있는 모습을 확인했다. 지금 우리에게는 한복을 입고 백화점에서 일하는 숙채의 모습이 어색하지만, 당시에는 백화점 점원들의 복장이 일반적이었고 오히려 식당에서 일하는 종업원들의 모습이 눈에 띄었을 것이다.

고상한 조선요리의 맛

식권을 샀다면서
또 뭘 골라요?

우리를 화신백화점 식당으로 안내해 줄 또 다른 소설은 이태준의《딸삼 형제》다. 이태준은 잘 알려져 있다시피 '구인회'의 일원으로, 특히 이상, 박태원, 김기림 등과 막역했다. 〈조선중앙일보〉의 학예부장으로 일하면서 이상, 박태원에게 〈오감도〉나 〈소설가 구보 씨의 일일〉 등을 발표할 수 있는 지면을 제공하기도 했다.

1930년대 후반에는 신문에 소설을 연재하는 일이 흔했는데,《딸삼 형제》역시 그중 하나이다. 이 소설은 정매, 정란, 정국 세 자매를 중심으로 전개된다. 이들 자매는 당시 여성들의 각기 다른 가치관과 연애관을 보여주고 있어, 지금 읽기에도 꽤나 흥미롭다.

세 자매 중 맏이인 정매는 중매로 혼인을 했으나 남편이 하녀에게 추근대는 모습을 보고 친정으로 돌아온다. 그 와중에 어머니는 세상을 떠나고 첩에 눈이 먼 아버지는 가정을 멀리한다. 동생들을 돌보며 살기로 결심한 정매는 종로에 있는 회사에 타이피스트로 취직한다. 정매가 처음 회사에 출근한 날 퇴근하려니 갑자기 비가 내린다. 이때 그녀가 쏟아지는 비를 피하려고 들어간 곳이 바로 화신백화점이었다. 정매와 같이 입사한 필조도 비를 피하기 위해서였는지 화신백화점에 들어선다. 사무실에서 처음 만났을 때부터 호감을 느낀 두 사람 덕분에 독자들은 화신백화점 식당을 구경할 기회를 얻게 된다.

화신백화점에 들어선 정매는 지하 1층으로 가 사무실에 점심을 싸서 다닐 도시락통을 구입한다. 묵묵히 정매를 따르던 필조도 도시락통 하나를 산다. 필조도 도시락을 싸 다닐 작정이었나 보다. 아래의 이미지는 연재 당시 함께 실린 삽화로, 두 사람이 식료품 매장에서 도시락통을 고르는 모습이다.

앞서 층별 안내도를 살펴보며 확인했듯이 화신백화점 지하 1층은

○ 화신백화점 식료품 매장에서
  도시락통을 고르는 정매와 필조.
  《딸 삼 형제》삽화.
  〈동아일보〉1939. 4. 29.

식료품 매장이었다. 지하 1층 전체를 식품, 식기 등을 판매하는 매장으로 꾸몄는데, 이 역시 화신백화점의 명물이었다. 고기, 채소, 양념 등 다양한 식재료를 갖추고 있었고, 스키야키, 스시, 가쓰오부시かつおぶし, 파인애플, 청량음료, 술도 팔았다. 또 계절에 따라 다양한 도시락도 팔았는데, 특히 봄에 판매하던 꽃놀이 도시락이 유명했다고 한다.

커피를 즐기는 사람들이 하나둘씩 늘어나자 화신백화점 식료품부에서는 원두커피도 판매했다. 커피 매장의 단골이었던 〈메밀꽃 필 무렵〉의 작가 이효석은 100그램에 자바커피는 22전, 모카커피는 29전이었다고 회고한다. 직접 만든 빵과 케이크도 팔았는데, 하나에 각각 4전, 6전이었다. 지금으로 따지면 커피는 100그램에 1만~1만 5,000원, 빵과 케이크는 2,000~3,000원 정도의 가격이었다.

《딸 삼 형제》로 돌아가 두 사람을 천천히 따라가 보자. 정매는 도시락통을 구입하고도 비가 그치지 않자 우산을 살지 말지 고민한다. 망설이는 정매의 모습을 본 필조는 비가 그칠 때까지 같이 식사나 하자고 제안한다. 어렵게 말을 건 것일 텐데 정매는 단번에 거절하고 서점에 가서 책을 보며 비가 그치기를 기다린다. 거절당했는데도 필조는 정매에게 마음이 끌렸는지 다시 서점으로 가 식권 두 장을 샀다며 같이 점심을 먹자고 조른다. 자신의 식권까지 샀다는 말에 정매는 거절하지 못하고 5층에 있는 화신백화점 식당으로 향한다.

"멀루 잡수실까요?" "식권 사섯다면서요?" "같은 갑세두 여러 가지가 잇잖어요? 또 식권을 더 살 수도 잇잖어요?" 하고 필조는 음식 진열장을 들여다본다. 정매는 잠깐 생각하엿다. 이왕 먹는 바에야 자꾸 아무거나 하면 저쪽에 대한 실례다. 정말 먹고 싶은 것으로 골라서 즐겁게, 맛있게 먹는 것이 대접을 받는 사람의 예의라 생각하고 자기도 진열장 속에서 한 가지를 택하엿다. "전 이거 먹구퍼요."

식당으로 간 필조는 입구에 있는 진열장을 보면서 정매에게 무엇을 먹을지 선택하라고 한다. 화신백화점 식당 역시 미쓰코시백화점 식당처럼 전시된 샘플을 보고 먹을 음식을 고른 뒤 옆에 위치한 계산대에서 식권을 사는 시스템으로 운영되었음을 알 수 있다.

진열장을 보며 무엇을 먹을지 고르라는 필조의 말에 정매는 이미 식권을 샀다면서 무얼 또 선택하라고 하냐고 따진다. 그러자 필조는 같은 값의 식권이라도 여러 음식을 고를 수 있다고 대답한다. 필조의 말에 따르면 식권을 음식이 아니라 금액에 따라 판매했음을 알 수 있다. 그러니까 30전, 50전 등의 식권을 사서 그 가격에 맞는 음식들 가운데 하나를 먹을 수 있었다는 것이다. 손님이 자리를 잡고 음식을 주문하면 종업원들은 주문한 음식 칸에 도장을 찍은 전표를 주방으로 가져갔다.

화신백화점 식당에서는 어떤 음식을 팔았으며, 또 가격은 얼마였을까? 화신백화점 식당에서 판매했던 메뉴, 특히 조선음식은 중요한 의미를 지닌다. 앞서 얘기한 것처럼 술과 기생이 함께하는 요릿집을 제외하면 당시까지 변변한 조선음식점은 드물었기 때문에, 화신백화점 식당에서 팔았던 조선음식의 종류를 근간으로 이후 한식의 외식 메뉴가 정해졌다고도 볼 수 있기 때문이다.

1930년대 중반을 기준으로 조선런치를 빼면 신선로백반, 전골백반, 화신탕반, 비빔밥이 화신백화점 식당을 대표하는 메뉴였다. 가격은 신선로백반이 60전이었고, 전골백반이 40전이었다. 화신탕반과 비빔밥은 둘 다 25전이었다. 그 외 약과와 청주는 각각 20전에 팔았다.

화신백화점 식당을 직접 방문했던 인물의 회고에 따르면 하얀 반상에 금으로 수복이라고 쓴 그릇에 밥이 담겨 나왔고 깍두기, 나물 등의 반찬도 뚜껑이 있는 각각의 그릇에 담겨 조금씩 제공되었다고 한다. 조선음식을 명물로 내세웠던 만큼 작은 부분에도 신경을 쓴 티가 난다.

온종일 줄을 서서 먹은
'조선런치'

화신백화점 식당에서 가장 인기가 있었던 메뉴는 조선런치였다. 미쓰코시, 조지아, 미나카이 등 백화점 식당에 가면 으레 런치를 시켰던 것처럼 화신백화점 식당을 방문하는 손님들은 주로 조선런치를 주문했다. 그렇다면 조선런치는 어떤 음식으로 구성되었을까? 하지만 지금에 와서 조선런치의 흔적을 찾아보기는 매우 어렵다. 그나마 가능한 방법은 다른 백화점 식당에서 팔았던 런치를 통해 우회적으로 조선런치에 접근하는 것이다.

런치는 두세 가지 요리가 한꺼번에 제공되면서도 저렴한 가격이라서 인기가 있었다고 했다. 대개 런치에는 밥, 샐러드, 삶은 감자 등이 공통적으로 제공되었고 그 외에는 함박스테이크, 돈가스, 생선가스, 새우프라이, 카레, 스파게티 등 메인요리 두세 종류가 함께 제공되었

○ 화신백화점 식당의
  인기 메뉴 조선런치는
  런치를 조선식으로
  바꾼 음식이었다.

다. 백화점에 따라 커피나 홍차를 서비스하는 경우도 있었다.

그렇다면 런치를 통해 조선런치의 구성을 추정해 보자. 밥과 김치, 나물 등 반찬 몇 가지는 공통적으로 나왔을 것이다. 그 외에는 전골, 구이, 찜, 탕반 가운데서 두세 종류 정도를 제공했으리라 생각된다. 전골과 구이, 전골과 찜을 함께 구성해 비슷한 종류의 음식이 겹치지 않도록 했을 것이다. 조선런치의 가격은 35전이었는데, 신선로백반, 전골백반보다는 저렴했고 화신탕반, 비빔밥 등 일품 요리보다는 비쌌다. 일반 런치가 40전에서 50전 정도 했으니 그것보다는 조금 쌌는데, 지금으로 따지면 1만 7,000원이 조금 넘는 가격이었다.

화신백화점 식당에는 계절 한정 메뉴도 있었다. 여름에는 도미찜과 백숙을, 겨울에는 떡국과 만둣국을 판매했는데, 떡국과 만둣국은 25전, 도미찜과 백숙은 60전 정도였다. 음식의 가격이 다양했던 만큼 필조가 샀다는 식권 역시 10전에서 60전까지 여러 종류가 있었을 것이다.

아무리 지금 가격으로 환산한다 해도 화신백화점 식당의 가격대가 어느 정도였는지 실감하는 데는 한계가 있다. 이를 가늠하기 위해 종로통 골목을 메우고 있던 다른 조선음식점들의 음식 가격을 알아보

자. 설렁탕과 냉면은 6장, 7장에서 자세히 다루겠지만, 당시 조선음식을 대표하는 음식이었다. 설렁탕은 15전 정도였고, 냉면은 그것보다 비싼 20전이었다. 물론 설렁탕과 냉면의 가격은 1930년 쌀값 폭락을 기점으로 등락을 거듭했다. 냉면, 설렁탕과 함께 조선 사람들이 즐겨 찾던 메뉴로는 장국밥, 비빔밥, 떡국, 대구탕반이 있었는데 이들의 가격도 냉면, 설렁탕과 마찬가지로 시기에 따른 등락을 보였다. 이러한 등락에도 불구하고 장국밥, 비빔밥, 떡국, 대구탕반의 가격은 냉면과 비슷했고 설렁탕보다 5전 정도 비쌌다.

화신백화점 식당에서는 신선로백반이 60전, 전골백반이 40전, 조선런치가 35전, 화신탕반이 25전, 비빔밥이 25전이었다. 앞선 음식들과 비교하면 화신탕반과 비빔밥은 조금 비쌌으며, 전골백반과 조선런치는 두 배, 신선로백반, 도미찜, 백숙은 세 배 정도 되는 가격이었다. 화신탕반과 비빔밥을 제외하면 화신백화점 식당의 메뉴들이 일반 조선음식점보다 많이 비쌌음을 알 수 있는데, 이 역시 화신백화점이라는 아우라와 정갈한 자리, 깨끗한 그릇의 비용이었을 것이다.

조선음식이 물론 유명했지만 화신백화점 식당에서는 서양음식과 일본음식도 판매했다. 이는 화신백화점의 성격을 가늠하는 데 중요한 역할을 하는데, 일단 여기서는 그 가격부터 확인해 보겠다.

먼저 서양음식은 비프스테이크, 비프스튜가 60전, 비프가스, 돈가스, 오믈렛이 40전 정도 했으며, 라이스카레가 그것보다 쌌다. 일본음식은 우나기동, 도시락이 60전, 오야코동, 스시가 40전이었다. 여기서 '우나기동鰻丼'은 장어덮밥을 뜻한다. 서양음식과 일본음식에도 계절한정 메뉴가 있었다. 토마토샐러드, 프루츠샐러드, 냉소바, 단팥죽, 오

뎅 등이 그것이었다. 서로 경쟁 관계에 있어서 그랬는지 음식의 가격
은 미쓰코시백화점 식당과 크게 차이 나지 않았다.

1930년대 후반 화신백화점 식당의 모습은 앞서 말했듯 박완서의
자전소설《그 많던 싱아는 누가 다 먹었을까》에도 나온다. 박완서가
숙명여고보에 합격하자 오빠가 밥을 사주겠다며 그녀를 화신백화점
에 데리고 간다. 그런데 당시 화신백화점 식당의 인기가 얼마나 많았
는지 식사를 하기 위해 아래층에서부터 온종일 줄을 섰다고 한다. 작
가는 화신백화점 식당을 오랜 기다림과 함께 깨끗한 식탁보, 접시에
담긴 수프, 주먹만 한 빵 두 개로 기억한다고 말한다.

다음 장에서 이문식당 설렁탕의 맛을 알아볼 때 채만식의 소설《금
의 정열》의 도움을 받을 것이다. 소설 소개는 다음 장으로 미루고 여
기서는《금의 정열》에 등장하는 화신백화점 식당의 모습만 살펴보겠
다. 소설에서 상문은 봉아, 순범과 함께 화신백화점 식당을 방문해 식
사를 하며 맥주를 여러 병 마신다. 화신백화점 식당에서 맥주도 팔았
다는 것인데, 맥주는 큰 병이 60전이었다. 아래의 이미지는 1936년에
개봉한 영화 〈미몽〉에
등장한 화신백화점 식
당의 모습이다. 종업원
이 들고 있는 쟁반 위를
보면 맥주 큰 병이 어느
정도 크기였는지 짐작
할 수 있다. 다른 음식
에 비하면 맥주 가격이

○ 영화 〈미몽〉(1936)에 등장한 화신백화점 식당.

비싸게 느껴지는데, 당시에도 술에 세금이 많이 붙었기 때문이었다.

　당시 맥줏값을 언급하는 소설로는 김웅초의 〈망부석〉이 있다. 소설에서 재호는 친구 뻐드렁니와 함께 바bar '무-랑'에 가는데, 주머니 사정이 넉넉하지 않던 재호는 미리 술값을 계산해 본다. 맥주는 한 병에 50전이라서 다섯 병을 마시면 2원 50전, '스키다시付出し'는 2인분에 40전이었다. 그는 남은 10전으로는 담배 한 갑을 사기로 한다. 이태준의 《청춘무성》에도 맥줏값이 등장한다. 고등보통학교 교목인 치원은 어려운 집안 사정 때문에 술집에서 일하는 득주를 찾아간다. 치원은 득주의 얘기를 듣기 위해 맥주 두 병과 오징어 안주 하나를 시켰는데, 계산을 하면서 1원 80전을 냈다. 1930년대 말 술집에서 오징어 안주는 대개 50전에서 60전 정도 했다.

　〈망부석〉과 《청춘무성》 두 소설을 통해 1930년대 후반 맥줏값이 50~60전 정도였음을 알아봤다. 화신백화점 식당에서도 맥주 한 병은 60전이었는데 음식과 달리 맥줏값은 다른 음식점들과 큰 차이가 없었다. 그것은 맥주가 담배와 함께 조선총독부에서 전매하는 품목이라서 그랬다.

　다시 《딸 삼 형제》로 돌아가 보자. 음식을 고르라는 필조의 말에 정매도 진열장을 들여다본다. 한 번 식사하자는 것을 거절했지만 이왕 먹기로 했으니 정매는 고민 끝에 음식을 선택한다. 정매가 고른 메뉴는 어떤 것이었을까? 뜻밖에도 정매가 먹겠다고 한 음식은 '베이비런치'였다. 베이비런치에 대해서는 이미 2장에서 살펴봤는데, 백화점 식당에서 가족 단위의 손님을 유치하기 위해 인기 메뉴인 런치를 어린이 버전으로 만든 것이었다. 조선런치의 어린이 버전은 없었으니 정매가 먹은 것은 일반 런치의 어린이 버전이었을 것이다.

　다른 소설들에도 화신백화점 식당은 심심치 않게 등장한다. 박태원의 《우맹》에는 구경득과 심봉사가 건영이 남매가 해주로 떠나는 것을 확인한 후 화신백화점 식당을 방문하는 장면이 등장한다. 두 사람은 전골백반과 런치를 시켜서 먹는다. 《우맹》을 보면 조선음식과 서양음식을 모두 판매한 것이 화신백화점만이 지닌 장점이었다는 것을 알 수 있다.

　이무영의 《먼동이 틀 때》에는 인화가 화신백화점 식당에 들르는 장면이 나온다. 인화는 이곳에서 '밀크세키', 즉 밀크셰이크를 먹는다. 아래의 이미지는 그 삽화인데 화신백화점의 내부를 상당히 정확하게 묘사하고 있다. 오른쪽 아래 모자를 쓰고 긴 잔에 담긴 음료를 마시고 있는 사람이 인화다. 화신백화점 식당 역시 미쓰코시백화점과 마찬가지로 다양한 종류의 음료를 비롯한 과일을 팔았다. 인화 덕분에 식민지 시대에도 밀크셰이크를 팔았다는 사실을 알 수 있는데, 아쉽게도 밀크셰이크의 인기는 금방 시들해졌다고 한다.

○ 화신백화점 식당에서
　밀크셰이크를 마시는 인화.
　《먼동이 틀 때》삽화.
　〈동아일보〉1935. 9. 21.

조선인을 위한? 혹은 조선인 손님을 끌기 위한?

화신상회에서
화신백화점으로

백화점이 처음 등장한 나라는 프랑스였는데, 곧이어 영국과 독일에서
도 모습을 드러낸다. 그런데 이들 나라에서 백화점을 지칭하던 이름
에는 차이가 있었다. 김인호는《백화점의 문화사》(살림, 2006)에서 이
이름의 차이에 대해 주목한 바 있다.

프랑스 사람들은 백화점을 'Grand Magasin'이라고 불렀는데, 대형
상점이라는 뜻이었다. 영국에서는 'Big Store'라고도 불렀지만 오히려
'Universal Provider', 곧 '무엇이든 살 수 있는 곳'으로 더 많이 불렸다.
독일 사람들은 'Warenhaus', 곧 상품관이라고 불렀는데, 독일의 경우

가 가장 특징 없는 이름이었다.

현재 보편적으로 쓰이는 명칭인 'Department Store'는 백화점이 미국으로 건너가고 나서 붙여진 이름이다. 'Grand Magasin'이나 'Big Store'가 크기를 강조한 이름이라면, 'Universal Provider'는 상품에 초점을 맞춘 이름이었다. 이에 비해 'Department Store'는 층이나 가게 별로 나뉜 조직과 기능을 강조한 명칭이었다.

진노 유키神野由紀는 《취미의 탄생》(소명출판, 2008)에서 백화점이 일본에 정착하는 데 미친 유럽의 영향을 논의한 바 있다. 그 역시 일본에서 백화점이 에도 시대의 오복점, 곧 옷감이나 옷을 파는 곳에서 출발했음을 환기했다. 오복점이 백화점으로 간판을 바꾸어 다는 데는 '서양열'로 상징되는 서양에 대한 동경과 추수가 크게 작용했다고 한다.

흥미로운 것은 같은 유럽이라도 프랑스에서는 백화점이 의류를 판매하던 양품점에서 출발했던 데 반해 영국에서는 식료품점에서 시작되었다는 점이다. 이를 고려하면 일본에 백화점이 들어서는 데는 영국보다는 프랑스의 영향이 컸던 것으로 보인다. 그것은 조선에 들어섰던 미쓰코시, 조지아, 미나카이 등의 백화점 역시 마찬가지였다. 그런데 거기에 미친 미국의 영향도 무시할 수는 없을 것 같다. 2장에서 미쓰코시백화점의 전신이었던 미쓰이오복점이 미국에 시찰단을 파견한 것을 확인한 바 있다. 일본에서 근대적인 백화점의 출발을 1904년 12월 미쓰코시오복점이 행한 '디파트먼트스토어 선언'으로 파악하는 것 역시 마찬가지다.

1904년 미쓰코시오복점의 선언 이후 백화점을 가리키는 이름으로는 'Department Store'가 가장 많이 사용되었다. 1920년대에 이르러서야 '소매 대점포', '백화상점'과 함께 '백화점'이라는 이름이 등장한다. 'Department Store'가 '백화점'이라는 이름으로 통일되어 정착된 것은 '일본백화점상업조합日本百貨店商業組合'이 설립된 1930년대가 되어서였다.

남촌에 위치한 미쓰코시, 조지아, 미나카이 등의 백화점과 경쟁했던 화신백화점의 역사는 비교적 자세히 알려져 있다. 하지만 그것에 비하면 화신백화점 식당의 역사와 특징은 제대로 다루어진 경우가 드물다. 그나마 드물게 남아 있는 자료들을 통해 화신백화점 식당의 풍경을 그려보도록 하자.

먼저 화신백화점 식당의 성격이 화신백화점의 성격과 긴밀히 연결된다는 점을 주목해야 한다. 아래의 이미지는《대경성도시대관》에 실린 화신백화점 외관의 모습인데, 해설에는 박흥식이 자본금 100만 원

○ 《대경성도시대관》에 수록된
 화신백화점의 외관.
 서울역사박물관.

○ 1920년대 중반 화신상회의 모습.

을 투자해 1931년 창업했다고 되어 있다. 그는 화신백화점의 대표 이
사로서 1932년 동아백화점을 인수하여 면모를 일신해 조선인이 경
영하는 유일의 백화점으로 권위를 인정받고자 했다고 한다. 박흥식은
화신백화점 외에도 금은미술공장, 양화공장, 유기공장을 운영하고 있
었으며, 경성을 비롯한 평양, 부산, 군산, 원산에 지점과 배급소를 두
고 있었다.

　《대경성도시대관》에는 언급되지 않지만 화신백화점은 화신상회에
서 출발했다. 종로의 이름난 상인이었던 신태화는 1918년 화신상회를
세우고 귀금속을 주로 판매하면서 포목과 잡화도 다루었다. 1920년
대 말 경제공황과 맞물려 화신상회도 불황에 허덕였는데, 그때 화신
상회를 인수한 것이 박흥식이었다. 위의 이미지는 1920년대 중반 화

신상회의 모습을 담은 사진이다.

박홍식은 평안도 진남포에서 미곡 장사를 시작으로 장사의 길에 들어섰으며 이후 창고업, 운송업, 금융업에도 손을 뻗었다. 이를 기반으로 경성에 진출해 1931년 9월 화신상회를 인수한 후 다음 해에 3층 건물을 신축했다. 인수 이후 화신상회는 점원이 150여 명이나 되는 대형 점포로 자리 잡으며 영업시간 도입, 출근부 비치 등 근대적인 영업 방식도 도입했다. 박홍식은 백화점 홍보를 맡기기 위해 이순석을 스카우트하기도 했는데, 이순석은 9장에서 살펴볼 다방 '낙랑파라'의 주인이다.

서로 라이벌 관계였던 화신상회와 동아부인상회의 경쟁도 흥미롭다. 동아부인상회는 1920년 조합 형식으로 설립되어 부인용품을 중심으로 서적과 학용품도 판매하던 가게였다. 화신상회와 바로 인접해 있던 동아부인상회는 1932년 1월, 4층 건물을 신축한 후 동아백화점이라는 이름을 내걸었다. 이후 화신상회와 동아백화점의 경쟁은 더욱 치열해졌는데, 1932년 각각 기와집과 문화주택을 내걸고 개최한 경품 행사에서 가장 첨예하게 나타났다. 두 백화점의 사운을 건 경품 행사는 이 장 끝의 '더 읽을거리'에서 구경해 보자.

화신상회가 백화점이라는 이름을 내건 것, 또 식당을 개장한 것은 언제였을까? 1920년대 말, 1930년대 초에도 화신상회를 간혹 백화점이라고 불렀다. 하지만 당시 백화점이라는 명칭은 여러 물건을 망라한 대형 점포를 가리키는 데 한정되었다. 1932년 7월 화신상회는 주식회사로 전환해 동아백화점을 인수한다. 그때는 이미 화신상회와 동아백화점이 수개월간 출혈경쟁을 벌여 양쪽 모두 손해가 쌓여가던 시점이었다. 화신상회의 박흥식은 그 와중에도 적자를 감수하면서까지 더욱 공격적으로 자금을 투자했고, 결국 동아백화점은 두 손을 들고 말았다. 화신백화점이라는 이름이 화신상회를 밀어내고 일반적으로 사용된 것도 그때쯤이었다. 앞서 일본에서 백화점을 지칭할 때 가장 많이 사용되었던 'Department Store'가 '백화점'이라는 이름으로 정착된 것이 1930년대 들어서였음을 확인한 바 있다. 화신백화점이라는 이름이 일반화된 시기를 화신상회가 동아백화점을 인수한 1932년으로 파악하는 데는 앞선 상황도 작용하고 있다.

화신상회는 동아백화점을 인수한 이후 두 백화점 사이를 육교로 연결해 전체를 화신백화점 서관과 동관으로 운영했다. 그러다가 1935년, 화신백화점에 대형 화재가 발생해 서관 전체가 소실되고 동관 일부도 피해를 입었다. 이후 6층으로 된 신축 건물을 준공해 경성 최대의 백화점으로 개장한 것이 1937년 11월이었다.

〈여인명령〉에서 숙채가 점원으로 일을 한 때, 또 《딸 삼 형제》에서 비를 피해 들어간 정매와 필조가 식당에 들렀던 때는 화신백화점이 6층 신축 건물로 새롭게 단장했을 때였다. 조선 최초로 에스컬레이터가 설치되었으며, 지하 1층 전체를 식료품 매장으로 꾸몄던 것도 이때였다.

남촌의 백화점들과
다르지 않은 시스템

화신백화점 식당은 '화신대식당'이라는 간판을 새롭게 내건 후 판매하는 서양음식과 일본음식의 종류를 확대했다. 하지만 가장 중요한 변화는 이때부터 '조선요리부'를 신설해 조선음식을 판매하기 시작한 것이었다. 이때는 1933년 4월로 화신백화점이 6층 신축 건물로 옮기기 전이었다. 화신대식당이라는 이름으로 '새롭게' 문을 열었다는 언급으로 알 수 있듯, 이전에도 백화점 내부에 식당이 있었다. 1932년 12월 〈조선일보〉에는 동아백화점을 인수한 화신백화점의 그림이 게재되었는데, 동관 곧 이전 동아백화점 4층 우측에 식당이 있었다는 것을 확인할 수 있다.

1933년 2월 〈조선일보〉에는 화신대식당 개장과 관련해 흥미로운 글 하나가 실린다. 기사는 화신백화점 식당이 휴업에 들어갔으며 20여 명의 직원이 해고되었다는 반갑지 않은 소식을 전하고 있다. 이는 화신대식당이 개장과 함께 도입한 새로운 경영 방식 때문이었다. 그전까지 화신백화점 식당은 영업을 맡은 사람이 매월 200원씩을 백화점에 지불하는 방식으로 운영되었다. 영업이 잘되든 안되든 매월 같은 금액을 냈으니 어떻게 보면 월세에 가까웠다. 그런데 화신대식당으로 탈바꿈하면서 백화점 측은 운영비로 매상의 15퍼센트를 받고자 했다. 기존 운영자가 반대를 하자, 백화점 측은 식당을 휴업하고 그곳에서 일하던 직원들을 해직시켰다. 기존 직원들에게는 마른하늘에 날벼락 같은 일이었을 것이다.

또 화신대식당이 개장하면서부터 '식당회수권', 지금으로 말하면 식당상품권을 판매하기 시작했다. 1933년 6월부터 팔기 시작해 2원권과 5원권 두 종류가 있었다. 지금으로 환산하면 10만 원, 25만 원 정도의 상품권이었다. 사용하기 편리하고 할인도 해줘서, 선물용으로

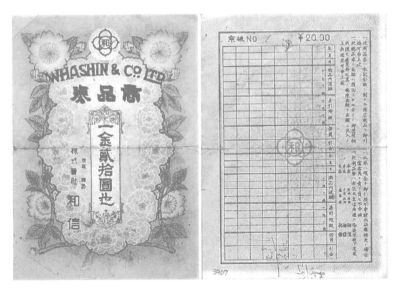

○ 화신백화점에서 판매했던 20원권 상품권.

많이 판매되었다고 한다.

앞서 층별 매장을 살펴보면서, 1층에 상품권 매장이 있었음을 확인했다. 화신백화점은 식당상품권뿐만 아니라 지금과 비슷한 백화점 상품권도 판매했다. 3원, 5원, 10원, 15원, 20원짜리가 있었고 50원 이상은 요청이 있으면 발행하는 방식이었다. 백화점 측에서는 '주고받기 편리하고 가치 있는 화신상품권'이라는 광고를 통해 판촉에도 힘을 쏟았다. 10원권만 해도 지금으로 따지면 50만 원 정도에 해당하는 큰 금액이었다. 그래서 상품권으로 물건을 사면 뒷면에 가격을 기입하는 방식으로 금액을 다 쓸 때까지 여러 차례 사용할 수 있었다. 위의 이미지는 화신백화점 상품권 20원권의 앞, 뒷면 모습이다. 뒷면을 보면 사용한 금액을 기입할 수 있는 칸이 마련되어 있다.

    1937년 11월 화신백화점이 새롭게 개장했을 때 식당은 5층에 자리를 잡고 영업을 이어갔다. 여전히 서양음식, 일본음식과 함께 화신백화점 식당의 자랑인 조선음식을 판매했다. 그런데 화신백화점이 새롭게 개장을 하면서 4층에 일본음식을 전문으로 하는 '오코노미식당'이 들어섰다. 오코노미식당은 내부를 모두 일본식으로 꾸미는 한편 도쿄와 간사이關西에서 직접 요리사를 초빙해 품격 있는 덴푸라, 스키야키 등을 제공한다고 홍보했다. 1인당 식사 가격이 1원 50전이었으니, 5층에 있었던 화신대식당보다 훨씬 고급스러운 식당이었음을 알 수 있다.

    조선음식을 판매하는 화신대식당이 개장하자 서양음식과 일본음식이 익숙하지 않은 조선인 손님들이 이곳을 많이 찾았을 것이다. 이를 감안하면 오코노미식당은 쇼핑을 위해 화신백화점에 왔지만 화신대식당을 찾기는 부담스러웠던 일본인들을 고려해 문을 열었던 것으로 보인다.

    마지막으로 화신백화점과 그 식당의 성격에 관해 살펴보자. 몇 차례 변화는 있었지만 화신백화점은 미쓰코시, 조지아, 미나카이 등의 백화점과 달리 신태화, 박흥식 등 조선인이 소유하고 경영했다. 화신백화점을 찾는 손님들 역시 조선인이 일본인보다 훨씬 많았다.

    그렇다면 화신백화점과 그 식당이 조선인을 위한 공간이었다고 말할 수 있을까? 대부분의 논의는 이 부분에 초점을 맞춰 화신백화점의 의미를 부각하곤 한다. 그런데 화신백화점이 남촌의 백화점들과 달리 온전히 조선인을 위한 백화점이었는지에 대해서는 더 조심스럽게 접근할 필요가 있다. 일본인이 운영했던 백화점들과 다르게 조선인을 고려해 공간을 꾸몄다기보다, 다른 백화점들이 일본인 손님을 위해 고안한 시스템을 조선인들에게도 동일하게 적용했다고 보는 편이 설득력 있기 때문이다.

1937년 11월 화신백화점이 새로 개장하면서, 지하 1층부터 6층까지 다양한 매장이 층별로 구분되어 들어섰다. 화장품, 신사복, 넥타이, 부인복, 아동복, 구두, 양산, 안경, 문구, 축음기 등의 매장이 있었다. 그런데 그중 조선 물품을 판매했던 곳은 2층에 있었던 주단포목 매장과 5층에 위치했던 조선물산 매장 정도에 불과했다.

화신백화점의 식당 역시 마찬가지여서, 조선음식이 유명했지만 그것만을 판매하진 않았다. 서양음식, 일본음식 등 백화점 식당의 일반적인 메뉴를 갖추었으며, 메뉴의 비중으로 따지면 오히려 그쪽이 우위를 차지했다. 《딸 삼 형제》의 정매는 화신백화점 식당에서 베이비런치를 먹는다. 《우맹》에서 구경득과 심봉사가 전골백반과 함께 먹었던 메뉴도 런치였다. 심지어 화신백화점은 이곳 식당에서 조선인들과 같이 식사하는 것을 부담스러워했던 일본인들을 위해 따로 오코노미 식당을 개장하기까지 했다.

화신백화점 식당에서는 서양음식과 일본음식을 판매하면서 그것을 부담스러워하는 조선인들을 끌어들이기 위해 조선음식도 제공했다. 거기에는 조선음식을 깨끗하고 고급스러운 식당에서 먹기 원하는 손님, 특히 가족 단위 손님의 요구도 작용했을 것이다. 〈소설가 구보 씨의 일일〉에서 구보 씨가 화신백화점 엘리베이터 앞에서 마주한 행복해 보이는 가족도 그 가운데 하나였다.

김말봉의 《밀림》에서 서자경의 아버지 서정연은 병원 일을 그만두고 포목점을 연다. 포목점이 번창해 인조견 공장과 고무신 공장도 운영하는 등 부를 쌓아 나중에는 건축회사 사장이 된다. 소설에서 정연이 결혼을 위해 선을 본 장소가 바로 화신백화점 식당이었다. 이근영의 소설《제삼노예》의 중심인물인 문은 신작로 공사로 생계를 이어가던 중 겨울이 되어 공사가 중단되자, 마지막 날 함께 일하던 허일을 화신백화점 식당으로 데려간다. 허일은 설렁탕이면 충분한데 왜 그러냐고 미안해한다. 포목점으로 부를 쌓은 정연이 화신백화점 식당에서 선을 보는 것과 화신백화점 식당에서 밥을 사주니 왜 이렇게 비싼 데를 왔느냐며 미안해하는 허일의 모습을 보면, 화신백화점 식당이 조선음식을 제공하는 깨끗하고 고급스러운 식당이었으며, 그래서 선이나 가족 모임에 어울리는 공간이었다는 것을 알 수 있다.

화신백화점 식당을 찾는 손님들에게 가장 인기 있던 메뉴가 조선런치였으며, 이것이 남촌에 위치한 백화점들에서 판매하는 런치를 변용시킨 음식이었음을 앞서 확인했다. 그렇다면 조선런치는 남촌의 백화점과 같은 시스템을 조선인들에게 동일하게 적용시켰음을 상징적으로 보여주는 메뉴라고 할 수 있을 것이다. 화신백화점과 그 식당의 성격에 대해서는 일제의 폭압이 절정에 이르는 1930년대 말에서 1940년대 초에 걸친 박흥식의 행적을 통해서도 접근할 수 있다. 1937년 중·일전쟁의 발발과 함께 본격적인 전시체제에 접어들자 박흥식은 동양척식주식회사, 국민총력조선연맹, 조선임전보국단 등 친일단체에서 핵심적인 역할을 맡게 된다.

또 수차례에 걸쳐 거액의 국방헌금을 기부하는 한편 일본의 침략전쟁을 찬양하고 조선인의 전쟁협력과 학병지원을 적극적으로 주장했다. 조선 총독이 주는 공로상까지 받았을 정도이니 그의 친일 행위를 어쩔 수 없었던 것으로 치부하기도 힘들다. 오히려 그의 친일 행위는 적극적인 신념에 따른 것이었으며, 그 과정은 화신백화점이 화신무역회사, 화신상사를 거쳐 주식회사 화신으로 성장을 거듭해 나가는 과정과 정확히 겹쳐 보인다.

화신백화점과 동아백화점의 경품 경쟁

◦◦◦

바로 옆에 붙어 있던 화신백화점과 동아백화점은 당시 치열한 경쟁 구도에 있었다. 둘의 경쟁을 가장 잘 보여줬던 것은 경품 행사로, 오른쪽의 이미지는 두 백화점이 내세웠던 1등 경품들이다. 위쪽은 화신백화점에서 1등 경품으로 내건 20평, 여덟 칸짜리 기와집이고 아래쪽은 동아백화점에서 화신백화점에 뒤지지 않기 위해 내건 문화식 별장의 모습이다. 당시 여덟 칸짜리 기와집이 2,000원 정도 했으니 문화식 별장 역시 비슷한 가격이었을 것으로 보인다. 화신백화점에서는 2등, 3등에게도 경품을 내걸었다. 2등 두 명에게는 만주시찰 여비 혹은 쌀 20섬, 3등 세 명에게는 금강산 왕복 여비나 옷걸이 삼층장 한 개를 준다고 했다.

경품 행사는 어떻게 되었을까? 경품 추첨은 1932년 8월로 예정되어 있었는데, 그해 7월 화신백화점에서 동아백화점을 인수하게 된다. 아쉬운 것인지 다행스러운 것인지 모르겠다. 결국 화신백화점에서 내걸었던 경품만 추첨이 이루어졌다. 기와집을 받은 행운의 주인공은 공평동에 살았던 사람으로 알려져 있다. 경쟁 때문에 내건 경품인데, 이미 경쟁이 끝난 후에 경품을 줘야 했던 화신백화점 측의 표정이 밝지만은 않았을 것 같다.

당시엔 치열한 경쟁을 펼쳤지만 지금에 와서 화신백화점과 동아백화점의 모습을 떠올리기는 힘

○ 화신백화점에서 1등 경품으로 내건 20평짜리 기와집.

○ 동아백화점에서 1등 경품으로 내건 문화식 별장.

들다. 그런데 그 흔적은 의외로 목포에서 찾을 수 있다. 식민지 시대 화
신백화점은 지방 곳곳에 연쇄점을 개설했고, 동아백화점도 지점을 여
러 곳에 세웠다. 목포에는 두 곳의 지점이 모두 있었고, 그곳에서
이들 백화점의 흔적을 찾을 수 있다. 필자가 목포를 방문해 보
니 화신연쇄점과 동아상회 지점은 같은 골목에 20~30미
터 정도 떨어져 자리하고 있었다. 식민지 시대 목포
에서 가장 번화한 곳이었던 그곳은 지금 구
도심으로 쓸쓸함마저 느껴졌다.

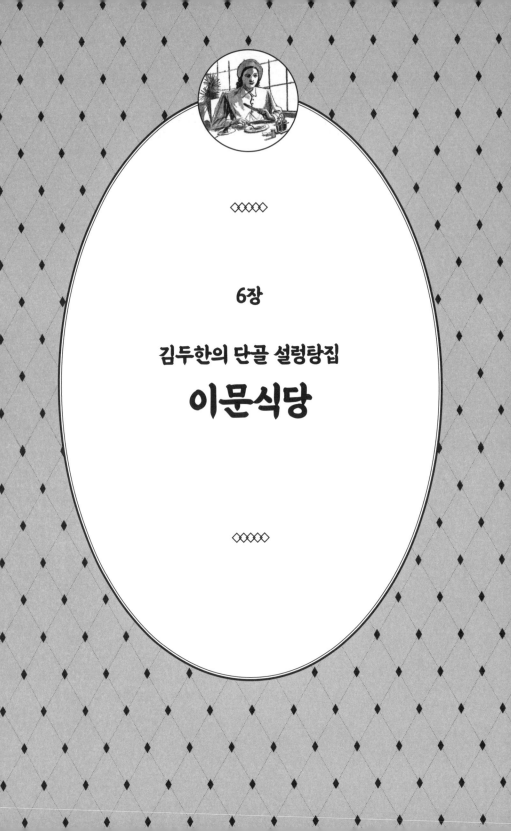

6장

김두한의 단골 설렁탕집

이문식당

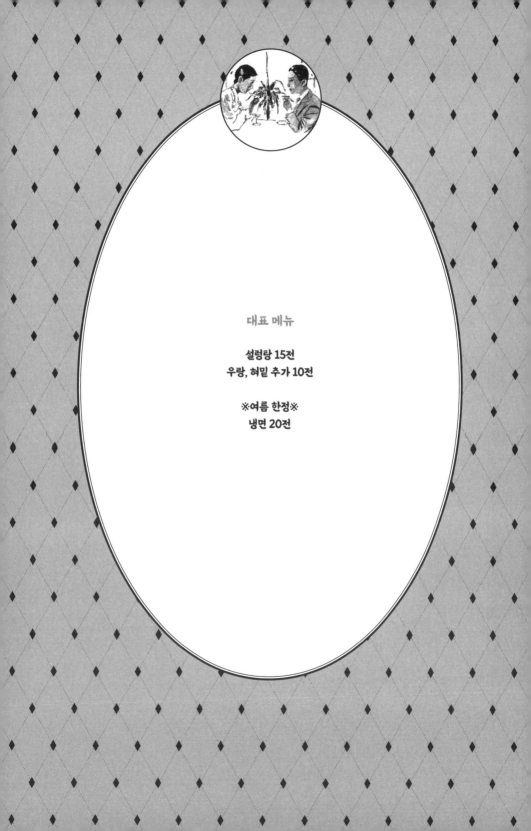

대표 메뉴

설렁탕 15전
우랑, 혀밑 추가 10전

※여름 한정※
냉면 20전

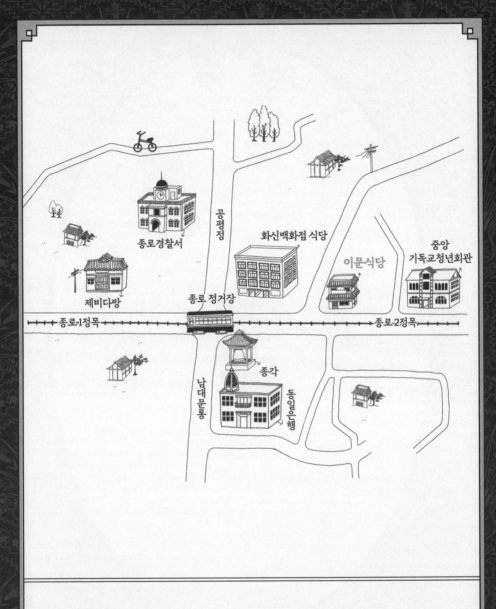

종로경찰서

공평정

화신백화점 식당

이문식당

중앙
기독교청년회관

제비다방

종로 정거장

◄┼┼┼ 종로-1정목 ┼┼┼┼┼┼┼┼┼┼┼┼

종로-2정목 ►

남대문통

종각

동일은행

주소 종로 인사정 268번지

1

지금도 정상 영업 중!

이문식당은 이 책에서 소개하는 다른 맛집들과는 조금 다르다. 지금도 영업을 하고 있는 식당이기 때문이다. 물론 조선호텔도 웨스틴조선호텔로 이름을 바꿔 여전히 식당을 운영하고 있지만, 식민지 시대 조선호텔에 자리했던 식당 '팜코트palm-court'의 흔적은 찾기 힘들다.

100년도 훌쩍 넘게 운영된 집인 만큼 지금도 여러 미디어에 소개가 된다. 1997년 1월 〈경향신문〉의 "세월만큼 우러나는 '깊은 맛'"이라는 기획 기사에 실린 이문식당 소개를 살펴보자.

1902년 설립되어 3대째 이어오고 있는 95년 전통의 설렁탕집이다. 외형은 한옥양식으로 단장된 2층 건물이다. 좌석이 350석이나 되는 대형 음식점이다. 큰 가마솥에 육수를 하루 동안 고아서 만든다. 김치와 깍두기 맛도 일품이다. 할아버지들이 많이 찾고 점심시간엔 직장인들로 북새통을 이룬다.

기사는 이문식당이 문을 연 시기, 외관과 좌석, 또 음식 맛을 소개하고 있다. 할아버지들이 주된 손님이고 점심시간엔 직장인도 많이 찾는다고 한다.

지금도 영업을 하고 있다는 점, 또 여전히 많은 사람이 찾는다는 점으로 미루어보아 그 흔적을 쫓는 일이 다른 맛집보다 훨씬 수월할 것 같지만 실제로는 그렇지 않다. 안이한 생각과는 달리 이문식당에 관한 자료가 많이 남아 있지 않기 때문이다. 그나마 식민지 시대 신문에 실린 것들은 단속에 적발되어 영업정지가 되었다든지 종업원들이 다른 식당 종업원들과 싸움을 했다든지 하는 몇몇 가십 기사뿐이었다.

당시 경성에서 웬만큼 이름난 음식점은《대경성도시대관》에 소개되었는데, 이문식당은 이곳에도 수록되어 있지 않다. 이는 대창옥, 사동옥, 이남옥 등 다른 유명 설렁탕집도 마찬가지다. 흥미로운 것은 이문식당뿐만 아니라 몇백 년 된 전통음식이라는 '설렁탕'에 관한 자료 역시 찾기 어려웠다는 점이다. 이미지 자료도 마찬가지라, 이광수의 〈천안기〉나 심훈의《영원의 미소》를 제외하면 설렁탕이 등장하는 소설의 삽화 역시 드물다.

오히려 설렁탕과 관련된 자료는 대부분 그 기원을 쫓는 데 집중하고 있다. 설렁탕의 기원에 관해서는 두 가지의 유력한 주장이 있는데, 가장 많이 알려진 것은 설렁탕이 임금이 제사와 의례를 행했던 공간인 '선농단先農壇'과 관련이 있다는 주장이다. 다른 하나는 그만큼 많이 논의되지는 않았지만 13세기 전후 원나라와 교류하면서 '슈루', '슐루'라는 음식이 전해지는 과정에서 유래되었다는 주장이다.

정작 설렁탕이 어떤 맛이었는지, 어떻게 조리했는지, 유명한 식당은 어디였는지 등 먼저 이야기해야 할 문제는 생략된 채, 어디서 유래되었는지의 문제만 부각되고 있다. 이토록 유래에 관한 논의만 두드러진 배경에는, 설렁탕이 얼마나 오래된 전통의 음식인지를 강조하려는 의도가 자리하고 있다. 사실 기원에 기울어진 논의 역시 설렁탕이 어떤 음식인지, 이문식당이 어떤 식당인지 하는 문제와 긴밀하게 연결되어 있다.

6장에서는 경성의 유명 설렁탕집이었던 이문식당을 소개하려 한다. 이문식당의 설렁탕 맛은 어땠는지 또 그 가격은 어느 정도였는지 확인하게 될 것이다. 더 나아가 설렁탕이 어떻게 식민지 시대 조선인들이 가장 즐겨 찾는 외식 메뉴가 되었는지도 알아보려 한다. 그 과정에서 설렁탕의 기원에 관한 두 가지 주장이 지니는 맹점도 자연스럽게 드러날 것이라고 기대한다.

○ 현재도 영업하고 있는 이문설렁탕의 외관과 내부. 대한민국역사박물관 현대사아카이브.

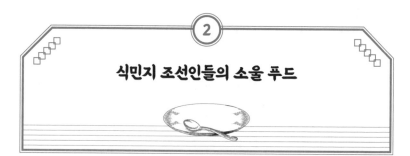

식민지 조선인들의 소울 푸드

누린내조차
매력적이었던

이문식당으로 독자들을 안내할 첫 번째 소설은 채만식의 《금의 정열》
이다. 《금의 정열》은 1939년 6월부터 11월까지 〈매일신보〉에 연재되
었는데, 1941년 영창서관에서 단행본으로도 발행되었다. 채만식은
식민지 시대를 살아가는 다양한 군상을 풍자를 섞어 그려낸 작가로
유명한데, 독자들에게 많이 알려진 소설로는 《태평천하》와 《탁류》가
있다. 두 소설에서는 윤 직원과 초봉을 등장시켜 억척스럽거나 고단
한 식민지인의 삶을 표현한 바 있다.

　《금의 정열》은 《태평천하》나 《탁류》에 비하면 그렇게 유명한 작품

○ 《금의 정열》1회차 연재 지면. 〈매일신보〉 1939. 6. 19.

은 아니다. 이 소설은 1930년대 조선에 일었던 금광 열풍을 다루고 있
는데, '금의 정열'이라는 제목 역시 당시 사람들의 금에 대한 정열 혹
은 애착을 드러낸 것이라고 이해하면 된다. 위는 〈매일신보〉에 실린
《금의 정열》 1회 연재분이다.

채만식은 음식을 표현하는 능력도 누구에게 뒤지지 않을 만큼 뛰
어났는데, 《금의 정열》에서도 그의 재능은 빛을 발한다. 《금의 정열》
의 중심인물인 상문은 지방에서 금광을 개발하느라 정신없이 바쁜 인
물이다. 경성에 오면 '반도호텔'에 묵으며 금광 사업에 밑천을 대줄 사
람들과 술자리를 가지기에 여념이 없다.

소설 역시 아침에 상문이 반도호텔 618호실에서 일어나는 모습으
로 시작된다. 반도호텔은 1938년 4월 황금정 1정목에 새롭게 개장한
곳인데, 그 위치가 이 책의 10장에서 살펴볼 중화요리점 '아서원'이 있
던 자리라는 점 역시 흥미롭다. 상문은 전날 밤 늦게까지 이어진 술자
리 때문에 힘겹게 몸을 일으킨다. 《금의 정열》에 이문식당이 등장한
것이 전날 과음한 상문이 해장하러 찾았기 때문이니, 독자들 입장에
서 전혀 쓸모없는 술자리는 아니었던 것 같다.

상문은 호텔에서 제공하는 차를 타고 종로 방향으로 향한다. '뷔크'라는 차를 탔다고 나와 있는데, 미국 제너럴모터스General Motors에서 생산한 '뷰익buick'인 것 같다. 단골인 데다가 비싼 방에 머무니 호텔 측에서 자동차까지 서비스했던 것으로 보인다. 그가 탄 뷰익은 종로 네거리에서 커다랗게 동쪽으로 커브를 돈 후 정차하고 상문은 종각 앞에서 내린다. 황금정 네거리를 거쳤다는 것으로 보아 반도호텔에서 출발해 황금정 네거리를 거쳐 남대문통으로 올라가 종로 네거리로 이어지는 코스였을 것이다.

차에서 내린 상문은 이문안 골목 어귀에 자리 잡은 이문식당에 들어선다. 이문식당을 찾았을 때는 이른 아침이었는데, 식당을 찾은 손님들을 보고 상문은 아래와 같이 생각한다.

> 손님은 상하 없이 구름처럼 몰려들고, 심지어 하룻밤 20원의 객실료를 무는 호텔 손님까지도 새벽같이 자동차를 몰고 찾아오니 (…)

이문식당에 손님들이 상하 구분 없이 구름처럼 몰려든다고 한 것을 보면, 아침부터 식당을 찾는 손님들이 적지 않았던 것 같다. 20원의 객실료를 무는 사람은 상문 자신이다. 뒤에서 다시 얘기하겠지만, 설렁탕 한 그릇의 100배 값을 치르는 호텔에 묵는 사람도 기꺼이 이곳을 찾았다는 말이다.

상문은 이문식당에서 무엇을 먹었을까? 설렁탕집에 갔으니 당연히 설렁탕을 먹었겠지만 상문이 설렁탕을 먹는 방식은 조금 특이하다.

상문은 10전어치 우랑과 혀밑을 곁들인 30전짜리 맛보기에다가 거친 고추가루를 한 숟갈 듬뿍, 파 양념은 두 숟갈, 소금은 반 숟갈, 후추까지 골고루 처 가지고는 휘휘 저어서, 우선 국물을 걸쭉하니 후루루 후루루… 술로 밤새도록 간을 친 속이니, 얼큰한 그 국물이 비위에 썩 받기도 하겠지만, 본디 또 식성이 그렇게 복성스러운지 모른다.

인용은 상문이 설렁탕을 먹는 모습을 실감나게 묘사하고 있다. 식민지 시대 이문식당, 아니 설렁탕집을 다룬 글을 통틀어 가장 구체적인 묘사이기도 하다. 뒤에서 다루겠지만 '선농단'이니 '슐루'니 하는 기원을 열심히 따지는 것에 비해, 실제 식민지 시대 설렁탕집의 모습을 보여주는 자료는 생각 외로 드물다.

상문은 '우랑'과 '혀밑'을 추가한 30전짜리 설렁탕을 시킨다. 《금의 정열》이 연재되던 1930년대 말 설렁탕의 가격이 20전이었음을 고려하면 우랑과 혀밑을 추가하는 데 10전이 들었다는 것이다.

우랑은, 알고 나면 먹기가 꺼려질지도 모르지만, 소의 고환을 가리킨다. 《동의보감》에는 불임 치료나 부인 질환에, 《약전》에는 발기부전이나 유정증 개선에 효능이 있다고 나와 있다. 요즘은 대부분 송아지 때 제거하므로 구하기 힘든 부위인데, 식민지 시대에는 그렇지 않았나 보다. 혀밑은 흔히 우설이라고 불리는 부위의 뿌리 부분이다. 우설은 소의 살코기나 내장에 비해 독특한 맛을 지녔는데, 혀밑 쪽은 굵고 단면이 넓어 탕으로 끓여서 먹기 좋았다. 이문식당에서 설렁탕에 넣어 판매했던 것도 이 같은 이유에서였다.

다음의 이미지는 현재 이문설렁탕의 안주 메뉴판이다. 지금도 혀

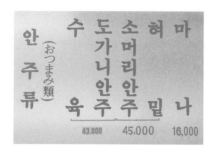

○ 현재 이문설렁탕의 안주 메뉴판.
ⓒ박현수

밑을 팔고 있다. 또 마나라는 낯선 부위도 팔고 있는데 정확한 명칭은 '만화'이다. 만화는 소의 이자와 지라를 함께 부르는 말로, 이자는 췌장, 지라는 비장을 가리킨다. 혀밑과 마찬가지로 주로 탕에 넣고 끓여서 먹는다고 한다. 지금 이문설렁탕에서 파는 설렁탕 속에도 만화가 한두 점 정도 들어 있는데, 식감이 독특한 게 먹을 만하다. 상문이 이문식당을 찾았던 1930년대 후반 메뉴에도 만화가 있었는지는 확인하기 힘들다. 이미지에는 나와 있지 않지만 이문설렁탕의 현재 식사 메뉴에는 설렁탕 외에 도가니탕과 소머리탕도 있다. 당시와 차이가 있다면《금의 정열》에서 상문은 혀밑을 우랑과 함께 맛보기로 설렁탕에 넣어서 먹었는데, 지금은 안주로 따로 판매하고 있다는 점이다. 또 혀밑의 가격은 안주로 따로 팔면서 설렁탕보다 훨씬 비싸졌다.

다시《금의 정열》로 돌아가 보자. 상문은 고춧가루 한 숟갈, 파 두 숟갈을 넣고 소금과 후추로 간을 맞춰 설렁탕을 먹기 시작한다. 소설에는 먼저 걸쭉한 국물을 '후루룩 후루룩' 마신 후 본격적으로 식사를 한다고 되어 있다. 고춧가루를 한 숟가락이나 넣어서 먹었다는 것이 흥미로운데, 설렁탕을 다룬 다른 글들에도 고춧가루가 나오는 것을 보면 당시에는 설렁탕에 고춧가루를 넣어 먹는 방식이 일반적이었던 것 같다.

식민지 시대 설렁탕을 다룬 글들을 살펴보면 그 맛이 '누릿하다'고 표현하기도 하고, 어떤 글에서는 '쇠똥내가 난다'고까지 말하고 있다. 그런데 '누릿하다', '쇠똥내가 난다'는 표현이 부정적으로 사용되지는 않았다. 같은 글에서 설렁탕의 제대로 된 맛은 그 누린내, 사실은 구수한 냄새에 있다고 강조하고 있기 때문이다. 이어 고춧가루를 듬뿍 탄후 파를 넣고 소금으로 간을 맞추어 국물을 훌훌 마셔가며 먹는 맛이란 도무지 무엇이라고 형언할 수 없이 좋다고 했다. 당시에는 고춧가루가 지금의 깍두기 국물과 비슷한 역할을 한 것으로 보인다. 해장을 하기 위해 이문식당을 찾은 상문이 고춧가루를 한 숟가락이나 설렁탕에 넣었던 이유 역시 이와 같았을 것이다.

사실 위의 언급은 식민지 시대 사람들이 이문식당을 즐겨 찾았던, 곧 설렁탕을 좋아했던 이유를 말해준다. 일상적으로 고기를 쉽게 먹을 수 있는 지금은 의아하게 느껴질지도 모르겠지만 당시 사람들은 누린내, 곧 고기 냄새와 맛을 보기 위해 이문식당을 찾았다. 그러면서 느끼한 맛을 피하고 싶은 이들은 고춧가루를 넣어 먹었던 것이다.

조선 시대까지는 '우금령'이 빈번하게 시행되는 등 소를 식용으로 하는 것은 원칙적으로 금지되어 있었다. 당시 소는 농사에 없어서는 안 될 일꾼과 같은 존재였기 때문에 식재료로 사용하지 못하게 했던 것이다. 소를 고기로 먹는 것은 임금을 비롯한 일부 사대부 계층에만 허용되었다. 그러니 대부분의 사람에게는 맛있다는 얘기는 들어 알고 있지만 정작 맛볼 수는 없는 '이율배반의 음식'이었던 셈이다.

게다가 일부 계층을 제외하고는 식민지 시대에 굶주림은 만연해 있는 현상이었다. 콩깻묵을 솥 밑에 깔고 그 위에 보리를 얹어 지은 대두밥이나 수수밥을 먹는 집, 감자나 참외로 끼니를 대신하는 집이 적지

○ 아지노모토 광고에
  등장한 설렁탕.
  〈조선일보〉 1936. 12. 24.

않았다고 한다. 하지만 그것도 언감생심, 끼니를 때우지 못하는 사람들이 더 많았다. 그러니 비싸지 않은 가격에 고기의 맛을 느낄 수 있는 설렁탕이 당시 조선인들에게 얼마나 매력적이었을지 짐작할 만하다.

위의 이미지는 '아지노모토味の素'의 광고인데, 이 역시 설렁탕에 관한 몇 가지 정보를 제공해 준다. 먼저는 아지노모토 광고에 등장할 정도로 설렁탕이 대중적인 음식이었다는 것이고, 다른 하나는 그럼에도 불구하고 삽화에 소머리가 통째로 표현된 것을 보면, 설렁탕이 그때까지는 잘 먹지 않던 재료로 만든 낯선 음식이었다는 점이다.

아지노모토는 일본에서 만든 인공조미료로, 1909년부터 시판되었다. '글루탐산나트륨MSG'을 주원료로 해 음식의 맛을 더하는 데 사용되었는데, 과장이 지나치다는 표현으로 사용되는 'MSG'라는 말도 여기에서 온 것이다. 아지노모토가 식민지 조선에 유입된 것은 1910년으로, 1920년대 중반부터 1930년대 말까지 신문 광고에 꾸준히 등장

○ 굶주림이 일상이었던
 식민지 시대 조선인들에게
 비싸지 않은 가격으로
 맛볼 수 있는 설렁탕은
 매력적인 음식이었다.

한다. 앞선 광고를 보면 식민지 시대에 설렁탕을 조리하는 데도 아지
노모토가 사용되었다는 것을 알 수 있다.

　설렁탕의 누린 맛이 강했던 것은 사실로 보인다. 파와 고춧가루를
듬뿍 넣어서 먹으면 맛있다고 했지만, 이 역시 누린 맛이 강해 파와 고
춧가루로 가려야 했다는 뜻이다. 설렁탕이 누린 냄새나 맛이 강했던
것은 뼈와 잡고기를 재료로 하기 때문이었다. 식민지 시대 조리서를
보면 당시에도 잡된 고기를 넣으면 음식이 맛없어지고 냄새가 난다는
사실을 알고 있었다. 《조선무쌍신식요리제법 朝鮮無雙新式料理製法》은 위
관 이용기가 편찬한 조리서로, 뒤에서 다룰 《조선요리제법 朝鮮料理製法》
만큼은 아니지만, 1924년 초판이 나온 이후 1943년 4판이 나올 정도로
인기가 있었다. 《조선무쌍신식요리제법》에는 곰국이나 육개장에 "잡
된 고기는 넣지 말아야" "맛이 달고 국이 좋아지고 쇠똥냄새가 없다"
라는 언급이 나오며, 잡고기를 넣으면 누린내가 난다고 말하고 있다.

　그런데 대두밥이나 수수밥도 제대로 먹지 못해 굶기를 반복했던 이

들에게 잡된 고기를 넣으면 음식 맛이 좋지 않고 누린내가 나게 되는 것 정도는 문제가 되지 않았다. 그렇다면 설렁탕을 선농단에서 유래했다거나 몽골의 '슈루', '슐루'에서 전해진 음식으로 보기보다는, 저렴한 소뼈를 재료로 간단히 요리해 식민지 시대 대중들이 싼 가격에 소고기를 맛볼 수 있었던 음식으로 보는 편이 더 설득력 있지 않을까?

저렴한 가격에
소고기를 맛보다

굶주림이 일반화된 사람들에게 고기, 그것도 소고기를 재료로 한 설렁탕은 매료될 수밖에 없는 음식이었을 것이다. 누린내가 구수함으로 느껴졌던 것도 마찬가지의 이유에서였다. 이문식당에서도 그것을 알고 있었는지 일부러 냄새와 훈기를 퍼뜨려 식당 앞을 지나는 사람들을 손님으로 끌어들였다.

이문식당에서는 설렁탕을 끓일 때 입구에 가마솥을 걸고 재료를 넣고 끓이면서 물을 보충하는 방식을 사용했다. 입구에서 설렁탕을 계속 끓이고 있으니, 그 앞을 지나는 사람이라면 설렁탕의 구수한 냄새와 훈훈한 김을 피할 수 없었다. 화신백화점에서 쇼핑을 하고 나오다가 설렁탕 냄새를 맡고 이문식당에 들렀던 사람들도 적지 않았다.

입구에 가마솥을 걸어놓고 손님을 유혹하던 것은 다른 설렁탕집에서도 사용하던 전략이었다. 심훈의 소설 《탈춤》에는 중심인물 일영이 설렁탕집에서 서려 나오는 훈훈한 김에 구미가 동하는 장면이 등장하고, 최서해의 소설 《먼동이 틀 때》에도 허준이 청진동 큰길로 올라가다가 설렁탕집에서 흘러나오는 누릿한 곰국 냄새에 비위가 몹시 흔들려 입 안에 서리는 군침을 삼키는 모습이 나온다. 두 소설 모두 설렁탕집 앞을 지나면서 설렁탕의 냄새와 훈기 때문에 구미가 당겼다는 얘기를 하고 있는데, 소설에 등장하는 인물들이 제대로 밥을 먹지 못해 허기진 상태였음도 밝히고 있다.

식민지 시대 소설 가운데 설렁탕집의 냄새와 훈기를 묘사하는 소설은 드물지 않다. 이광수의 〈천안기〉에서는 설렁탕 국물을 '뜨뜻하고 누릿하다'고 표현했는데, 얼마나 맛있었는지 막벌이꾼은 '나'가 먹던 밥풀이 국물에 들어갔는데도 그릇째 들고 먹기까지 한다. 장혁주의 《무지개》는 겨울을 배경으로 한 소설인데, 작중 인물인 수연은 저녁이 되자 배도 고프고 추워서 뜨뜻한 설렁탕 한 그릇을 먹었으면 좋겠다고 말한다.

아래의 이미지는 1939년 5월 〈조선일보〉에 실린 "소가 웃는다"라는 만평이다. 집주인 여자가 식당에서 사 오는 설렁탕이 너무 묽어서 맛이 없다고 불평하자 곁방살이하는 여자가 그래서 자기 부부는 직접 끓여 먹는다며 자랑하는 모습이다. 이는 1930년대 말이 되면 설

◦ 만평 "소가 웃는다", 〈조선일보〉 1939. 5. 9.

렁탕을 사 먹는 데서 나아가 직접 조리해서 먹기도 했음을 말해준다.

사람들이 설렁탕을 즐겨 찾았던 데에는 몸에 좋은 음식이라는 생각 역시 작용했다. 잡지 〈별건곤〉에 실린 "경성명물집"이라는 글에서는 설렁탕의 장점 가운데 하나가 영양이 풍부한 것이라며, 경성의 폐병쟁이와 중병을 앓고 난 사람들이 설렁탕을 먹고 기사회생하는 일이 많았다고 전한다. 그러니 병에 들어 위중한 사람들 혹은 몸이 약한 사람들은 설렁탕을 일부러 찾아 먹었을 것이다.

현진건의 〈운수 좋은 날〉에서 한 달 전부터 시름시름 앓기 시작한 아내 역시 인력거꾼 김 첨지에게 설렁탕을 사달라고 애원한다. 며칠 전 설익은 조밥을 먹고 병이 위중해진 아내가 소화가 힘든 설렁탕을 원했던 것도 같은 이유에서로 보인다. 한용운의 《박명》에서도 병이 위중해 사직공원에 누워 있던 대철이는 주사라도 맞자는 순영이의 말에 주사는 맞기 싫다며 훌훌한 설렁탕 국물이나 한 그릇 먹고 싶다는 바람을 밝힌다.

그런데 설렁탕이 아무리 소고기를 재료로 했더라도, 구수한 냄새와 훈기를 풍겼을지라도, 그리고 몸에 좋은 음식이었더라도, 가격이 비쌌다면 서민들이 사 먹기는 힘들었을 것이다. 당시 서민들은 나물밥은커녕 대두밥이나 수수밥도 먹기 힘들었기 때문이다. 그렇다면 식민지 시대 설렁탕의 가격이 어느 정도였는지 궁금해진다.

소설이나 신문 기사를 보면 1920년대 설렁탕 가격은 15전이었다가 1930년 전후로는 오히려 가격이 내려 13전이 된다. 그리고 1930년대 중반이 되면 다시 15전으로 돌아갔다가 후반에는 20전으로 인상된다. 앞서도 얘기했지만 1930년을 전후로 음식 가격이 인하된 배경에는 당시 쌀값이 폭락했던 상황이 크게 작용하고 있었다. 쌀값이 급격히 인하됨에 따라 소비가 위축되어 경기 자체가 둔화되는 상황에까지 이른 것이다.

그런데 1930년 무렵 쌀값은 왜 그렇게 폭락했을까? 여기에는 식민지 조선과 제국 일본의 관계가 작용했다. 일본에서는 그보다 일찍인 1918년 '쌀 폭동'이 일어나 그 여파로 1920년대 초반에 불황을 경험한 바 있다. 이를 계기로 일본은 식량과 원료 부족을 타개하는 수단으로 식민지 조선을 쌀 공급지로 개발하려 했다. 이를 본격적으로 시행한 것이 1920년부터 3차에 걸쳐 추진된 '산미증식계획'이었다. 제1차는 1921년부터 5개년, 제2차는 1926년부터 10개년의 계획이었다. 산미증식계획이 시행되자 식민지 조선의 쌀 생산량은 꾸준히 증가했으며 1930년에 이르자 공급이 수요를 훨씬 넘어서는 상황이 발생했다. 이 때문에 1930년쯤 쌀값이 폭락하고 다른 물가도 떨어지게 되었다.

따라서 설렁탕의 가격 역시 1930년을 전후로 오르내림을 거듭했다. 그럼에도 불구하고 설렁탕의 가격은 냉면, 장국밥, 떡국, 대구탕반, 비빔밥 등 다른 조선음식들보다 저렴했다. 이들 음식의 가격도 등락을 보였지만, 설렁탕보다 5전 정도 비쌌다는 사실은 변함없었다.

설렁탕이 식민지 시대 사람들이 가장 즐겨 찾는 외식 메뉴가 된 데에는 맛도 중요했지만 저렴한 가격이 크게 작용했다. 식민지 시대에는 이미 우금령이 해제되어 소를 먹느냐 못 먹느냐 하는 것은 문제가 아니었다. 오히려 그것을 먹는 데 얼마가 필요한가의 문제, 곧 가격이 중요했다. 물론《금의 정열》의 상문과 같이 20원을 내고 반도호텔에서 묵는 사람에게는 예외였겠지만 말이다.

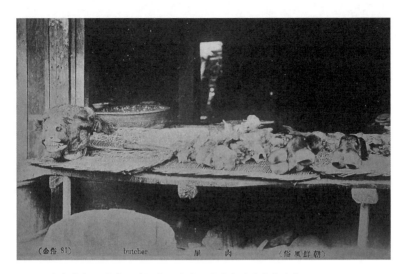

（金俗 81）　　　　butcher　　　　屋　　肉　　　　（俗風鮮朝）

○ 푸줏간의 외관. 소머리를 비롯해 소의 각종 부위가 전시되어 있다.

　식민지 시대 사람들에게 설렁탕은 아침을 비롯해 한 끼를 해결하는 데 가장 부담 없는 음식이었다. 하지만 설렁탕집의 외관은 손님들의 마음에 썩 들지 않았던 것 같은데, 그건 이문식당도 마찬가지였다. 아쉽게도 당시 이문식당의 외관을 보여주는 이미지는 찾기 힘들다. 그런데 1929년 9월 〈별건곤〉에 실린 〈경성명물집〉이라는 글에서는 설렁탕집 입구를 "털이 그대로 있는 삶은 소머리가 설렁탕의 광고를 하는 듯이 채반 우에 놓여 있다"고 묘사하고 있다. 위의 이미지는 설렁탕집은 아니고 식민지 시대 푸줏간을 찍은 사진인데, 소머리와 함께 소의 여러 부위들이 아무렇게나 놓여 있다. 〈별건곤〉에 실린 글을 참고하면 설렁탕집 입구 역시 푸줏간의 모습과 썩 다르지 않았을 것으로 보인다.

　설렁탕집의 입구는 1909년 발행된《조선만화朝鮮漫畫》의 〈가게 입구의 소머리뼈 店頭の牛頭骨)에 그려져 있다. 《조선만화》는 조선의 풍물과 사람들을 50개의 제재에 따라 소개한 책인데, 식민지를 호기심 가득한 눈으로 바라보는 '식민자植民者'의 시선이 드러나 있다. 《조선만화》에 실린 설렁탕집 입구 역시 앞선 〈경성명물집〉의 묘사와 크게 다르지 않다. 아래의 이미지 중 왼쪽은 〈가게 입구의 소머리뼈〉의 삽화인데, 앞쪽에 큰 솥이 보이고 그 뒤 커다란 선반 위에는 피가 흐르는 소머리, 뼈만 남은 소머리, 소뼈 등이 놓여 있다. 오른쪽 이미지는 〈우도牛刀〉라는 글에 실린 삽화이다. '우도'는 소고기를 써는 데 사용하는 칼이라는 뜻으로 〈가게 입구의 소머리뼈〉에 나타난 칼과 같은 모습을 하고 있다. 두 칼 모두 음식을 자르기에 적합하지 않은 모양이라는 것이 눈에 띄는데, 앞서 언급한 식민자의 시선을 엿볼 수 있는 부분이다.

◦ 《조선만화》에 실린 삽화들. 왼쪽은 〈가게 입구의 소머리뼈〉의 삽화이고 오른쪽은 〈우도〉의 삽화다.

《금의 정열》을 조금 더 살펴보자. 이 소설은 제목처럼 1930년대 조선에 일었던 금광 열풍을 다루고 있다. 소설에서 금광업을 하는 상문의 반대편에는 방물장수 무리가 자리하는데, 원래 방물장수는 장식품, 화장품, 바느질 도구, 패물 등 주로 여자들이 많이 쓰는 물건을 팔러 다니는 행상을 뜻했다. 그런데 《금의 정열》의 방물장수들은 여염집 여자들에게 금을 사서 중간책에게 내다 파는 일을 했다. 그러면 중간책은 사들인 금을 접주에게 되판다. 소설에는 방물장수, 중간책 등을 거치는 금값이 한 돈에 14원 50전에서 20원 정도였다고 나와 있다.

식민지 시대 금값과 관련해 두 가지의 흥미로운 사실이 있다. 하나는 금값이 평균적인 물가와는 달리 식민지 시대에 걸쳐 서너 배 정도 인상되었다는 것이고, 다른 하나는 그 결과였겠지만 1930년대 말 금값이 다른 품목들에 비해 세 배가 넘도록 비싸졌다는 것이다.

《금의 정열》에서 상문이 금광업에 몰두하거나 방물장수 무리들이 금을 사고파는 데 매달렸던 이유는 여기에 있을 것이다. 실제 1930년대에 접어들면 금광 열풍은 더욱 극심해져, 여기저기 아무 땅이나 일단 파고 보는 정도였다고 한다. 이런 이유 때문에 식민지 시대 물가 수준이나 변화를 따지는 데 금은 효율적인 대상이 되지 못한다.

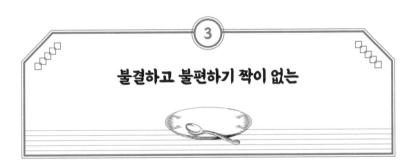

불결하고 불편하기 짝이 없는

좁은 식탁에
낮은 의자

이문식당으로 독자들을 안내할 두 번째 소설은 홍성유의 《인생극장》
이다. 《인생극장》이라고 하면 고개를 갸웃거리겠지만 《장군의 아들》
하면 '아하!' 할 수도 있겠다. 《인생극장》은 1984년 5월부터 1988년
12월까지 〈조선일보〉에 연재된 소설로, 폭발적인 인기를 얻자 이후
《장군의 아들》로 제목을 바꿨다.

　《인생극장》은 실존인물인 김두한을 모델로 한 소설이다. 《장군의
아들》이 영화로 만들어지고 《야인시대》라는 드라마도 방영되어 김두
한은 모르는 사람이 없을 정도의 유명인사가 되었다. 하지만 대부분

○ 《대경성도시대관》에
실린 우미관의 외관.
서울역사박물관.

의 신화가 그렇듯이, 그의 신화가 만들어지는 과정에도 과장과 미화
가 적지 않게 섞여 있다.

　《인생극장》의 큰 줄기는 한낱 깡패에 불과하던 김두한이 어떻게
조선인의 고난과 저항을 대변하는 존재로 성장하는가에 맞춰져 있다.
소설에는 이문식당이 자주 등장하는데, 1930년대 김두한 무리의 주
된 활동 무대가 이문식당에서 멀지 않은 우미관이었기 때문이다. 위
의 이미지는 1912년 12월 문을 연 우미관의 사진이다. 당시 주소는
종로 관철정 87번지로, 중앙 기독교청년회관 맞은편이었다. 지금 그
곳에 가면 '우미관 터'라는 표석을 찾을 수 있다. 우미관은 단성사, 조
선극장과 더불어 식민지 시대 경성의 3대 극장으로 일컬어지는데, 오
히려 단성사나 조선극장보다 먼저 관객들의 인기를 얻었다. 하지만
우리가 중요하게 살펴볼 부분은 이곳이 화신백화점 뒤쪽에 자리 잡고
있던 이문식당과 가까웠다는 점이다.

　《인생극장》에 이문식당이 어떻게 그려졌는지 조금 더 들여다보자.

새벽어둠이 채 벗겨지지 않은 이른 아침, 김두한을 비롯한 김동회 등 대여섯의 거한들이 새벽운동을 위해 어슬렁거리는 야수의 무리처럼 떼 지어 삼청공원을 향해 올라갔다.

위의 인용은 김두한의 무리가 새벽마다 삼청공원에서 운동하는 모습을 묘사하고 있다. 좋게 표현하면 싸움꾼, 더 정확히는 깡패들도 꾸준히 신체 단련을 했다는 점이 흥미롭다. 이들은 새벽 운동이 끝나면 곧바로 아침을 먹으러 갔다.

돌아오는 길에 일행은 함께 이문식당에서 설렁탕으로 아침 식사를 들었다. 똑같이 식당에서 나온 이들은 앞서거니 뒤서거니 하며 역시 함께 우미관 골목 앞까지 당도했다.

김두한 무리는 삼청공원에서 운동을 마치면 이문식당에 들러 설렁탕으로 아침을 먹었다고 한다. 새벽 운동을 마치고 설렁탕을 먹었다고 하니 이문식당이 아침 일찍부터 열었음을 알 수 있는데, 아침을 사먹을 경우 설렁탕집에서 해결하는 것이 일반적이었던 듯하다. 안석영의 《춘풍》에서도 새벽에 배가 출출하자 인사동에 가서 설렁탕을 사먹었다는 대목이 등장하고, 이경손의 영화소설 《백의인》에도 아침을 설렁탕으로 때우는데 건더기를 다 먹고 나중에는 말국만 남았다는 언급이 있다.

1923년 10월 〈동아일보〉에 실린 "시내음식점이 조합 조직"이라는 기사를 보면 당시 조선음식점을 대표했던 것들로는 설렁탕집과 함께 냉면집, 선술집 등이 있었다. 그런데 냉면을 아침으로 먹기는 어려웠을 테니, 선술집과 더불어 설렁탕집이 주로 아침을 해결하는 장소였을 것이다. 실제 당시에는 새벽뿐만 아니라 문을 닫지 않고 계속해서 영업하는 설렁탕집도 드물지 않았다. 염상섭의 《삼대》, 강경애의 《인간문제》 등을 보면 설렁탕집만큼은 아니었지만 선술집을 찾는 손님들도 많았는데, 물론 아침부터 술을 마신 건 아니고 국밥으로 요기를 하기 위해서였다.

설렁탕은 아침뿐만 아니라 언제라도 부담 없이 한 끼를 해결할 수 있는 음식이었다. 9장에서 살펴볼 박태원의 소설 〈소설가 구보 씨의 일일〉에서 구보 씨는 이상과 만나 무엇을 먹을지 상의도 없이 '대창옥'으로 향한다. 대창옥 역시 당시 경성의 이름난 설렁탕집이었다. 본점은 공평정에 있었고, 서린정, 관훈정, 안국정에도 지점이 있었다. 자리를 잡자 두 사람이 거침없이 '두 그릇만 달라'고 주문하는 것으로 보아 이름난 설렁탕집인데도 메뉴가 단출했음을 추정할 수 있다. 소설에서 구보 씨는 더운 여름날에 설렁탕을 먹느라 손수건을 꺼내 땀을 닦으면서도 연신 설렁탕을 떠먹는데, 이를 통해 설렁탕이 여름, 겨울 등 계절에 상관없이 즐겨 찾는 음식이었다는 사실도 알 수 있다.

《인생극장》에는 김두한 무리가 이문식당에서 설렁탕을 먹고 나면 역시 그들의 활동 무대인 우미관 골목으로 향했다고 되어 있다. 다음의 이미지 중 위쪽은 《인생극장》에 실린 삽화로 김두한 무리가 이문식당에서 설렁탕을 먹는 모습이다. 길게 놓인 식탁과 의자가 눈에 띈다. 아래쪽 이미지는 1926년 2월 〈동아일보〉에 연재된 소설 〈천안기〉에 실린 설렁탕집의 모습이다. 앞에서도 이야기했지만 설렁탕집을 다룬 이미지가 거의 없다는 사실을 고려하면 귀한 자료들이라고 할 수 있다. 그런데 두 이미지에 묘사된 설렁탕집의 모습은 같은 듯 다르다.

○ 이문식당에서 설렁탕을 먹는 김두한 무리.
《인생극장》삽화.〈조선일보〉1988. 3. 24.

우선 설렁탕집에 길게 놓인 식탁이 있었다는 점은 동일하다. 길게 이어진 식탁을 사용한 것은 많은 손님을 한꺼번에 받기 위한 전략이었을 것이다. 그런데 두 삽화의 손님들은 옷차림에서 차이를 보인다.《인생극장》의 김두한 무리는 티셔츠에 바지 차림인데, 〈천안기〉의 두 남자는 한복 저고리를 입고 있다. 물론 김두한 무리는 운동을 하

○ 〈천안기〉에 실린 설렁탕집의 모습.
〈동아일보〉1926. 2. 28.

고 난 후라는 점을 고려해야겠지만, 당시 설렁탕집을 찾았던 손님들의 모습은 〈천안기〉 쪽에 더 가깝다. 당시의 일반적인 옷차림에 대해서는 앞 장에서 화신백화점 식당의 손님들을 보면서도 확인했다.

〈천안기〉의 삽화를 조금 더 들여다보면 식탁 위에 설렁탕 그릇 외

에 다른 그릇들도 보인다. 큰 그릇 두 개와 작은 그릇 두 개가 있는데, 큰 그릇에는 김치와 파가 담겨 있는 듯 보인다. 작은 그릇 두 개에는 고춧가루와 후춧가루가 있었을 것이다.

두 삽화가 그리고 있는 식탁의 모습도 조금 다르다. 물론 길게 이어진 형태인 것은 동일하지만 식탁의 폭이 다른데, 실제 식민지 시대 설렁탕집의 식탁은 폭이 좁았다. 〈천안기〉에서는 '나'가 웃다가 튄 밥풀이 앞에 앉은 막벌이꾼의 그릇에 들어갈 정도였다. 이는 긴 식탁을 두었던 것과 같은 이유인데, 협소한 공간에 손님을 한 명이라도 더 많이 받기 위해서였던 듯하다.

설렁탕집에서는 모르는 사람과 합석하는 경우도 드물지 않았다. 〈천안기〉에서 같이 앉아서 설렁탕을 먹던 '나'와 막벌이꾼도 모르는 사이였다. 이문식당은 대창옥과 함께 경성 사람들이 많이 찾는 설렁탕집이었으니 여러 개의 식탁이 있었겠지만, 좁은 식탁에서 모르는 사람과 마주앉아 식사를 하는 것은 마찬가지였을 것이다.

의자도 《인생극장》 삽화에 보이는 의자와는 차이가 있었다. 식민지 시대에 발표된 글들을 보면, 설렁탕집의 의자 역시 길게 이어져 있었다고 한다. 그런데 의자의 높이가 목침 높이밖에 안 돼 거의 쪼그리고 앉아서 먹는 것과 다르지 않았다고도 한다. 의자가 작고 낮았던 것역시 불편하건 말건 더 많은 손님을 받기 위한 전략으로 보이는데, 이때문에 설렁탕집에 가기를 꺼리는 손님이 있을 정도였다.

파리가 날리는
쓰레기통 같은 내부

그런데 《인생극장》의 김두한 무리가 이문식당에서만 아침 요기를 한 것은 아니었다.

약수터에서 내려오면 으레 화신백화점 뒤의 이문식당이나 청진동 골목의 해장국집에서 아침을 들었다. 지금도 화신백화점 뒤에는 대를 물린 이문설렁탕 집이 남아 있고, 청진동 골목에도 여러 해장국집이 있어 아예 청진동 해장국골목이라 부르고 있다.

이문식당 외에 청진동 골목에 있는 해장국집에서 아침을 먹는 경우도 있었다고 하는데 이는 '청진옥'을 가리키는 것으로 보인다. 청진옥도 1930년대 중반쯤 문을 열었으니 김두한의 무리가 즐겨 들르는 집 가운데 하나였을 것이다.

그런데 음식 맛과는 별개로 설렁탕집 내부는 대부분 불결했는데, 그것은 이문식당도 마찬가지였다. 《금의 정열》에서도 이문식당의 설렁탕 맛에 대해서는 칭찬을 아끼지 않지만 그 내부에 대해서는 긍정적이지 않다.

철저하게 지저분한 시멘트 바닥, 행주질이라고는 천신도 못 해본 상 바닥, 질질 넘치는 타구 등등 족히 대규모의 쓰레기통으로서 손색이 없다.

○ 김두한 무리가 자주 찾던
해장국집 청진옥의 외관.

바닥, 상, 타구 등이 얼마나 더러웠는지 큰 쓰레기통 같다고 표현한다. 여기서 타구는 침 뱉는 그릇을 뜻하는데, 지금은 낯설지만 식민지 시대에는 가정은 물론 식당에도 갖춰져 있었다. 9시 넘어 식당에 들어섰는데도 여전히 자고 있는 종업원들의 모습은 다음과 같이 그려져 있다.

수천 마리의 영양 조흔 파리가 주인을 대신하여 손을 영접하고, 주위로 방문을 열어저친 방방에서는 삼 년 묵은 때국이 시꺼머케 결은 채, 누더기가 네 활기를 뻐치고 코들을 곤다.

상문은 더부살이가 청소하느라 먼지를 일으키고, 아이놈의 손톱 땟국과 눈곱이 설렁탕에 들어가고, 파리가 꾀는 설렁탕집의 모습에 눈살을 찌푸린다. 그러고는 불결한 폐단만 없애면 설렁탕에 제주도 하나를 줘도 아깝지 않으며 국보로 지정될 수도 있겠다며 너스레를

떤다. 〈천안기〉에서도 설렁탕집 종업원을 '때 묻은 설렁탕집 머슴놈'
으로 표현하는데, 이 역시 앞서 말한 설렁탕집의 불결한 위생 상태와
관련될 것이다.

〈매일신보〉나 〈동아일보〉에도 종로통을 사이에 두고 골목 좌우에
즐비한 설렁탕집의 더러움에 대한 사람들의 불만이 여러 번 실렸다. 먹
고 난 뚝배기나 수저를 제대로 씻지 않으며, 먹다 남은 김치를 다시 김
칫독에 넣는 등 비위생적이라는 불평이 번번이 제기된다는 것이다.

아래의 이미지는 신문에 실린 이문설렁탕의 광고다. 설렁탕 전문
이라 적혀 있는데, 종로 화신백화점 뒤라고 소개한 것도 눈길을 끈다.
5장에서 화신백화점이 식당을 홍보할 때, 정갈한 자리와 그릇에 먹음
직스러운 조선음식을 제공하는 곳은 화신백화점밖에 없다는 점을 내
세웠다고 했다. 화신백화점이 이를 강조한 이유에는, 당시 가족들이
함께 식사할 만한 조선음식점이 없었다는 점도 있었지만, 한편으로는
종로통에 즐비했던 조선음식점들이 대체로 더럽고 불결했다는 이유
도 있었다. 앞서 확인한 이문식당의 불결한 내부는 화신백화점의 자
랑을 돋보이게 만들어줬다. 하지만 화신백화점에 쇼핑을 하러 왔다가
도 더러움이나 불편함을 감수하면서까지 백화점 식당이 아니라 이문

○ 이문설렁탕 광고.
　〈국제신문〉
　1948. 10 .21.

식당을 찾았던 설렁탕 마니아들도 적지 않았다.

이문식당이 문을 연 것은 언제였을까? 이문식당은 1900년대 초에 '이문옥'이라는 이름을 달고 장사를 시작했다. 1절에서 살펴본 〈경향신문〉의 기사는 개점 시기를 1902년이라고 정확히 얘기하고 있지만, 그 근거가 밝혀져 있지는 않다. '이문'이라는 이름은 '이문里門'이 있던 곳 근처라서 그렇게 붙였는데, 이문은 요즘의 방범초소 정도로 생각하면 된다. 지금도 탑골공원 입구에서 중앙 기독교청년회관 쪽으로 조금 걸어가면 '이문 터'라는 표석을 찾을 수 있다.

《금의 정열》의 상문이나 《인생극장》의 김두한 무리가 이 식당을 찾았을 때는 이문식당이라는 이름을 사용할 때였다. 그래도 여전히 이문옥이라고 부르는 사람들도 많았다. 위치는 종로 인사정 268번지였는데, 화신백화점 뒤쪽 골목의 끝에 있었다. 화신백화점과 마찬가지로 이문식당에 가려면 전차를 타고 종로 정거장에서 내리면 됐다.

1932년 2월 〈매일신보〉에 실린 기사에는 이문식당이 등장한다. 이문식당에서 설날을 맞아 떡국도 못 먹는 사람들에게 나누어주라며 떡국 62인분을 경성직업소개소에 보냈다는 내용이다. 당시 사장은 홍종환이었는데, 그해뿐만 아니라 매년 하는 일이라고도 적혀 있다.

또 다른 기사를 보면 이문식당에서 설렁탕뿐만 아니라 냉면도 팔았다는 것을 알 수 있다. 1930년대 중반부터 말까지 당시 신문에는 냉면과 관련된 이문식당의 기사가 여럿 실리는데, 대부분 냉면에 탄산소다를 넣었다든지 냉면을 먹고 식중독을 일으켰다든지 하는 부정적인 내용을 다루고 있다.

〈소설가 구보 씨의 일일〉에서 대창옥이긴 하지만 구보 씨와 이상이 설렁탕집을 찾았던 것도 여름이었다. 구보 씨는 더운 여름에 설렁탕을 먹느라고 손수건을 꺼내 땀을 닦으면서도 연신 설렁탕을 떠 넣었다고 했다. 이처럼 여름에도 이문식당, 대창옥 등에서는 여전히 설렁탕을 팔았지만 날씨가 더워지면 뜨거운 설렁탕을 찾는 손님이 확연히 줄어들었다. 그래서 설렁탕과 함께 역시 사람들이 즐겨 찾는 외식 메뉴였던 냉면을 팔았던 것 같다.

○ 설렁탕집 대창옥의 광고.
〈국민신보〉 1939. 9 .10.

설렁탕은 배달을 시켜 먹는 경우도 많았다. 배달이 가능했던 것 역시 사람들이 설렁탕을 즐겨 찾는 이유 가운데 하나였다. 이광수의 〈천안기〉에는 신문사 직원들이 설렁탕을 배달시켜 먹는 장면이 등장한다. 설렁탕집 아이가 식판을 어깨에 메고 들어왔다고 묘사되는데, 이를 보면 배달에

○ 만화 〈멍텅구리〉에 등장하는
　설렁탕집 배달부.
　〈조선일보〉 1925. 8. 19.

식판이 사용되었음을 알 수 있다.

　앞의 이미지는 〈조선일보〉에 연재되었던 만화 〈멍텅구리〉의 한 컷인데, 만화에서 멍텅구리도 식판을 어깨에 메고 자전거를 타고 배달을 한다.

　〈천안기〉에서 '설렁탕집 아이'로 표현하고 있듯이 설렁탕집 배달부는 대개 20살이 되지 않은 청년들이었다. 신문 기사를 참고하면 배달 과정에서 다른 집 배달부와 시비가 붙는 등 싸움이 빈번했다고 한다. 심지어 싸움이 마무리되지 않아 설렁탕집 영업이 끝나고 나서 배달부들끼리 싸움을 벌이는 일까지 있었다는 것이다. 설렁탕집 배달부들도 깁두한 무리를 보면서 싸움꾼의 로망을 키웠을지도 모르겠다.

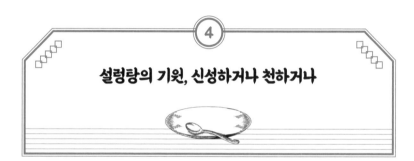

설렁탕의 기원, 신성하거나 천하거나

설렁탕에 관한 논의가 맛이나 식당보다는 그 기원을 밝히는 데 집중되어 있음을 앞서 간략히 언급했다. 설렁탕의 기원에 대한 설득력 있는 주장은 크게 두 가지다. 먼저 가장 유력한 주장은, 설렁탕이 조선시대에 제사를 지내고 밭을 가는 의례를 행했던 공간 '선농단'에서 유래된 음식이라는 것이다. 의례에 쓰인 소를 넣고 끓인 국을 '선농탕'이라고 했는데 이후 그 이름이 설렁탕으로 바뀌었다고 한다.

이러한 주장이 처음 언급된 것은 1940년 홍선표가 발행한 《조선요리학》에서였다. 《조선요리학》은 사람들이 설렁탕을 처음 먹어본 상황을 묘사하고 있는데, 이를 정리하면 아래와 같다.

일을 다 마치지 못한 저녁 때 바람이 불고 비가 와서 교통이 모두 끊어져 신하들이 배가 고파 못 견딜 지경에 이르렀다. 이때 왕이 직접 자비한 마음으로 그들의 먹을 것을 생각하다가 밭을 갈던 소를 잡아 물을 붓고 끓이라고 한 후 근처에서 소금을 구해 고기 끓인 국물에 넣어 왕도 먹고 신하들도 먹게 되었다.

임금이 선농단에서 의례를 행한 후 궂은 날씨에 교통이 끊어지자 밭을 갈던 소를 끓여 음식으로 만들었다는 것이다. 대개는 백성들을 먹였다고 전해지는데,《조선요리학》에는 임금과 신하들이 먹었다고 되어 있다. 여러 상황을 고려하면 백성들을 먹였다는 언급은 이후 임금의 애민 사상을 강조하기 위해 덧붙여졌을 가능성이 크다.

다른 하나는 설렁탕이 몽골의 '슈루' 혹은 '슐루'라는 음식에서 유래되었다는 주장이다. 슈루, 슐루는 둘 다 고기를 물에 넣고 끓여서 만드는 몽골음식이다. 13세기 고려 시대에 원나라와 교류하면서 슈루, 슐루가 유입되었고, 그때 그 이름도 같이 전해졌다는 것이다. 몽골음식을 기원으로 한다는 주장은《방언집석》,《몽어유해》등에 수록된 서술을 근거로 내세웠다.

설렁탕의 기원에 대한 두 가지 주장은 모두 설렁탕이 고기를 넣고 끓인 음식에서 유래되었다고 본다. 또 이 주장들은 '선농'이나 '슈루', '슐루' 등이 설렁탕이라는 이름과 유사하다는 점에서 설득력을 가진다. 그런데 가만히 생각해 보면 무언가 석연치 않은 점이 보인다.

먼저 설렁탕이 선농단에서 행한 의례에서 유래되었다는 주장부터 얘기해 보자. 경칩 전후 농사의 신에게 제사를 지낸 것을 보면 이는 한 해 농사의 안녕을 비는 의례였을 것이다. 그런데 농사의 안녕을 비는 제사를 지내고 밭을 가는 의례를 한 후 소를 잡아먹었다는 것은 앞뒤가 맞지 않는다. 앞서 얘기했지만 조선 시대까지 소는 음식이 아니라 농사를 짓는 데 반드시 필요한 일꾼이었다. 심지어 자기 가족같이 여기는 집 역시 적지 않았다. 농사가 잘되기를 비는 의례를 행한 후 소를 먹었다는 발상이 소가 음식으로 자리 잡은 후에야 가능하다는 점에서 이는 근대 이후에 만들어진 주장일 가능성이 높다.

다음은 설렁탕이 고려 시대에 고기를 넣고 끓인 몽골음식인 슈루, 슐루에서 유래되었다는 주장이다. 고려 시대에 음식과 함께 이름이 전해졌다면, 당연히 13세기 이후 서적에서 슈루, 슐루 혹은 설렁이라는 이름이 나와야 한다. 그런데 서적이나 글을 아무리 찾아봐도 그런 이름은 나오지 않는다.

1929년 12월 〈별건곤〉에 실린 기사도 이 주장의 설득력을 떨어뜨린다. 기사는 조선 팔도의 유명 음식을 다루고 있는데, 소개된 음식은 평양의 냉면, 대구의 탕반, 진천의 메밀묵, 전주의 탁배기국, 연백의 인절미 등이었다. 그 기사에서 경성을 대표하는 음식으로 소개된 것이 설렁탕이었다. 고려 시대에 전해진 음식이 1920~1930년대까지 고려의 수도 개성이 아니라 경성을 대표하는 음식이었다는 것도 앞뒤가 맞지 않는다.

다음의 이미지는 〈서울의 우욕탕〉이라는 만평에 김웅초가 그린 삽화이다. 시골에서 온 사람이 설렁탕이라는 상호를 보고 목욕탕으로 착각해 들어가는 내용인데, 이 역시 설렁탕이 시골 사람에게는 생소한 음식이었음을 말하고 있다.

사실 설렁탕이 선농단에서 의례를 하고 임금이 하사한 음식, 또는

○ 김웅초가 그린 〈서울의 우욕탕〉 삽화. 〈조선일보〉 1934. 5. 14.

슈루, 슐루라는 몽골음식에서 유래된 음식이라는 주장에는 정확한 근거가 없다. 1920~1930년대 신문, 잡지에 실린 기사만 봐도 이 주장이 터무니없음을 알 수 있다. 그때까지도 설렁탕은 '소 한 필을 그 자리에서 잡아 함부로 솥에다 넣고 맹물만 붓고 끓인 음식'이라고 묘사되는 등 제대로 갖춰지지 못한 음식으로 취급받았다.

1929년 9월 〈별건곤〉에 실린 기사에도 설렁탕집을 지나다가 입구에 털이 그대로 있는 삶은 소머리가 놓여 있는 것을 보면 저런 더러운 음식을 누가 먹나 하고 얼굴을 돌린다는 언급이 있다. 그러다가 기원에 대한 두 가지 주장, 특히 설렁탕이 선농단에서 임금이 하사한 음식에서 유래되었다는 주장이 조금씩 설득력을 얻으면서 설렁탕에 대한 부정적인 평가는 사라져 갔다.

이처럼 기원에 관한 논의가 많은 것에 비해, 식민지 시대 설렁탕집의 모습을 보여주는 이미지 자료는 찾기 힘들다. 웬만큼 유명한 음식점은 다 소개하고 있는 《대경성도시대관》에서도 이문식당이나 대창옥 등 설렁탕집의 모습은 찾을 수 없다. 이 역시 식민지 시대까지 설렁탕이 제대로 된 음식으로 대접받지 못했음을 방증한다.

오히려 있는 그대로의 설렁탕을 인정하는 것은 어떨까? 앞서 식민지 시대에 설렁탕이 가장 인기 있는 외식 메뉴였다는 것을 살펴보았다. 소를 재료로 한 음식이라서 고기의 구수한 냄새와 맛을 느낄 수 있는 데다가 몸에도 좋다는 것이 그 이유였다. 게다가 배가 부를 정도로 많은 양인데도 13전에서 15전 정도로 값이 저렴했다는 것도 크게 작용을 했다.

이문식당을 비롯한 설렁탕집이 좁고 불편했던 것도 사실이었다. 또 그릇이나 수저를 깨끗이 닦지 않고 먹던 김치를 다시 내놓는 경우도 비일비재했다. 설렁탕집의 인기와 얼핏 모순되는 것처럼 보이는 불결한 식당의 모습은 실은 그 인기와 긴밀한 관련이 있다.

고기를 재료로 한 푸짐한 설렁탕을 싼 가격에 팔 수 있었던 이유는 그때까지 식용으로 쓰이지 않아 저렴했던 소뼈를 재료로 했기 때문이었다. 또 값이 싼 데는 재료를 한꺼번에 넣고 끓이면서 소뼈와 물을 보충하는 일 외에 손이 가지 않는 조리 방식도 크게 작용했다.

설렁탕을 저렴한 가격에 팔 수 있었던 또 다른 이유는 손님들이 앉기에 불편할 정도로 좁고, 청소도 제대로 되지 않는 열악한 환경에서 음식을 조리하고 판매했기 때문이었다. 화신백화점 근처에 있긴 했지만 이문식당 역시 골목에 위치한 좁고 불편한 식당이었다. 잡지 〈별건곤〉은 설렁탕집에서는 가난한 집에서도 쓰지 않는 오지뚝배기를 사용하며 간도 소금으로 한다는 사실을 강조하고 있다.

그런데 그런 재료와 조리 방식이었기 때문에, 또 구차하고 좁은 공간에서 판매했기 때문에, 궁핍한 하층민들이 13전에서 15전 정도의 싼값에 푸짐하게 먹을 수 있는 음식이 탄생할 수 있었다. 설사 선농단에서 임금이 하사하지 않았더라도, 또 고려 시대에 몽골에서 전해지지 않았더라도, 이미 설렁탕은 충분한 가치와 의미를 지닌 음식이 아닐까?

식민지 시대만큼은 아니지만 지금도 이문설렁탕을 찾는 손님들은 적지 않다. 설렁탕 역시 여전히 남녀노소가 즐겨 찾는 메뉴 가운데 하나이다. 오랫동안 끓이는 것이 번거로워 예전만큼 집에서 많이 끓여 먹지는 않지만 외식 메뉴로서 설렁탕은 지금도 인기가 있다. 특히 추

○ "음식 그릇이 작아졌다",
〈조선일보〉 1976. 9. 23.

운 겨울 따뜻한 음식이 먹고 싶을 때 가장 먼저 떠오르는 음식 중 하나일 것이다.

앞의 이미지는 1976년 9월 〈조선일보〉에 설렁탕에 관한 기사와 함께 실린 사진이다. 기사는 물가 당국에서 설렁탕값 인상을 허용하지 않자 식당에서 그릇을 줄이는 방식으로 대응했다고 보도하고 있다. 기사는 이전에 비해 그릇 크기가 1/4이나 줄었다며 '얄팍한 상혼'이라며 비판한다. 기사와 사진은 1970년대에도 설렁탕이 여전히 대표적인 외식 메뉴였다는 것을 말해준다.

설렁탕의 인기는 라면으로 만들어진 데서도 나타난다. 설렁탕을 응용한 라면이 처음 시판된 것은 1986년 한국야쿠르트에서 만든 '팔도설렁탕면'이었다. 팔도설렁탕면이 인기를 얻자 농심에서도 1988년 '사리곰탕면'을 판매하기 시작했다. 지금도 두 회사에서는 '팔도진국설렁탕면', '사리곰탕면'이라는 이름으로 판매를 이어가고 있다. 이를 보면 설렁탕은 여전히 사람들을 매료하는 음식인 듯하다.

설렁탕의 두 얼굴

◠◠◠◠

설렁탕과 관련된 두 개의 글을 소개하겠다. 하나는 《조선요리학》에 실린 글이고, 다른 하나는 잡지 〈별건곤〉에 실린 〈경성명물집〉이라는 글이다. 《조선요리학》은 1940년 홍선표가 발행했으며, 저자가 여러 음식의 유래, 일화, 풍습 등을 듣고 본 대로 혹은 먹어본 대로, 순서 없이 기록하였다는 책이다. 설렁탕이 임금이 선농단에서 행한 의례 이후 먹게 된 음식이라고 처음 주장한 책이기도 하다.

〈경성명물집〉 또한 설렁탕에 관한 몇 가지 흥미로운 정보를 제시하고 있다. 경성의 명물 가운데 하나로 설렁탕을 소개하고 있는데, 그 소개가 모두 긍정적이진 않다는 데 유의할 필요가 있다. 이는 당시까지도 설렁탕이 거친 음식으로 받아들여졌음을 말해준다.

〈선농단〉, 홍선표, 《조선요리학》, 1940년.

춘기 농경 시에는 세종대왕께서 신하들을 더부르시고 동대문 외 선농단에 나가서서 친히 땅을 파서 씨를 뿌려 가시며 농사를 지으신 일이 계시게 되었는데 이것은 세종께서 아무조록 백성에게 농사를 장려시키시는 뜻으로 몸소 농사를 지으시는 것이라. (…) 어떤 때에는 일을 다 마치시지 못하신 저녁때에 바람이 불고 비가 몹시 와서 교통이 모다 끊어지고 촌보를 옴기지 못할 형편에 더욱이 신하들이 배가 곯아 시장하여 못 견델 지경에 이르렀든 것이

라. 이때 왕께서는 자비하신 마음으로 그

들의 먹을 것을 생각하시다가 생각다 못하여 밭을

갈던 소를 잡아 맹물을 붓고 끌리라고 하신 후에 그 근

처에서 소금만 구하여 고기 끌인 국물에 소금을 타서 왕께서

도 잡수시고 신하들도 다 먹게 되었다.

〈경성명물집〉, 〈별건곤〉 23호, 1929년 9월.

시골 사람이 처음으로 서울에 와서 설렁탕집을 지나가다가 털이 그대로

있는 살믄 소머리가 설렁탕의 광고를 하는 듯이 채반 우에 노혀 잇고 시골

에서는 아무리 가난뱅이의 집에서라도 잘 받아먹지도 안는 오지뚝배기의

설렁탕 그릇이 노혀 잇는 것을 보며 확 끼치는 누린내를 마트면 소위 일국의

수도라는 서울에도 저런 더러운 음식이 잇스며 저것을 그래도 누가 먹나

하고 코를 외로 저을 것이다.

그런데 설렁탕은 값이 싼 것도 싼 것이거니와 (보통 한 그릇에 15전, 고기

는 청구하는 돈대로 더 준다) 맛으로든지 영양으로든지 상당한 가치가

잇는 것이다. 자래로 서울의 폐병쟁이와 중병 알코 난 사람들이 이

것을 먹고 소복하는 것은 물론이고 근래에 소위 신식 혼인을 하

얏다는 하이칼라 청년들도 이 설렁탕이 아니면 조석을 굴

믈 지경이다.

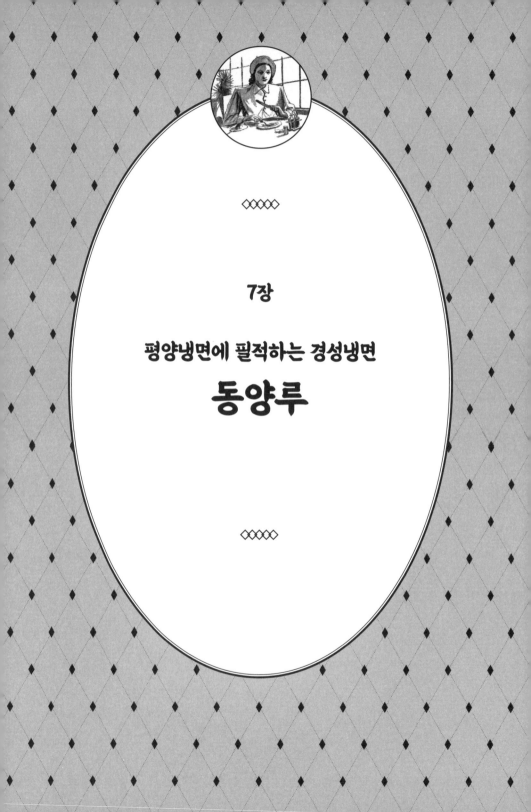

7장

평양냉면에 필적하는 경성냉면

동양루

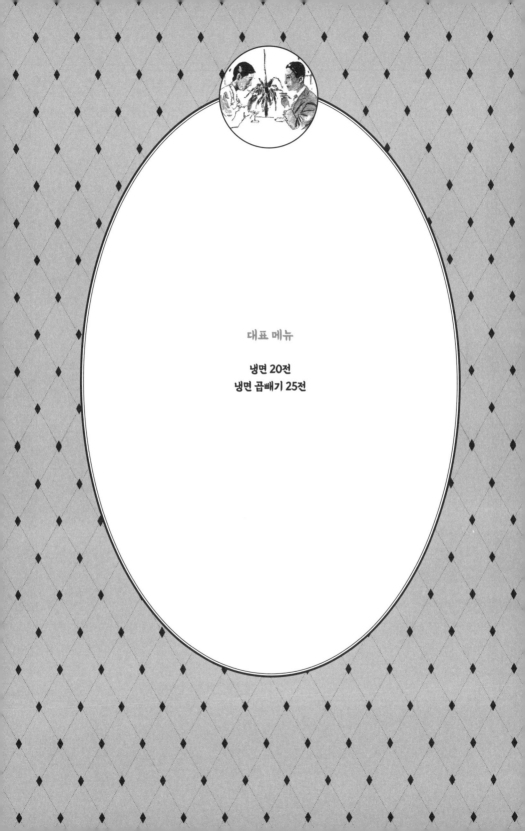

대표 메뉴

냉면 20전
냉면 곱빼기 25전

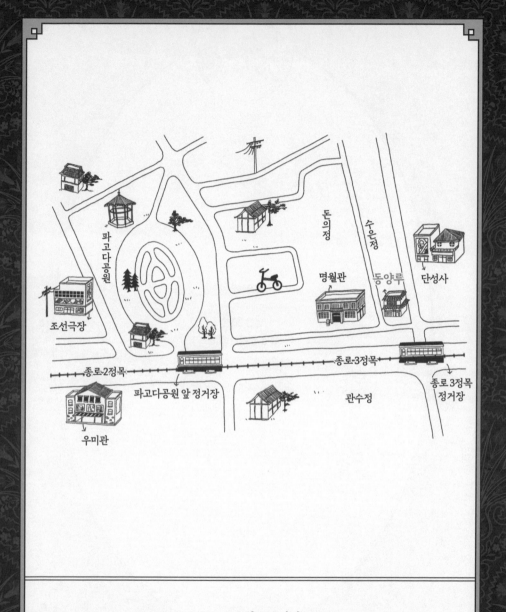

주소 **수은정 206번지**

논쟁 많은 음식, 냉면

냉면만큼 논쟁이 많은 음식도 드물다. 주로 맛을 중심에 둔 논쟁인데, 어느 집 냉면 맛이 진짜라는 식이다. 진짜와 가짜를 가리는 기준은 고명보다는 면에서 비롯되는 식감이나 육수의 맛에 달린 듯하다.

논쟁이 활발한 데는 여러 가지 이유가 있을 것이다. 그런데 그 중심에는 냉면이 논쟁에 걸맞은 음식, 달리 말하면 논쟁할 만한 가치가 있는 음식이라는 생각이 자리하고 있다. 또 그 생각에는 냉면이 오랜 시간을 거쳐 내려온 음식, 곧 한국의 전통음식이라는 믿음 역시 작용하고 있다.

아이러니한 것은 이렇게 논쟁이 많은 음식인데도 식민지 시대 소설 가운데 냉면, 특히 냉면집을 다룬 작품이 거의 없다는 사실이다. 냉면이 평양을 중심으로 한 평안도 음식이라서 그럴 수도 있겠다. 하지만 1920년대가 되면 냉면은 이미 경성에 진출해 자리를 잡는다. 평양 냉면에 필적하는 경성냉면이라는 말이 있었을 정도였다. 조풍연 역시 〈경향신문〉에 실은 글에서 냉면이 경성에 진출한 것은 1920년대였다고 말한다. 처음 냉면집이 문을 열었을 때 냉면 맛에 익숙하지 않은 경성 사람들이 냉면에 설탕을 넣어 먹는 경우도 많았다고 한다. 그러고는 식민지 시대 가장 이름난 냉면집이 관철동의 '부벽루'와 함께 단성사 앞의 '동양루'였다고 언급하는데, 이 장에서 살펴볼 식당이 바로 동양루이다.

이인도 〈조선일보〉에 게재한 글에서 종로 3가에 있던 동양루가 냉면집으로 가장 유명했다고 말한다. 불이 나서 이전한 명월관 근처에 있었는데, 명월관에서 연회가 있으면 으레 동양루에 들러서 냉면으로 입가심을 했다는 것이다. 실제 동양루는 부벽루, '백양루' 등과 함께 경성에서 이름난 냉면집 가운데 하나였다. 식민지 시대 동양루의 주소는 종로구 수은정 206번지로, 앞선 이인의 말처럼 화재로 건물이 소실되어 돈의정에 새롭게 들어선 명월관 근처에 있었다. 명월관에서 연회가 끝나면 들르는 손님도 있었지만 명월관에서 시켜 먹는 경우도 적지 않았다고 한다. 우미관과 함께 조선인이 즐겨 찾던 극장인 단성사 바로 맞은편에 있었으니 그렇게 설명하는 것이 더 쉬울지도 모르겠다. 전차를 타고 종로 3정목 정거장에서 내리면 금방 도착할 수 있었다. 지금으로 따지면 지하철 종로3가역 2번 출구 부근에 위치했다.

7장에서는 경성에서 가장 이름난 냉면집으로 일컬어지던 동양루를 소개하려 한다. 동양루에 들러 식민지 시대 경성의 냉면 맛은 어땠는지, 또 당시의 냉면이 평양냉면이었는지 함흥냉면이었는지도 알아볼 것이다. 그리고 냉면집만의 독특한 배달 방식도 들여다보도록 하자.

　앞서 냉면만큼 논쟁이 많은 음식도 드문데, 거기에는 냉면을 한국의 전통음식이라고 여기는 믿음이 자리하고 있다고 했다. 그런데 믿음과는 달리 냉면이 지금과 같은 맛을 지니게 된 것은 그리 오래되지 않았다. 지금 냉면에 사용되는 면은 메밀을 주재료로 하고 전분을 섞어서 만든다. 육수는 소, 돼지, 닭의 여러 부위를 고아서 만든다. 즉 지금의 냉면은 메밀과 전분을 섞어서 만든 면을 육수에 말아 먹는 음식이라고 볼 수 있다.

　그런데 적어도 19세기 말까지 냉면은 지금 우리가 먹는 냉면과 많이 달랐다. 식민지 시대 경성을 대표하는 냉면집 동양루를 살펴보는 일은 그 차이와 의미를 짚어보는 과정이기도 하다. 냉면의 재료와 맛의 차이는 시기적으로는 냉면이 겨울 음식에서 사철 음식으로 변화하는 과정과, 공간적으로는 평안도를 벗어나는 과정과도 맞물려 있다는 점에서, 이를 확인하는 작업 역시 흥미로울 것이다.

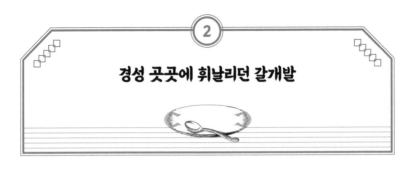

경성 곳곳에 휘날리던 갈개발

조선인들의
또 다른 소울 푸드

이 책에서 다루는 다른 맛집들과 비교하면 냉면집 동양루의 흔적을 쫓는 일은 쉽지 않다. 식민지 시대 소설을 아무리 뒤져봐도 동양루가 등장하는 장면을 찾기 어렵기 때문이다. 그것은 부벽루, 백양루 등 경성에서 유명했다던 다른 냉면집도 마찬가지다. 동양루, 부벽루, 백양루와 같은 상호를 밝히지 않고 그냥 냉면집으로 등장하는 경우가 대부분이다. 그런데 소설에서 여러 냉면집들이 그저 '냉면집'이라고 통칭된다는 사실은 냉면이라는 음식의 특징을 드러내준다는 점에서 중요하다. 이에 대해서는 뒤에서 자세히 살펴보겠다.

따라서 동양루가 어떤 식당이었는지 알기 위해서는 약간의 번거로움을 감내해야 한다. 식민지 시대 소설에 등장한 냉면집과 신문, 잡지 등에 나타난 동양루에 관한 정보를 교차시켜 동양루의 모습을 재현하는 일이 그것이다.

우리를 식민지 시대 냉면집으로 안내할 첫 번째 소설은 유종석의 〈냉면 한 그릇〉으로 1917년 9월 잡지 〈청춘〉에 실린 소설이다. 〈청춘〉은 최남선과 이광수가 주도해 발행한 잡지인데, 이후 나도향, 박종화, 박영희 등의 유명 작가들이 〈청춘〉을 읽으며 작가의 꿈을 키웠다고 밝히기도 했다. 〈청춘〉은 독자들의 호응을 유도하기 위해 현상문예를 시행했다. 현상문예란 이름처럼 상을 걸고 문학 작품을 모집한 제도였는데, 〈청춘〉의 현상문예는 '매호현상문예'와 '특별대현상' 둘로 나뉘어 시행되었다. 10호부터 매호 발표된 매호현상문예의 상금은 50전~5원 정도였고, 특별대현상은 11호에서 한 번 시행되었는데 그 상금은 1~10원 정도였다.

〈냉면 한 그릇〉은 매호현상문예에 당선되어 1917년 9월 〈청춘〉 10호에 실렸다. 1910년대는 물론 1920년대에도 음식을 소설의 제목으로 다는 경우는 드물었는데, 그 독특함이 당선에 영향을 주었는지도 모르겠다. 상금이 50전이라고 부기되어 있는데, 이는 냉면 두 그릇 값이 조금 넘는 적은 금액이었다. 상금이 적었던 것은 〈청춘〉의 현상문예가 독자들을 끌어들이기 위한 이벤트적 성격을 지니고 있었기 때문인 듯하다.

유종석은 유광렬의 필명이다. 유광렬은 젊은 시절 문학에 뜻을 두어 〈신청년〉, 〈녹성〉 등의 동인으로 참여했지만 이후에는 주로 언론인으로 활동했다. 식민지 시대 〈동아일보〉, 〈조선일보〉, 〈시대일보〉 등의 신문 기자로 활동했으며, 특히 〈조선일보〉에서는 사회부장을 맡기도 했다.

〈냉면 한 그릇〉의 중심인물은 김승종으로 그는 경성의 토지조사국에서 일했으나 아버지가 세상을 떠나자 고향으로 돌아가야 했다. 고향에 있는 모친과 어린 동생을 부양해야 했기 때문이다. 그렇게 고향에서 지내다 일을 보기 위해 경성에 올라온 날, 그가 분주한 일과를 보내고 저녁을 먹기 위해 들른 곳이 냉면집이었다.

> 흐리탄 날이 우중충하게 저물어간다. 서대문 안 어느 냉면집 방에는 수삼 인의 손이 냉면 들어오기를 기다리고 안잣다. (…) 한편 구석에 자리를 정하고 안잣노라니 한참 있다 냉면을 가져 왔다.

승종이 냉면집에 들어가자 이미 방에는 냉면을 시키고 기다리는 손님들이 있었고, 구석 자리에 앉아서 기다리자 한참 있다 냉면이 나왔다고 한다. 당시엔 냉면집이 방으로 되어 있었다는 사실도 확인할 수 있다. 또 뒤에서 살펴보겠지만 식민지 시대 냉면집에서는 주문이 들어오면 그때부터 반죽을 해 면을 뽑았는데, 한참 시간이 걸린 것은 그 때문일 것이다.

이리저리 일을 보러 다닌 데다가 시킨 냉면도 빨리 나오지 않아 배가 많이 고팠을 것 같다. 그런데 승종은 냉면을 서너 젓가락 입에 넣다가 먹기를 멈추고 만다. 시집간 누나에게 온 편지가 생각났던 것이다. 편지는 아버지 생전에 보내온 것으로 나이 든 아버지가 맛없는 보리밥을 드시는 것을 보니 마음이 풀리지 않는다는 내용이었다. 생전 아버지의 모습이 떠오른 승종은 냉면을 차마 먹지 못한다.

> 마침내 그 냉면 한 그릇을 설움에 바쳐 먹지 못하고 말았다. 흘러내리는 두 줄 눈물을 누가 볼세라 이리 씻고 저리 씻고 일어서서 냉면 값을 치러주고 나왔다. 냉면집 영감은 영문도 모르고, "왜─ 그만 잡수고 나가십니까?" 한다.

승종은 아버지가 맛없는 보리밥으로 끼니를 때웠다는 누이의 말을 떠올리고 설움이 북받친다. 흘러내리는 눈물을 보이지 않으려 애쓰다가 서둘러 값을 치르고 냉면집에서 빠져나온다. 거친 보리밥을 먹었던 아버지의 모습과 냉면을 먹고 있는 자신을 견주어 보고는 차마 냉면을 다 삼킬 수 없었던 것이다.

〈냉면 한 그릇〉은 〈청춘〉이 시행한 현상문예에 당선된 소설답게 분량이 짧다. 내용도 냉면집에서 돌아가신 아버지를 생각하다 냉면을 다 먹지 못하고 나오는 승종의 이야기가 전부이다. 그럼에도 〈냉면 한 그릇〉은 식민지 시대 냉면이라는 음식, 또 동양루라는 냉면집에 접근하는 데 몇몇 중요한 정보를 제공한다.

식민지 시대 신문 기사를 참고하면 당시 외식 메뉴들 가운데 가장 일반적인 것이 설렁탕, 장국밥, 대구탕과 함께 냉면이었다는 걸 알 수 있는데, 이 가게들은 대개 단층으로 허름하나마 상호를 적은 간판을 붙이고 있었다. 그리고 5장에서 화신백화점 식당을 다루면서 확인했듯이 이 식당들은 종로통을 가운데 두고 좌우 골목 안에 늘어서 있었

○ 냉면집 앞에 걸려 있던 갈개발.
〈동아일보〉 1921. 4. 26.

○ 아지노모토 광고에 실린
냉면집의 갈개발.
〈동아일보〉 1931. 12. 17.

다. 이처럼 조선음식을 팔던 영세한 음식점들은 대로변이 아닌 골목 안에 있었더라도 위치는 종로와 그 주변이었다. 동양루 역시 종로 3정목 단성사 맞은편에 위치하고 있었다.

그런데 〈냉면 한 그릇〉에서 승종이 들른 냉면집은 서대문에 있었다고 되어 있다. 서대문은 도심과 멀리 떨어져 있지는 않았지만 그래도 종로처럼 상가가 밀집된 곳은 아니었다. 그런데도 〈냉면 한 그릇〉의 냉면집이 서대문에 있었다는 걸 보면, 1910년대 후반 이미 냉면집은 경성의 곳곳에 자리 잡고 있었던 듯하다.

동양루의 외관을 보여주는 이미지를 찾기는 힘들지만, 동양루가 경성에서 이름난 냉면집이었음을 고려하면 외관을 추정하는 것은 어렵지 않다. 경성을 대표하는 냉면집이었다고 하더라도 조선음식점이었으니 단층 건물에다 그리 번지르르하지는 않았을 것이다.

　냉면집 외관만의 고유한 특징도 있었다. 냉면집들은 식당의 간판 옆에 종이 다발을 길게 늘어뜨린 긴 막대기를 꽂아두었다. 앞의 이미지 중 위쪽은 냉면집 외관을 담은 사진이고, 아래쪽은 아지노모토 광고이다. 아지노모토에 대해서는 6장에서 설렁탕 광고를 살펴보면서 얘기한 바 있다. 두 이미지 모두에서 공중에 매달려 있는 듯한 종이 다발이 눈에 띈다.

　이는 냉면의 면발을 종이 다발을 엮어 표현한 것이었는데, 갈개발이라는 이름으로 불렸다. 실제 갈개발은 종이 연의 아래쪽 양 귀퉁이에 붙이는 종잇조각을 뜻하는 말이다. 냉면집 갈개발은 바람에 흔들리면 제면기의 구멍에서 나오는 국수의 면발과 더욱 흡사했다고 한다. 지금과 달리 높은 건물이 없었던 식민지 시대에는 냉면집을 알리는 갈개발이 쉽게 눈에 띄었다. 동양루의 앞에도 역시 갈개발이 휘날리고 있었을 것이다.

종로 3정목의 랜드마크,
동양루

동양루의 내부는 어땠을까? 6장에서 살펴본 《인생극장》이나 〈천안기〉의 삽화를 떠올려보면 설렁탕집 이문식당은 비록 좁고 불편했을지라도 식탁과 의자를 갖추고 있었다. 그런데 〈냉면 한 그릇〉에서 냉면집에 간 승종은 방바닥에 앉아서 냉면을 먹는다. 소설에 등장한 냉면집이 중심가인 종로가 아니라 서대문에 있는 곳이라서 그랬을지도 모른다. 동양루처럼 유명한 냉면집에서는 설렁탕집처럼 식탁과 의자를 사용했을 수도 있다.

하지만 동양루 역시 방바닥에 앉는 구조였을 가능성이 크다. 그 이유는 먼저 드물기는 하지만 냉면집을 묘사하는 대부분의 이미지들이 방바닥에 앉아 냉면을 먹는 사람들을 그리고 있기 때문이다. 아래의 이미지 가운데 왼쪽은 '아지노모토' 광고에 등장한 냉면집이다. 냉면이 맛있어서 다섯 그릇째 먹고 있다는 내용인데, 물론 그 맛이 아지노모토에서 나온다는 것을 강조하고 있다. 오른쪽 이미지는 1920년대 중반 〈동아일보〉에 연재된 〈엉터리〉라는 만화에 등장한 냉면집이다.

○ (좌) 아지모노토 광고에 등장한 냉면집. 〈동아일보〉 1934. 5. 30.
○ (우) 만화 〈엉터리〉에 등장한 냉면집. 〈동아일보〉 1925. 8. 28.

엉터리가 냉면집에 들러 냉면을 먹는데 역시 맛있어서 열두 그릇이나 먹는다는 내용으로, 엉터리가 들른 냉면집도 방바닥에 앉아서 먹는 구조로 되어 있다. 냉면집이 이러한 구조로 되어 있었다고 보는 다른 이유는 냉면이 지닌 특징과도 관련되는데, 이는 뒤에서 살펴보겠다.

그렇다면 동양루는 언제 문을 열었을까? 동양루의 개점 시기에 대해서 정확하게 알려진 바는 없다. 우래옥, 을지면옥, 필동면옥 등 지금 서울에서 손꼽히는 냉면집들이 문을 연 것은 대개 1950년대였다. 이는 잘 알려져 있듯이 한국전쟁 당시 남쪽으로 피난 온 사람들, 특히 평안도가 고향인 사람들에 의해서였다. 하지만 냉면집이 경성에 문을 연 것은 그보다 일찍이었다. 이미 19세기 후반이 되면 경성에 냉면집이 하나둘씩 등장을 하고, 20세기에 들어서면서 평양을 중심으로 한 평안도 냉면집이 본격적으로 경성에 진출한다.

냉면의 경성 진출에는 여러 가지 까닭이 있었지만 가장 중요한 이유는 경성 인구의 급격한 증가였다. 경성 인구는 1910년대 25만 명이었다가 1930년대 중반에는 45만 명으로 두 배 가까이 늘어났다. 이에 따라 여러 가지 인프라가 필요해지는데, 그중 음식점은 가장 급격하게 늘어난 인프라였다. 그런데 냉면이 경성에 진출하기 위해서는 몇 가지 변화가 전제되어야 했다. 가장 중요하게는 겨울에 먹는, 또 평안도에서 먹는 음식이라는 이미지에서 벗어나야 했는데, 여기에 대해서는 4절에서 구체적으로 살펴보겠다.

〈동아일보〉나 〈조선일보〉에 동양루에 관한 기사가 처음 실린 것은 1923년 1월이었다. 〈매일신보〉에는 그보다 조금 이른 1921년 4월 등장을 했다. 〈동아일보〉, 〈조선일보〉가 1920년 4월에 창간된 데 비해

〈매일신보〉는 1910년 8월부터 발행을 시작했는데, 이전까지는 동양루에 관한 소식을 다루지 않다가 1920년에 이르러서야 처음 기사를 실었다. 이를 보면 동양루 역시 1910년대 후반에 개점을 했든지 아니면 그전까지 영세한 규모로 영업을 하다가 1920년대가 되어서야 제대로 자리를 잡았던 것 같다.

이후 신문에 동양루가 등장하는 것은 아이러니하게도 1926년 6월에 일어난 '6·10 만세운동'과 관련해서다. 순종은 일제의 강점과 함께 폐위되어 창덕궁에 거처하다가 1926년 4월 세상을 떠났는데, 당시 종로 3정목에서 순종의 인산 행렬을 보던 사람들이 울분을 참지 못하고 만세를 외치다가 검거되는 일이 발생한다. 검거된 사람들은 중앙고등보통학교 학생을 비롯한 다수의 조선인이었는데, 기사는 그것이 동양루 앞에서 벌어진 일이라고 보도하고 있다. 이를 보면 이미 1920년대 중반 동양루는 종로 3정목의 랜드마크로 자리 잡고 있었던 것 같다.

1935년 일본어 신문인 〈조선신문〉에는 당시 열렸던 '신흥만몽박람회新興滿蒙博覽會'를 축하하는 광고가 여럿 실린다. 신흥만몽박람회는 일본이 당시 괴뢰 국가 만주국을 세운 기념으로 연 박람회로, 박람회 이름에서 몽골까지 지배하겠다는 의도가 엿보인다. 박람회를 축하하는 광고 가운데는 옆의 이미지와 같은 동양루

○ 동양루 광고. 〈조선신문〉 1935. 5. 1.

광고도 있었다. 주소가 경성부 수은동 206번지라고 되어 있지만 광화
문국에 1358번이라는 전화번호로 볼 때 앞서 말한 주소와 같은 곳이
었을 것이다.

　동양루에 관한 흔적은 해방 후인 1948년까지 찾을 수 있다. 1948년
3월 〈현대일보〉는 서울 서적상조합 결성 대회가 종로구 묘동 동양루
에서 있었다고 보도했다. 주소는 묘동으로 되어 있지만 역시 같은 곳
이었다. 이러한 기사들을 고려하면 동양루는 1910년대 후반 정도에
단성사 앞에 자리를 잡았고 해방 이후까지 영업했음을 알 수 있다. 그
런데 동양루를 다룬 기사들은 대체로 이곳을 모임이나 행사의 장소로
보도하는 데 한정된다. 따라서 동양루에서 팔았던 냉면이나 가게의
외관과 내부에 대한 정보를 얻기는 여전히 어렵다.

식민지의 삶, 그 무게가 아로새겨진

저육과 배쪽,
노란 겨자를 듬뿍 얹은

우리를 식민지 시대 냉면집으로 안내해 줄 또 다른 소설은 김낭운의 〈냉면〉이다. 이는 1926년 12월 〈동광〉이라는 잡지에 발표되었는데, 앞선 〈냉면 한 그릇〉보다는 많이 알려진 소설이다. 그런데 그것이 소설적 성취 때문이라기보다 요즘 냉면을 좋아하는 사람들에 의해서라는 것도 흥미롭다.

〈냉면〉의 작가 김낭운은 문인으로 잘 알려지지 않은 인물이다. 그는 1920년대 신경향파문학을 주장했던 김석송의 처남으로, 보통학교 교사로 일하다가 면직되자 경성에 올라와 김석송이 주재했던 〈생장〉

의 편집과 발행을 돕는다. 〈생장〉이 폐간된 이후에는 〈중외일보〉를 비롯해 〈동아일보〉, 〈조선일보〉 등에서 잠깐씩 기자로 일했다는 것 정도만 알려져 있다.

〈냉면〉의 중심인물은 S신문사 기자인 김순호이다. 순호는 그날 밀린 월급을 받았는데, 75원에서 가불을 제하니 55원이었다. 의도하지는 않았지만 여기서 식민지 시대 신문 기자의 월급이 75원 정도 되었다는 것을 알 수 있다. 뒤에서 식민지 시대 급여에 대해서 다시 얘기하겠지만, 신문 기자들은 대략 60~80원 정도를 받았던 것으로 보인다. 지금으로 따지면 300~400만 원 정도의 돈이다.

순호는 가불을 제한 55원에서도 다시 한 달 점심값, 양복 할부금 등을 빼앗기고 우울한 기분으로 집으로 향한다. 전차에 몸을 실은 순호는 이리저리 새어 나간 월급 때문인지 몸이 맥없이 착 가라앉는 기분을 느낀다. 그러다가 몹시 시장함을 깨닫고는 냉면을 먹고 싶다고 생각한다.

> 종로 근방에 내려서 냉면을 한 그릇 먹으리라 하고 생각하엿다. 한즉 저육과 채로 가신 배쪽과 노란 겨자를 위에 언즌 수북한 냉면 그릇이 먹음직하게 눈아페 보이엇다. 따라서 그의 식욕은 급하야지고 그의 정신은 활줄과 같이 그 냉면 그릇으로 뻐치엇다.

냉면 먹을 생각을 하자 순호의 마음이 급해지는 것을 묘사한 부분인데 무척이나 생생하다. 냉면을 떠올리자 먼저 제육과 배 위에 노란 겨자가 올라간 그릇이 눈앞에 나타난다. 그러고는 갑자기 식욕이 맹렬히 발동해 냉면 그릇으로 향하는 것을 느낀다. 앞선 묘사를 보면 이미 순호는 냉면을 즐겨 먹어 냉면 맛에 빠져 있었던 것 같다. 한편 순호가 들르려는 냉면집 역시 종로 근처에 있었음을 기억해 두도록 하자.

순호는 냉면을 먹기 위해 재판소 근처 정거장에서 내리려 한다. 그런데 이때 웃지 못할 사건이 일어난다.

전차가 정거하려 할 때 순호는 손잡이를 붓들고 발판으로 내려섰다. 운전수는 차를 정거시키고, "표 내십시오" 하고 몸을 돌렷다. 순호는 슬쩍 뛰어내리며, "냉면!" 하엿다. "여보세요!" 운전수는 점잔케 불럿다. 그러고는 표 내라는데 냉면은 웬 냉면이냐는 듯이 순호를 물끄러미 내려다보앗다.

순호는 냉면 먹을 생각에 전차에서 서둘러 내리려다 '패스'를 '냉면'이라고 잘못 말한다. 순호는 밀려드는 부끄러움에 냉면 먹는 것을 포기하고 그냥 집으로 향한다. 순호가 원래 말하려 했던 '패스'는 기자증 정도 되는 것인데, 전차는 무임승차가 가능했고 열차를 탈 때는 상등칸을 이용할 수 있었다. 순호는 요금을 패스로 대신한다고 말하려다가 그만 '냉면'을 외쳐버린 것이다.

집에 돌아간 순호는 어머니와 동생 둘, 아이 둘, 셋째를 임신한 아내 등 자신에게 딸린 가족들을 보고 새삼 가장의 무게를 느낀다. 75원에서 가불을 제한 55원도 크게 느껴졌는데, 딸린 식솔을 보니 그것도 아닌 것 같다. 순호는 먹지 못한 냉면에 미련이 남았던지 동생에게 냉면을 사 오라고 시키며 25전을 건넨다.

앞 절의 〈냉면 한 그릇〉에서 승종이 냉면을 먹다가 보리밥으로 끼니를 때웠던 아버지를 떠올리고 냉면을 남기는 것을 살펴본 바 있다. 자기 혼자 냉면을 먹는 것에 죄송함을 느껴서인데, 〈냉면 한 그릇〉에서 냉면은 아버지가 먹던 보리밥, 곧 거친 음식의 반대편에 위치한다. 사실 냉면은 설렁탕만큼 싸지는 않았지만 장국밥, 비빔밥, 떡국과 함께 식민지 시대 사람들이 즐겨 찾던 외식 메뉴 가운데 하나였다. 그런데도 아버지가 드셨던 보리밥을 떠올리고 먹지 못한 것을 보면 당시 조선인들에게는 냉면도 부담 없이 먹을 수 있는 가격은 아니었던 것 같다.

〈냉면〉에서 순호는 냉면을 사 오라며 동생에게 25전을 줬는데, 식민지 시대 냉면의 가격은 얼마였을까? 당시 신문 기사들을 통해 접근해 보자. 1930년 11월 〈동아일보〉에 실린 "물가 점점 하락 음식가가 제일 착", "시내 각 음식점 요리도 감하" 등의 기사에는 냉면값이 20전에서 15전으로 내렸다고 나와 있다. 요즘으로 따지면 1만 원에서 7,500원으로 인하했다는 것이다. 위의 기사를 보면 1920년대에는 냉면값이 오히려 20전 정도 했던 것 같은데, 〈냉면〉에서는 냉면값으로 25전을 건네니, 1920년대 중반에는 경성에서 냉면값이 25전인 곳도 드물지 않았던 것 같다. 실제로 냉면 가격은 1930년 전후 인하되었다가 1930년대 중반이 되면 다시 20~25전까지 오르게 된다. 지금으로 따지면 1만~1만 2,500원 정도 되는 가격이었다. 동양루는 부벽루, 백양루와 함께 경성에서 이름난 냉면집이었으니, 앞선 냉면값과 비슷하거나 조금 더 비쌌을 것으로 추정된다.

앞서 말했듯 평양을 중심으로 한 냉면집이 경성에 본격적으로 진출한 것은 20세기 들어서였다. 그런데 그 이후에도 평양 사람들에게 경성냉면은 여전히 평양냉면과는 비교할 수 없을 정도였나 보다. 평

○ 김남천이 쓴 〈냉면〉의 지면.
〈조선일보〉 1938. 5. 29.

양 출신인 김남천은 〈조선일보〉에 평양냉면과 경성냉면을 비교하는 〈냉면〉이라는 글을 발표한 바 있다. 옆의 이미지는 "평양잡기첩"의 하나로 실린 〈냉면〉의 지면이다. "평양잡기첩"은 연속 기사로 냉면 외에도 골목, 석전, 만수대 등 당시 평양의 특징과 풍습에 대해 소개했다.

위 글에서 김남천은 밥보다 냉면 맛을 먼저 알았다며, 평양에서는 잔칫날, 혼인날, 환갑날, 제삿날 등 특별한 날뿐만 아니라 그냥 점심으로도 냉면을 먹는다고 한다. 그러고는 평양에서 냉면은 메밀로 만드는데, 경성에서 파는 냉면 면에는 녹말이 더 많이 든 것 같아서 본래의 맛이 나지 않는다고 말한다. 그러면서 김남천은 경성의 냉면을 냉면의 친척에도 이르지 못하는 유사품이라고 폄하하고 있다.

식판을 메고 경성을 누비던
자전거들

다시 김낭운의 소설 〈냉면〉으로 돌아가 보자. 마침 순호가 동생에게

○ (좌) 〈음식 배달부와 귀부인〉, 〈조선일보〉 1934. 4. 30.
○ (우) 아지노모토 광고에 나타난 냉면 배달부의 모습. 〈조선일보〉 1936. 8. 9.

냉면을 사 오라고 시킨 참이었다. 식당에 가서 먹지 않을 경우 냉면을 먹는 방법은 크게 두 가지였다. 하나는 순호가 동생에게 시킨 것처럼 직접 냉면집에 가서 사 오는 것이었다. 이때는 식당에서 냉면 그릇째 가져오는 경우도 있었고, 담을 그릇을 챙겨 가는 경우도 있었다. 일회용품이 없었으니 그릇째 가져오면 나중에 다시 그릇을 돌려주러 가야 했는데, 순호는 그것이 귀찮았던지 집에 있는 그릇을 동생에게 쥐여 보낸다.

그런데 냉면은 직접 사 오는 것보다는 배달을 시키는 경우가 많았다. 위의 이미지들은 모두 냉면 배달부의 모습을 그리고 있다. 왼쪽 이미지는 1934년 4월 〈조선일보〉에 실린 안석영의 그림으로 〈음식 배달부와 귀부인〉이라는 제목의 만평과 함께 실려 있다. 오른쪽 이미지는 앞서 확인했던 아지노모토의 다른 광고에 등장한 냉면 배달부의 모습이다.

두 이미지를 보면 냉면 배달부가 갖춰 입는 차림도 있었다는 것을 알 수 있다. 하나는 만평이고 다른 하나는 광고이니 그림의 성격이 달랐음에도, 냉면 배달부의 옷차림은 비슷하다. 줄무늬 윗옷에 짧은 바지를 입고 모자를 쓴 모습이다. 그런데 냉면 배달부만 일정한 복장을 갖추었던 것은 아니다. 염상섭의《삼대》를 보면 병화와 원삼이가 겨울철 설렁탕 배달부의 복장에 대해 언급하는 부분이 등장한다. 겨울철에 자전거를 타고 배달할 때는 두꺼운 옷을 입는 것은 물론 머리에는 방한모를 눌러쓰고 손에는 때가 묻은 검은 병정 장갑을 꼈다고 한다.

다시 앞의 이미지를 보면 자전거를 탄 배달원은 모두 식판을 메고 있다. 식판은 음식을 담아 나르는 데 사용된 나무 용기로, 식판을 사용하면 한 번에 음식을 많이 담을 수 있어서 배달부들이 즐겨 사용했다. 오른쪽 이미지에서 배달부가 메고 있는 식판 위를 자세히 살펴보면 냉면 그릇, 주전자 등을 발견할 수 있다. 냉면을 배달할 때는 주문받은 만큼의 냉면 그릇과 육수를 따로 담은 주전자를 식판에 담아서 갔다. 벌레나 먼지가 앉는 것을 방지하기 위해 빨간 고깔을 씌우는 것이 일반적이었는데, 앞의 이미지에는 냉면을 잘 보여주기 위해서였는지 고깔이 씌워져 있지는 않다.

6장에서 살펴본 이문식당의 설렁탕도 냉면과 마찬가지로 식판을 어깨에 멘 채 자전거를 타고 배달했다. 그런데 설렁탕은 여러 단을 쌓아 배달했는데, 냉면은 한 단으로만 배달되었다. 이 역시 냉면 그릇 위에 고깔을 씌우는 것과 관련되어 있었다. 고깔 위에 또 다른 그릇을 올릴 수는 없기 때문이었다.

다음의 이미지는 1935년 1월 잡지 〈조광〉에 게재된 "음식배달의 생활기록"이라는 글에 실린 사진이다. 냉면 배달부의 고충을 다룬 글인데 거기에는 냉면 배달 과정이 생생하게 나타나 있다. 주문이 들어오면 식판을 어깨에 메고 자전거를 타고 배달을 가는데, 밤에는 자전거 앞에 전등을 달았다고 한다. 그리고 주문받은 장소 근처에 가면 전등을 높이 들어 번지수를 확인한 후 음식을 주고 배달을 마쳤다고 한다.

○ 〈조광〉에 게재된 "음식배달의 생활기록"

식판을 멘 채 자전거를 타고 배달했던 방식은 설렁탕보다 냉면 배달에 먼저 사용되었던 것으로 보인다. 설렁탕을 식판으로 배달하는 방법은 그렇게 효과적이지 않았기 때문이다. 냉면은 면을 담은 그릇 몇 개와 육수 주전자 하나만 배달하면 되는 데 반해, 설렁탕은 그릇 자체가 무거운 뚝배기인 데다가 내용물인 고기, 밥, 국물의 무게가 상당했다. 이렇게 무거운 식판을 어깨에 메고 한 손으로 자전거를 타는 것은 물론 쉽지 않은 일이었다. 같은 방식으로 배달을 하면서도 냉면에 비해 설렁탕 배달과 관련된 사고 기사가 많은 것도 이와 무관하지 않을 것이다.

지금 우리에게 배달 하면 가장 먼저 떠오르는 음식은 역시 중국음식이다. 그런데 냉면이나 설렁탕의 배달이 당시 행해지고 있던 중국음식의 배달로부터 영향을 받았다는 주장은 사실과 다르다. 이에 대해서는 10장에서 중화요리점 아서원을 소개할 때 살펴보겠다.

다시 소설 〈냉면〉으로 돌아가 보자. 귀찮을 법도 했으련만 순호의 동생은 군말 없이 냉면 심부름을 다녀온다. 그래서 순호는 퇴근을 하면서부터 군침을 삼키게 만들었던 냉면을 과연 먹었을까? 안타깝게도 순호는 동생이 사 온 냉면도 먹지 못한다. 냉면 심부름을 시킨 후 순호는 아내를 통해 돈 나갈 곳을 확인하게 된다. 외상값을 갚는 등 돈 들어갈 때가 한두 군데가 아니라서 월급을 받아 왔는데도 그날로 20원 적자가 된다. 화가 난 순호는 지갑을 내팽개치고 밖으로 향하다 동생이 사 온 냉면 그릇을 발견한다.

순호는 애꿎은 냉면 그릇을 발로 차버리고는 집을 빠져나온다. 안 먹으려면 뒤집어엎지나 말 일이지…. 공교롭게도 〈냉면 한 그릇〉, 〈냉면〉 두 소설 모두에서 결국 주인공은 냉면을 먹지 못한다. 그 이유는 달랐지만 말이다. 하지만 두 소설에 등장한 냉면에는 어떻게든 당시 식민지 조선인들의 삶의 무게가 아로새겨져 있다는 공통점이 있었다.

김칫국물에서 장국으로, 국수에서 냉면으로

알려져 있다시피 냉면은 평양을 중심으로 한 평안도 음식이다. 한 가지 흥미로운 사실은 정작 냉면의 고향인 북한에서는 냉면을 국수라고 부른다는 것이다. 그런데 냉면을 국수로 부르는 경우는 식민지 시대에도 적지 않았다. 1920~1930년대 평양의 냉면집에서는 종업원들이 임금 인상을 요구하는 파업이 거듭 일어났다. 1925년 5월, 1931년 2월 〈조선일보〉와 〈동아일보〉는 종업원들의 파업 소식을 전하는데, 두 기사 모두 냉면을 국수라고 보도한다. 뒤에서도 살펴보겠지만 1937년 9월 〈조선중앙일보〉에 게재된 기사의 경우 제목은 "미각의 초하 냉면 편"이라고 지었지만 그 내용에서는 이를 국수라고 칭하고 있다.

그렇다면 왜 냉면을 국수라고 불렀을까? 그 이유는 사실 간단한데, 당시 냉면과 국수를 같은 음식이라 여겼기 때문이다. 당연히 국수로 불리는 다른 음식이 있었다면 냉면을 국수라고 지칭하지는 않았을 것이다. 그런데 냉면과 국수가 같은 음식이었다니, 역시 쉽게 고개가 끄덕여지지 않는다. 우리는 흔히 국수라고 하면 '잔치국수' 같은 음식을 떠올리는데, 냉면과 가장 큰 차이는 뜨거운 음식이라는 것이다. 또 냉면은 메밀을, 잔치국수는 밀을 재료로 한다는 차이도 있다. 그런데 이처럼 밀을 주재료로 한 요리를 국수라고 부른 것은 그리 오래되지 않았다.

한반도에서는 밀농사가 제대로 이루어지지 않았다. 한강 아래쪽 지방에서는 그나마 밀농사를 지었지만 생산량이 많지 않았다. 국수가 잔치 때 먹는 음식이 된 것도 이와 관련된다. 면발의 긴 생김새를 보고 장수하기 위해서 먹었다고는 하지만, 잔치음식이 된 주된 이유는 밀이 귀했고 국수가 손이 많이 가는 음식이기 때문이었다.

당시 냉면이나 국수의 명칭 문제에 대해 도움을 줄 수 있는 자료로는 조선총독부가 편찬한 《조선어사전朝鮮語辭典》이 있다. 《조선어사전》은 1911년 4월 조선총독부 취조국에서 편찬에 착수해 10년 정도 걸려 1920년 3월 발행된 사전이다. 《조선어사전》이 효율적인 식민 통치를 위해 조사, 정리, 편찬되기는 했지만, 당시 단어의 쓰임에 접근할 수 있는 드문 자료라는 점은 부정하기 힘들다.

《조선어사전》에는 당시 사용되던 냉면, 국수 등의 단어가 아래와 같이 서술되어 있다.

冷麪(링면) 名 冷したる麪類.
국수 名 蕎麥切そばきり. (絲麪).

○ 당시 냉면은 '국수'로 불렸다.
지금 우리에게 익숙한 밀가루로 만든 국수는 별도로 '밀국수'라 칭했다.

먼저 냉면은 '冷したる麵類', 곧 차게 한 면류로 소개된다. 국수는 '蕎麥切', 곧 메밀국수라고 되어 있다. 국수를 메밀국수로 설명하고 있는 데서 당시 국수가 메밀로 만든 것을 가리키는 용어로 사용되었음을 알 수 있다. 그렇다면 지금 흔히 국수라고 부르는 잔치국수는 어떨까? 이는 '밀국수'라는 항목을 따로 구분해 설명하고 있다. 밀국수는 '饂飩', 곧 일본식 가락국수라고 소개된다. 밀가루로 만든 국수를 가리킬 때 오히려 '밀'이라는 말을 붙여 별도의 단어로 불렀음을 알수 있다.

메밀이 아닌 재료로 만든 국수를 가리킬 때는 '국수'가 아닌 다른 명칭을 사용했음은 식민지 시대 신문이나 조리서에서도 쉽게 찾아볼수 있다. 1924년 7월 〈동아일보〉에 실린 글에서는 '유두일'의 풍속을

알리면서 그중 하나로 밀국수 먹기를 소개한다. 또 《조선요리제법》에
도 밀가루로 만든 국수를 끓이는 법은 '밀국수'라는 표제로, 또 녹말로
만든 국수를 끓이는 법은 '책면'이나 '창면'이라는 표제로 따로 다루고
있다.

《조선요리제법》은 방신영이 집필했으며, 식민지 시대부터 1960년
대까지 가장 인기 있는 조리서였다. 1917년 신문관에서 《만가필비 조
선요리제법》이라는 제목으로 출판해, 이후 《주부의 동무 조선요리제
법》, 《우리나라 음식 만드는 법》 등의 제목으로 간행을 거듭했다. 밀
이나 녹말로 만든 국수를 일반 국수와 구분해 설명한 것은 앞서 소개
한 《조선무쌍신식요리제법》에서도 마찬가지였다. 아래의 이미지는
아지노모토의 광고인데, 역시 '밀국수 국물은 아지노모토가 들어가야
맛있다'며 밀을 재료로 한 국수를 국수가 아닌 밀국수라고 부르고 있
다. 이러한 점을 고려하면 적어도 식민지 시대까지는 메밀로 만든 면
요리를 국수라고 부른 것
같다.

냉면이라는 이름과 관
련해 흥미로운 기사 하
나가 있는데, 1936년 6월
〈조선중앙일보〉에 실린
"미각의 초하 냉면 편"이
그것이다. 다음의 이미지
는 그 기사가 실렸던 지
면이다.

○ 아지노모토 광고에 등장한 밀국수.
  〈조선일보〉 1937. 7. 31.

평안도에는 흔히 있는 말이지만 냉면은 겨울에 먹어야 그 진미를 알 수 있다는 말이 잇다. (⋯) 아마 냉면이 가장 많이 애식 되는 데는 물론 평양을 중심으로 하는 평안도 일대일 것이다. **냉면을 온면과 구별하지 안흘 때에 그것을 국수라고 하는데 국수라면 한문자로 '鞠需'라고 쓸 것이라 하니** (강조는 인용자).

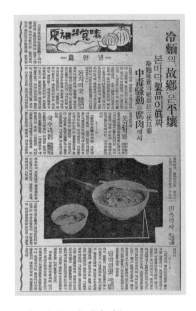

○ "미각의 초하 냉면 편", 〈조선중앙일보〉 1936. 6. 4.

기사의 중요한 부분을 인용한 것인데, 인용에는 냉면이 평안도에서 유래한 음식이라며 예전에는 겨울 음식이었지만 지금은 여름에 더 많이 찾는다고 되어 있다. 냉면이 본래 겨울에 먹는 음식이었다는 언급은 어렵지 않게 찾을 수 있다. 김남천은 앞서 소개한 〈냉면〉에서 웬만큼 맛을 아는 사람은 오히려 한겨울에 냉면을 즐긴다고 말했다. 혀를 울리는 '쩌르르한' 동치미국에 국수를 풀어 넣고 돼지비계 같은 흰 잔디 쪽 위에 '다대기' 얹은 것을 '훅훅' 들이켜는 맛은 다른 계절에는 찾기 힘든 맛이라는 것이다. 여기서 돼지비계 같은 흰 잔디라는 표현은 동치미 국물 가득 살얼음이 낀 모습을 비유한 것인데, 생각만으로도 군침이 고인다. 지금도 흔히 쓰이는 다대기라는 말은 사실 '따끼'라는 일본어에서 유래된 말이다. '다진 양념' 정도로 바꾸어 쓰면

될 것 같다.

위 인용의 마지막에 강조된 '냉면을 온면과 구별하지 않을 때 그것을 국수라고 부른다'는 구절을 주목해서 볼 필요가 있다. 뜨거운 면과 구별해 차가운 면을 가리키는 경우 외에는 냉면이 국수 일반을 지칭했다는 것이다. 인용에 이어지는 부분에서는 냉면이 경성으로 진출하면서 담백한 국물이 짤짤이 엉긴 간장국으로 바뀌었다고 하는데, 조리 방식의 변화를 언급하는 이 부분 또한 기억해 둘 필요가 있다. 아래와 같은 언급 역시 흥미롭다.

> 경성에서 결혼식 때 섞는 국수 혹은 설렁탕 등에 섞는 국수는 본래 메밀 냉면과는 판이하여 그 원료부터 다르다. 그러므로 입으로 씨브면 물적 물적하야 진짜 국수 맛은 나지 안는다.

결혼식 때 먹는 국수나 설렁탕에 넣는 국수는 본래 국수와는 판이하여 그 재료부터 다르다고 한다. 또 섭으면 물적물적해 진짜 국수 맛이 나지 않는다는 것이다. 여기서 '물적물적'은 물컹물컹 정도의 의미로 받아들이면 되겠다. 결혼식 때 먹거나 설렁탕에 넣는 밀국수는 국수 맛이 나지 않는다는 얘기로, 당시까지 밀이 아니라 메밀로 만든 국수를 '진짜' 국수로 여겼음을 알 수 있다.

밀국수가 지금처럼 국수를 대표하며 쉽게 즐길 수 있는 음식이 된 것은, 한국전쟁 이후 미국의 무상원조를 받으면서 밀가루가 흔해진 이후였다. 이를 밥 대신 먹거나 밥보다 못한 음식으로 받아들이게 된 것도 마찬가지이다. 그러면서 냉면은 더 이상 국수가 아니라 메밀로

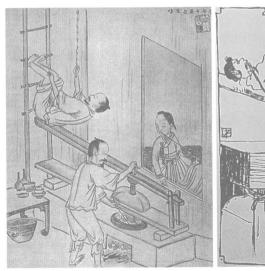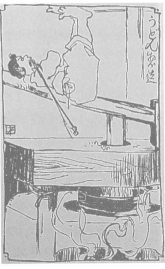

○ (좌) 김준근의 풍속화 〈국수 누르는 모양〉, 독일 함부르크 민족학박물관.
○ (우)《조선만화》중 〈우동제조〉의 삽화.

만든 차가운 국수만을 가리키게 되었다.

  위의 이미지 중 왼쪽은 기산 김준근이 그린 〈국수 누르는 모양〉이고 오른쪽은《조선만화》에 실린 〈우동 제조〉라는 그림이다. 먼저 두 그림 모두 사람이 올라가 자신의 체중을 실어 눌러야 할 정도로 국수 뽑는 일이 힘들었음을 말해준다. 또 국수틀 바로 밑에 물 끓이는 솥을 놓아 국수를 내리면 바로 끓는 물에 뽑은 면이 들어가는 구조였음을 알 수 있다.

  그런데 두 그림에서 눈에 띄는 차이가 있다. 오른쪽 그림의 국수 누르는 사람은 담배를 물고 여유로운 모습인 반면에 왼쪽 그림의 사람은 거꾸로 매달린 채 줄까지 붙들고 안간힘을 쓰고 있다. 앞서 확인한 것처럼《조선만화》가 식민지 조선에 호기심을 지닌 일본인 독자의 시선을 근간으로 했음을 고려하면, 왼쪽 김준근의 그림이 국수를 뽑는 현장의 실제 모습에 더 가까웠을 것이다.

그런데 예전과 비교하면 지금의 냉면은 이름뿐 아니라 맛도 달라진 것 같다. 1809년 발행된 《규합총서》에 냉면은 동치밋국에 국수를 만 다음 고명을 얹은 음식이라고 되어 있다. 그 후 40년 뒤 발행된 《동국세시기》에도 메밀로 국수를 만들어 무김치나 배추김치 국물에 만 후 돼지고기를 고명으로 얹은 음식이라고 소개된다. 《규합총서》나 《동국세시기》의 서술을 고려하면 냉면은 19세기 중엽에 이르기까지 메밀로 된 국수를 김칫국물에 말아 먹는 음식을 가리켰다.

지금의 냉면과 가장 큰 차이는 국물로 동치미, 무김치, 배추김치 등 김칫국물을 사용했다는 점에 있을 것이다. 그런데 동치미는 차치하고 무김치나 배추김치 국물을 사용했다고 하더라도 요즘의 김치말이국수처럼 빨간 국물은 아니었다. 1939년 6월 이태준은 잡지 〈여성〉에 발표한 글에서 평양의 냉면이 유명한 이유 중 하나가 김치 맛이 좋아서라고 말했다. 평양의 김치는 고추 양념을 적게 넣는 특징을 가지고 있는데, 북쪽으로 갈수록 김치에 고추를 덜 쓰고 싱겁게 담그는 방식이 관북 지방의 풍습과도 통한다는 것이다.

그런데 1900년 전후 발행된 《시의전서》에는 동치미냉면과 함께 '장국냉면'이 등장한다. 《시의전서》는 경상북도 상주의 반가에 소장되어 있던 조리서로, 필사는 1919년에 이루어졌지만 원본은 1900년 전후에 나왔다고 한다. 다음의 이미지는 《시의전서》에서 냉면과 장국냉면을 소개한 부분이다. 장국냉면의 경우 고기장국을 차갑게 식힌 후에 국수를 말라고 되어 있다. 이 시기에 이르러 김칫국물 외에 장국

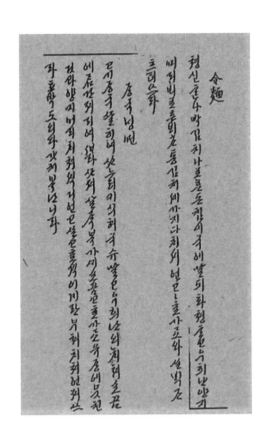

○ 《시의전서》에 수록된
　냉면과 장국냉면 조리법.

도 냉면 국물로 사용되었음을 알 수 있다. 《시의전서》에 실린 냉면에 대한 자세한 서술은 '더 읽을거리'에서 확인해 보겠다.

앞서 확인한 《조선요리제법》에도 냉면의 조리 방식은 둘로 나뉘어 서술되어 있다. 1934년 증보 발행된 《조선요리제법》에서는 장국으로 만든 것을 '여름냉면'으로, 김칫국물로 만든 것을 '겨울냉면'으로 구분해 조리 방식을 설명하고 있다. 이 시기에 이르면 이미 김칫국물로 만든 냉면보다 장국을 재료로 한 냉면이 조리서의 중심에 위치하게 된다.

주목해야 할 것은 장국냉면이 김칫국물로 만든 냉면을 밀어내고 냉면을 대표하는 조리 방식으로 자리 잡는 과정이다. 그것은 냉면이 외식 메뉴로 정착되는 것, 또 겨울철뿐만 아니라 언제든지 먹을 수 있는 사철 음식이 되는 과정과 맞물려 있다. 또 냉면이 평양을 중심으로 한 음식에서 벗어나 경성을 비롯한 다른 지방으로 진출하는 도정과도 긴밀하게 연결되어 있다.

장국냉면이 등장하기 전인 19세기 후반까지 냉면은 겨울에 먹는 음식이었다. 이는 냉면 재료의 수확 시기를 고려하면 자연스러운 일이었다. 먼저 면의 재료인 메밀의 수확 시기는 10월 말 정도이고, 국물의 재료인 배추나 무의 수확 시기 역시 11월에서 12월 상순 정도이다. 지금과 마찬가지로 당시에도 수확한 배추나 무로 김장을 해 겨울을 나면서 먹는 것이 일반적이었다. 그러니 김칫국물이 충분했던 시기는 겨울이었으며, 그 외의 다른 계절, 특히 여름에는 김칫국물을 구하기 힘들었을 것이다. 따라서 냉면이 메밀을 수확하고 김칫국물을 쉽게 얻을 수 있는 시기인 겨울에 먹는 음식이었던 것은 자연스럽다.

이는 냉면의 이름이나 냉면을 먹는 방법과도 관련되어 있다. 평안도에서는 겨울철 구들장에 앉아서 차가운 냉면을 먹었다고 한다. 냉면이 김칫국물에 말아 먹는 음식이었음을 고려하면 당연히 차갑게 먹을 수밖에 없었을 텐데, 냉면이라는 이름은 이런 과정에서 얻었을 가능성이 크다. 또 뜨거운 구들장 위에서 먹었던 것도 살을 에는 듯한 추위에 차가운 음식을 먹어야 했으니 어쩔 수 없었을 것이다. 앞서 살펴본 냉면집들이 방바닥에 앉아서 먹는 구조로 되어 있었던 것 역시 이와 무관하지 않다.

그런데 추운 겨울에 뜨거운 구들장 위에서 먹어야 냉면 본연의 맛을 느낄 수 있었더라도, 이는 냉면이 외식 메뉴로 자리 잡는 데는 장애로 작용했다. 외식 메뉴가 되기 위해서는 계절에 상관없이 언제든 먹을 수 있어야 했기 때문이다. 면의 재료인 메밀의 경우 늦가을이나 초겨울에 수확한다고 하더라도 말려서 보관할 수 있었다. 하지만 김칫국물을 넉넉하게 구할 수 있는 시기는 김장을 한 겨울에 한정되었다. 그러니 냉면이 외식 메뉴가 되기 위해서는 무엇보다 김칫국물을 대신할 재료가 필요했다.

이때 김칫국물을 대신한 것이 장국이었다. 앞서 확인했던 식민지 시대 대표적인 조리서인 《조선요리제법》, 《조선무쌍신식요리제법》에는 장국에 대한 소개가 나온다. 국물을 낼 때 고기에 양념을 한 후 불에 볶다가 물을 붓고 끓이라고 되어 있는데, 펄펄 끓인 후에 다시 작은 불에 20~30분 정도 더 끓이면 된다고 한다. 간장으로 간을 맞춘다는 점도 강조하고 있다.

1900년 전후 발행된 《시의전서》에서 동치미냉면과 함께 장국냉면이 등장했던 것, 《조선요리제법》에서 장국냉면을 김칫국물로 만든 냉면과 구분해 소개했던 것 역시 이와 같은 장국의 등장과 관련되어 있다. 《조선중앙일보》에 실린 "미각의 초하 냉면 편"에서 예전 냉면의 국물이 담백했던 데 반해 지금은 짤짤이 엉긴 간장국으로 바뀌었다는 언급도 이를 가리키는 것이다. 하지만 본래의 맛을 느낄 수 있든 없든 장국을 국물로 사용하면서 냉면은 사계절 내내 어떤 지역에서든 즐길 수 있는 외식 메뉴로 자리 잡게 된다.

어린이날을 제정하는 등 어린이에 대한 사랑이 각별했던 인물 방정환 역시 냉면 마니아였다. 그런데 방정환이 냉면을 먹는 방식은 조금 독특했다고 한다. 15전짜리 냉면을 먹는데 10전짜리 설탕 한 봉지를 사서 이를 국물에 모두 쏟아 넣고 먹었다는 것이다. 방정환이 유독 달게 먹었나 싶기도 하지만, 당시 냉면에 설탕을 넣어 먹는 사람들이 드물지는 않았다. 지금도 오래된 냉면집이나 막국수집에 가면 식탁 위에 놓인 설탕 그릇에서 그 흔적을 찾을 수 있다. 그런데 설탕을 가미해서 먹었던 것이 메밀로 만든 면을 장국에 만 슴슴한 맛 때문이었다는 것도 기억해 둘 필요가 있다.

이 장의 처음에 던졌던 질문에 답하며 이번 장을 마무리하려 한다. 〈냉면 한 그릇〉의 승종이 먹었던, 또 〈냉면〉에서 순호가 먹으려 했던 냉면은 평양냉면이었을까, 함흥냉면이었을까? 지금 냉면의 종류는 평양냉면, 함흥냉면, 물냉면, 비빔냉면 등 다양하다. 그러니 지금이라면 무슨 냉면이었을지 고민하는 게 당연한 일인데, 당시에는 냉면이라고 하면 으레 평양냉면을 가리켰다.

앞서 확인한 것처럼 19세기 후반까지 냉면은 평안도를 중심으로 메밀로 만든 면을 김칫국물에 말아 먹는 음식이었다. 요즘 함흥냉면 혹은 비빔냉면이라고 불리는 것은 함흥을 중심으로 한 함경도 지역에서 주로 먹던 음식이었다. 당시에는 감자나 고구마의 전분으로 면을 만들어서 '농마국수'라고 불렀는데, 여기서 '농마'는 녹말이나 전분을 뜻하는 말이었다. 메밀로 만든 냉면을 국수라고 불렀으니 전분으로 만든 것은 국수와 구별해 농마국수라고 불렀던 것이다. 그런데 냉면이 평안도 지역을 벗어나 많은 사람이 찾는 외식 메뉴가 되자 국수보다는 냉면이라는 이름으로 불리게 된다. 그러자 본래의 냉면을 평양냉면이라고 부르고, 농마국수를 함흥냉면이라고 부르게 된 것으로 보인다.

하지만 농마국수가 함흥냉면이라는 이름을 얻게 되는 것은 이후의 일로, 식민지 시대까지도 냉면이라고 하면 장국에 메밀로 만든 국수를 말아 먹는 음식을 뜻했다. 그리고 평양냉면, 함흥냉면이 물냉면, 비빔냉면이라는 이름을 얻게 되는 것은 훨씬 뒤였다. 그러니 〈냉면 한 그릇〉, 〈냉면〉에서 승종이나 순호가 먹으려 했던 냉면도 장국에 국수를 만 물냉면이었을 것이다. 그리고 이는, 함흥냉면을 좋아하는 독자에게는 안타까운 일이지만, 동양루에서 팔았던 냉면 역시 마찬가지였다.

군침 도는 냉면의 변천사

◯◯◯◯

냉면 만드는 방법이 실린 두 권의 조리서를 소개하겠다. 하나
는《시의전서》이고, 다른 하나는《조선요리제법》이다.
1900년 전후 발행된《시의전서》에는 동치미냉면과 함께 장국냉면이
등장한다.《시의전서》는 경상북도 상주의 반가에 소장되어 있던 조리서로,
지금 전해지는 것은 1900년 전후에 쓰여 1919년에 한글로 필사된 것이다. 표지
서명이 '시의전서'이고, 책머리에 표시된 서명은 '음식방문'이다. 아래의 자료는 이
시기에 이르러 김칫국물 외에 장국도 냉면 국물로 사용되었음을 말해준다.
《조선요리제법》은 방신영이 자신의 어머니에게 배운 음식을 바탕으로 그 조리 방법
을 정리했다는 책으로, 식민지 시대부터 1960년대까지 가장 대표적인 조리서였다.
1934년 증보 발행된《조선요리제법》에서는 장국으로 만든 것을 '여름냉면'으로, 김칫
국물로 만든 것을 '겨울냉면'으로 구분해 조리 방식을 설명하고 있다.

《시의전서》, 작자 미상, 19세기 말.

냉면

청신한 나박김치나 조흔 동침이국에 말되 화청하고 우희난 양지머
리, 배, 조흔 배차 통김치 셰 가지 다 채쳐 언고 고초가로와 실백자
흐러쓰라.

장국냉면

고기 장국 끌히여 싸느러키 식혀 국슈 말고 우희
난 외 채쳐 소곰에 잠간 져리여 빠라 짜
셔 살작 복가 깨소곰, 고초

가로, 유장에 뭇친 것과 양지머리 채쳐 셕
거 언고 실고초, 셕이, 계란 부쳐 채쳐 언저 쓰라 호
박도 외와 갓치 복난니라.

*참고 냉면 조리법에 나오는 화청은 꿀, 실백자는 잣을 뜻한다. 장국냉면
조리법에 있는 유장은 기름장, 셕이는 석이버섯을 가리킨다.

《조선요리제법》 8판, 방신영, 1937년.

랭면(동절랭면)

국수를 정하게 빨아서 즉시 건져 물을 다 빼어서 대접에 담고 맛잇는 김치
국을 붓고 저육을 얇게 저며서 칠푼 길이 너푼 넓이로 썰어 넣고 김치는 채쳐
서 우에 얹고 고추가루 뿌리고 계란 붙여 채친 것 실백을 넣어 얹어 놓나리라.

랭면(하절랭면)

기름 없는 살고기로 맑은 장국을 끓여서 식히고 고기는 섭산적을 만들어
구어서 다시 잘게 이겨놓고 미나리를 한치 길이로 잘라서 소금을 약간 쳐
서 대강 절여서 꼭 짜가지고 기름에 볶고 미나리 없을 때에는 외를 얇게
저며서 닷분 길이로 가늘게 채쳐서 소금에 잠간 절였다가 꼭 짜가지
고 기름에 볶아서 놓고 석이와 표고를 물에 정히 씻어서 채쳐서
기름에 볶아놓고 계란 황백을 따로 얇게 붙여서 닷분 길이
로 썰어서 곱게 채쳐서 국수를 물에 속히 빨아 건져서
대접에 담고 국물을 붓고 그 우에 여러 가지 약
념 만든 것들을 뿌려서 놓나니 실백을
맨 우에 얹어서 놓나니라.

京城

3부

장곡천정과 황금정

와인빛으로 장식된 동화의 세계 **조선호텔 식당**

고달픈 예술가들의 소일터 **낙랑파라**

고급 승용차가 즐비했던 중화요리점 **아서원**

食堂

○ 황금정 2정목 거리 풍경. 국립민속박물관.

1부에서 본정을 소개하면서 지금 본정의 위치를 정확히 알고 있는 사람이 드물다고 했는데, '장곡천정長谷川町'과 '황금정黃金町'은 더할 것이다. 한두 번 들어봤을 수도 있겠지만, 그곳이 정확히 어디를 가리키는지 아는 사람은 많지 않을 것 같다.

장곡천정은 본정의 서북쪽에 있었다. 조선호텔을 중심으로 조지아 백화점, 상공회의소 공회당 등이 있던 곳이다. 지금은 그곳에 웨스틴조선호텔, 롯데백화점, 더 플라자로 이름을 바꾼 프라자호텔 등이 위치해 있다.

황금정은 지금의 을지로에 해당한다. 당시에는 덕수궁에서 경성운동장까지를 횡으로 연결하는 길이었다. 종로 네거리에서 남대문통을 따라 한 블록 내려오면 황금정 네거리가 나왔다. 황금정은 금융기관이 밀집되어 있어 경성의 '월스트리트'로 불리기도 했다. 앞의 이미지는 황금정 2정목의 거리 풍경인데, 오른편으로 둥근 돔 형태의 지붕을 한 동양척식회사가 보인다. 그 외에 경성취인소, 식산은행, 삼화은행, 십팔은행, 일본생명 등도 근처에 위치하고 있었다. 이 때문에 황금정은 본정, 명치정과 함께 경성에 거주했던 일본인들의 주요 활동 공간이었다.

장곡천정도 그 성격으로는 본정이나 황금정과 크게 다르지 않았다. 장곡천정의 중심에 위치했던 조선호텔의 정확한 이름은 조선철도호텔이었는데, 철도호텔을 경성역 주변이 아니라 장곡천정에 세운 것역시 본정이나 황금정과 인접한 곳이기 때문이었다. 물론 부지의 선택에는 각국의 공사관이나 영사관이 위치했던 정동정과 멀지 않았다는 점도 고려되었다.

3부에서는 장곡천정에 위치해 정통 프랑스식 코스 요리를 선보였던 조선호텔 식당과 이상, 박태원, 이태준 등 식민지 시대 예술가들의 소일터였던 다방 낙랑파라를 살펴볼 것이다. 황금정에 있었던 경성 제일의 중화요리점 아서원도 구경해 보자. 낙랑파라가 처음 문을 열 당시, 종로나 본정이 아닌 장곡천정이라는 위치에 대한 우려가 컸다고 한다. 반면 아서원이 황금정에 개장했던 것은 중국인들이 밀집해 거주하던 공간과 가까웠기 때문이었다.

지금의 황금정, 곧 을지로는 그때만큼 화려하지 않더라도 여전히 은행이나 증권회사 등이 자리하고 있어 금융가의 모습을 유지하고 있다. 장곡천정 역시 웨스틴조선호텔, 롯데호텔, 더 플라자 등의 호텔이 자리한 곳이니 그때의 흔적을 지니고 있을지도 모르겠다. 황금정과 장곡천정 모두 그 건물의 주인들이 총독부나 일본인 정상政商에서 한국의 재벌들로 바뀌었다는 점도 흥미롭다.

8장

와인빛으로 장식된 동화의 세계

조선호텔 식당

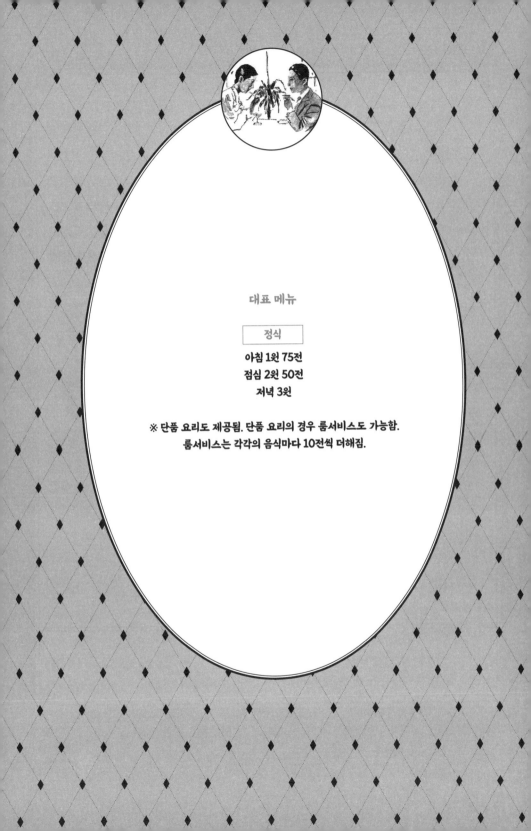

대표 메뉴

정식

아침 1원 75전
점심 2원 50전
저녁 3원

※ 단품 요리도 제공됨. 단품 요리의 경우 룸서비스도 가능함.
룸서비스는 각각의 음식마다 10전씩 더해짐.

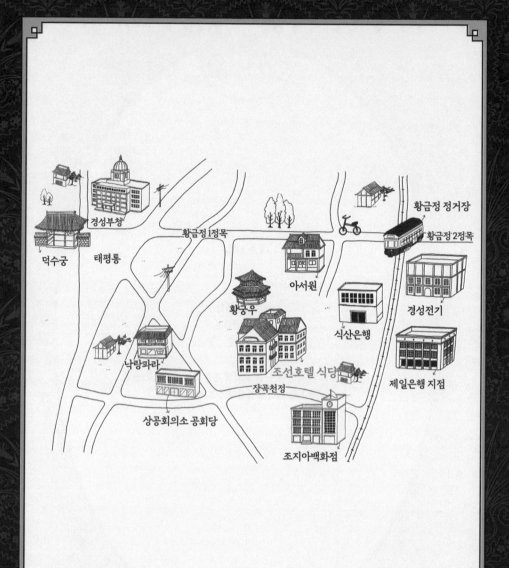

경성부청

황금정 정거장

황금정 1정목

황금정 2정목

덕수궁   태평통

아서원

경성전기

황궁우

식산은행

제일은행 지점

낙랑파라

조선호텔 식당

장곡천정

상공회의소 공회당

조지아백화점

주소 **장곡천정 87번지**

조선에서 가장 호화로운 식당

조선호텔 식당은 식민지 시대 경성, 아니 조선에서 가장 고급스러운 음식점이었다. 그야말로 레스토랑이라는 표현이 어울리는 곳이었는데, 이 책에서는 당시 관행에 따라 조선호텔 식당이라고 부르겠다. 조선호텔이 개장할 때까지 경성을 대표하는 서양요리점은 1장에서 소개한 청목당이었다. 하지만 1914년 조선호텔이 문을 여는 것과 함께 청목당은 최고의 서양요리점이라는 간판을 조선호텔 식당에 물려줘야 했다.

이광수는 《사랑의 다각형》에서 경성에서 돈 좀 있다는 사람들의 하루를 비꼬아 묘사한 바 있다. 그들은 조선호텔 식당에서 점심을 먹은 후 미쓰코시백화점 식당에 가서 커피 한 잔을 마신다. 그리고 오후에는 유릉에 가서 골프를 치면서 소일을 한다는 것이다. 여기서 유릉

○ 《대경성도시대관》에 수록된 조선호텔의 전경 사진.

은 순종의 부인이었던 '순명효황후純明孝皇后'의 묘로, 이후 홍릉으로
이전했으며 그 자리에 들어선 것이 조선에 하나밖에 없던 18홀짜리
군자리 골프장이었다.

　식민지 시대 미쓰코시백화점 식당에서 커피를 마시거나 유릉에서
골프를 치는 것도 그랬지만 조선호텔 식당에서 식사를 하는 것은 극
히 일부의 사람들에게만 허용된 일이었다. 그들이 어떤 사람들이었는
지는 이 장에서 조선호텔과 그 식당을 살펴보면서 자연스럽게 알게
될 것이다. 《대경성도시대관》에는 위의 이미지와 함께 아래와 같은
조선호텔의 소개가 실려 있다.

　장곡천정의 언덕에 위치해 있다. 80여 개의 객실, 식당, 공연실, 도서실

○ 조선호텔의 공연실. 교토대학중앙도서관.

등의 설비를 완비하고 있다. 동양 유수의 대형호텔이다.

　80여 개의 객실은 물론 식당을 비롯한 공연실, 도서실 등의 부대시
설도 갖추고 있었다고 한다. 조선호텔이 경성이나 조선뿐만 아니라
동양에서도 이름난 대형호텔이라는 소개 역시 눈길을 끈다.

　조선호텔이 위치했던 곳은 '장곡천정長谷川町'이었다. 장곡천정은
일본인의 회사와 거주지가 밀집해 있던 명치정이나 황금정과 멀지 않
았다. 조선호텔 근처에 조선은행, 경성우편국, 동양척식회사, 조선식
산은행 등의 기관과 미쓰코시, 조지아 등의 백화점이 있었던 것도 같
은 이유였다.

　위의 이미지는 조선호텔 공연실의 모습인데, 이 역시 조선호텔의

호화로움을 보여주는 공간이었다. 이 장에서는 경성 제일이었던, 또 동양에서도 손꼽힐 정도였던 조선호텔이 자랑하던 식당을 구경해 볼 것이다.

조선호텔 식당은 정통 프랑스식 코스 요리로 유명했다. 이 장에서는 먼저 식민지 시대 조선호텔의 호화로움에 대해 살펴보려 한다. 이어서 조선호텔 식당에 들러 정통 코스 요리가 어떤 음식으로 구성되었는지, 또 얼마나 비쌌는지 확인해 보자. 그 과정에서 식민지 시대 조선호텔에 머물렀던, 또 조선호텔 식당에서 식사를 했던 이들이 도대체 어떤 사람들이었는지도 자연스럽게 해명될 것이다.

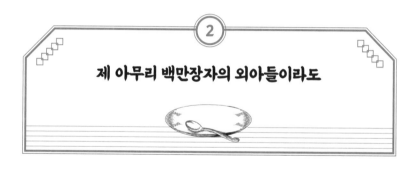

제 아무리 백만장자의 외아들이라도

방값만 하루에
12원이라니

조선호텔의 식당을 구경하는 데 도움을 줄 첫 번째 소설은《불사조》
이다.《불사조》는 심훈의 소설로, 1931년 8월에서 12월까지 〈조선일
보〉에 연재되었다. 심훈은《상록수》의 작가로 잘 알려져 있는데, 그의
이력은 다소 독특하다.

그의 작품 활동의 출발점은 문학이 아니라 영화였다. '이수일과 심
순애'로 잘 알려진《장한몽》이 영화화될 때 이수일 역을 맡아 배우로도
활동했다. 또 영화《먼동이 틀 때》에서는 감독을 맡았으니 영화 쪽에서
도 다재다능했다. 그러니 그의 문학 활동도 영화에 자극받은 바 컸다.

1930년대에 들어서《상록수》뿐만 아니라《영원의 미소》,《직녀성》등을 신문에 연재했다.《불사조》는 1930년대 초 심훈이 문학계에서 본격적인 기지개를 켤 때 발표한 소설이었다.

《불사조》에서 계훈은 천재 바이올리니스트로 칭송받는 인물이다. 그는 독일 유학을 마치고 돌아와 귀국 기념 연주회를 여는데, 그의 옆에는 유학할 때 만나

○ 계훈과 주리아.《불사조》삽화.
〈조선일보〉1931. 8. 19.

결혼한 '주리아'라는 독일 여성이 있다. 위의 이미지는《불사조》가 〈조선일보〉에 연재될 때의 삽화로, 계훈과 주리아의 모습을 그린 것이다.

사실 계훈은 정희와 결혼해 영호라는 아들까지 두고 있는데 유부남이라는 사실을 숨기고 주리아와 결혼한 것이었다.《불사조》에 조선호텔이 등장하는 것은 계훈이 함께 조선에 온 주리아를 위해 조선호텔을 숙소로 정했기 때문이었다. 한 달이나 지내려니 숙박비가 만만치 않아 계훈은 곤혹스러운 모습도 보인다. 하지만 그 덕분에 지금은 가볼 수 없는 조선호텔 식당을 비롯해 호텔 곳곳을 구경하게 되었으니 독자들 입장에서 나쁠 것은 없다.

그의 사생활이 어떻든 바이올린 솜씨는 뛰어났는지 연주회는 성황리에 끝난다. 연주회에 온 전처 정희를 본 계훈은 서둘러 주리아를 데리고 숙소로 돌아간다.

계훈이와 독일여자 주리아는 그 길로 바로 공회당에게 길 건너인 조선
호텔로 빠져나갔다. 계훈이는 귀국하면서 한 달 동안이나 호텔에 유숙
하고 잇다. 2층 남향 방이라 방값만 하루에 12원이다.

인용은 조선호텔과 관련된 몇 가지 정보를 제공하고 있다. 하나는
계훈의 귀국 연주회가 조선호텔 근처에 위치한 공회당에서 열렸다는
것이다. 여기서 공회당은 '경성공회당京城公會堂'을 가리키는데, 1920년
7월 문을 열었다. '경성상업회의소京城商業會議所' 건물 2층에 있었으며,
역시 장곡천정에 위치하고 있었다. 아래의 이미지는 경성상업회의소
의 외관을 찍은 사진이다. 경성상업회의소의 출입구 위쪽에는 '상업
회의소'라는 글자가 크게 새겨져 있었다고 한다. 이후 1930년 5월에
는 '경성상공회의소京城商工會議所'로 이름을 바꾼다.

○ 조선호텔 맞은편에 있던 경성상업회의소의 외관. 서울역사박물관.

경성공회당은 여러 모임과 함께 공연이나 영화 상영의 공간으로 사용되었다. 앞서 《사랑의 수족관》에서 경아가 독창회를 연 곳은 부민관이었는데, 경성공회당은 1930년대 중반 부민관이 개장할 때까지 경성에서 주요 공연과 강연 등을 도맡아 열던 공간이었다.

조선호텔의 당시 주소는 장곡천정 87번지였는데, 전차를 타고 명치정 정거장에서 내리면 금방 도착할 수 있었다. 조선은행 앞 정거장에서 내려서 5분 정도 걸어가도 웅장한 호텔의 모습이 눈에 띄었다. 조선호텔은 '웨스틴조선호텔'로 이름을 바꿔 지금도 그 자리에 있다. 다만 장곡천정이라는 지명만 소공동을 거쳐 소공로로 바뀌었는데, '장곡천정'이라는 이름이 지니고 있는 그늘은 뒤에서 살펴보겠다.

다시 인용으로 돌아가 보면 계훈과 주리아가 조선호텔의 2층 남향 방에서 묵었으며 그 비용이 하루 12원이었다고 되어 있다. 숙박비 12원이 2층 남향 방이라서 그랬다는 것을 보면 당시 조선호텔도 층, 방향, 전망에 따라 숙박비가 달랐던 것 같다. 12원이면 지금으로 60만 원에 해당하는 금액으로, 당시는 물론 현재 숙박비로도 저렴하지 않은 금액이다. 거듭 얘기했지만 조선호텔은 당시 경성, 나아가 조선에서 으뜸가는 호텔이었다. 《대경성도시대관》에도 조선 바깥으로 눈을 돌려도 유수의 호텔이라고 나와 있으니, 숙박비가 그렇게 비쌌나 보다.

그런데 흥미로운 사실은 조선호텔보다 반도호텔의 숙박비가 더 비쌌다는 것이다. 5장에서 이문식당을 구경하며 살펴본 《금의 정열》에서 주인공 상문이 반도호텔에 묵고 있었는데, 그는 반도호텔과 조선호텔에 대해 다음과 같이 얘기한다.

사람이란 이상하게도 승벽을 부려야 하는 것인지, 가령 호텔이라는 것만 하더라도 바로 그 건너편에 있는 조선호텔은 할로 따진다면 오히려 이쪽보다 헐하게 치인다고도 할 수 잇는데, 어쩐지 그의 고전적으로 칙칙한 외양이랄지 또는 말로만 듣던 까다롭고도 전통적인 예절범백이랄지에 일종 묵직한 압박이 느껴진다. (…) 자연 속내 잘 아는 동네집 사랑방같이 임의로운 이 반도호텔이 그저 생리에도 맞고 하여 두루 좋아들 한다.

인용은 몇 가지 흥미로운 사실을 말해주는데, 하나는 반도호텔의 숙박비가 조선호텔보다 더 비쌌다는 것이다. 실제《금의 정열》에서 상문은 자신의 하루 숙박비를 20원이라고 밝히는데 계훈이 묵었던 숙박비의 거의 두 배에 가깝다. 물론 거기에는 10년에 가까운 두 소설의 시기적 차이도 작용하고 있을 것이다.

다른 하나는 고전적인 데다가 손님이 불편하게 느낄 정도로 까다로운 예절을 지켜야 했던 조선호텔의 분위기이다. 그런 조선호텔에서도 최고급 객실은 201호였다. 아래의 이미지는 조선호텔 201호의 내

○ 조선호텔 귀빈실
  201호의 내부.

부를 찍은 사진이다. 이승만, 김구, 서재필 등 주요 인사들이 경성을 방문했을 때, 모두 이곳 201호실에서 묵었다고 한다. 사진만으로는 정확히 알기 어렵지만 거실과 침실이 분리된 객실이었던 것 같다. 지금으로 말하면 '최고급 스위트룸' 정도가 될 것이다.

조선호텔이 문을 연 것은 1914년 10월 10일이었다. 부지 6,700평, 건평 583평에 지하 1층, 지상 3층으로 지어졌다. 부지가 건평의 10배가 넘었다는 사실을 지금은 상상하기조차 힘들다. 조선호텔은 조선 최초로 엘리베이터가 설치된 건물로도 호사가들의 입에 오르내렸다.

독일인 게오르크 데 랄란데Georg de Lalande가 설계를 했으며, 건축 자재 역시 독일을 비롯한 서양에서 수입했다고 한다. 랄란데는 조선호텔을 시작으로 총독부 청사, 경성역의 설계를 담당하기도 한다. 조선호텔은 당시 북유럽에서 유행하던 '유겐트 슈틸Jugend stil' 양식으로 지어

THE MODEN CITY, VERY BEAUTIFUL AND
COMMERCIAL IS THE CAPITAL OF KOREA, KEIJO.

○ 정문 쪽에서 본 조선호텔의 전경. 국립민속박물관.

져 이국적이고 우아한 모습으로도 유명했다. 유겐트 슈틸은 당시 새롭게 떠오르던 예술이나 건축 양식을 뜻했는데, '아르누보Art Nouveau'라고 표현되기도 한다. 조선호텔의 외관은 그 규모를 제외한다면, 판에 박은 듯한 모습을 한 지금의 호텔들과 비교해도 뒤지지 않을 것이다.

앞선 이미지는 정문 쪽에서 조선호텔의 전경을 찍은 사진이다. 조선호텔은 총 네 개의 층에 80개에 이르는 객실을 갖추고 있었으며, 식당, 공연실, 도서실과 같은 부대시설 또한 마련되어 있었다. 그중에서도 가장 대표적인 것은 정통 프랑스식 요리를 내세운 식당이었다. 식당은 후원 쪽을 향해 있었기 때문에 호텔의 정면 쪽에서는 보이지 않는다.

조선호텔 식당이 뒤편에 위치했더라도, 대부분의 손님들은 정문에서 하차해 방문했으니, 조선호텔 입구에서 식당으로 가는 길도 구경해 보자. 조선호텔에 들어가려면 처음 해야 하는 일은 회전문으로 된 입구를 통과하는 것이었다. 앞의 사진에서 오른쪽 아래에 조그맣게 자동차와 사람들이 보이는데, 이곳이 호텔의 입구였다. 당시에는 회전문 역시 접하기 힘든 문물이었기에 이용하는 데 어려움을 겪는 사람도 많았다고 한다. 회전문 주위는 와인빛으로 장식되어 있었는데,

회전문을 통과하면 역시 와인색 카펫이 우아하게 깔린 층계가 손님을 맞았다. 옆의 이미지는 입구에서 로비로 이어지는 층계를 찍은 사진이다.

○ 조선호텔 대현관의 모습.

'선룸'에서
양코배기들과 식사를

충계를 올라가면 크고 화려한 샹들리에가 빛을 내고 있는 로비가 나왔다. 조선호텔 식당은 로비를 거쳐 호텔의 뒤쪽을 향해 가면 모습을 드러냈다. 식당의 이름은 '팜코트Palm Court'였는데, 실제 식당 안을 야자수로 장식했다. 야자수로 꾸며진 식당의 내부는 커피를 마시는 최정희의 사진에 등장하니, 뒤에서 확인하도록 하자.

예약을 하고 방문했더라도 조선호텔 식당에 바로 들어가지는 못했다. 식당 앞에 여러 개의 소파를 놓은 대기실을 운영해 손님들이 식당에 입장하기 전에 기다리면서 외투나 짐을 맡기도록 했다. 또 재떨이를 설치해 손님들이 식사 전후 혹은 도중에 흡연하는 장소로도 사용되었다. 청목당에도 대기실이 있었음은 1장에서 확인한 바 있다. 손님들

○ 조선호텔 식당 대기실에 앉아 있는 현우와 혜경.《탐구의 일일》삽화.
〈동아일보〉1940. 4. 25.

의 편의를 위해서였겠지만 대기실도 식당의 품격을 높이는 역할을 했
다. 앞의 이미지는 이근영의 소설 《탐구의 일일》에 실린 삽화인데, 소
설에 등장하는 현우와 혜경 역시 조선호텔 식당 앞에 마련된 대기실
에서 입장을 기다리고 있다. 소파와 쿠션, 재떨이 등이 눈에 띈다.

　겨울을 제외하고는 조선호텔의 후원이 대기실 역할을 하기도 했다.
손님들은 후원을 통해 식당에 입장하기도 했는데, 김말봉의 《찔레꽃》
에 이 모습이 잘 그려져 있다. 《찔레꽃》에는 정순, 민수, 경애, 경구 네 사
람이 조선호텔 식당을 방문하는 장면이 등장한다. 이들 일행은 조선호
텔에 들어간 후 후원에 위치한 종려나무 아래 탁자에 자리를 잡는다. 대
기실과 마찬가지로 그곳에서 식사가 준비될 때까지 기다렸던 것이다.

　기다리는 시간이 지겨웠을 것도 같지만 후원에서 산책을 하며 식
욕과 기대를 돋우었을지도 모르겠다. 《찔레꽃》에서는 아름답게 가꾼
정원에서 벌레 소리가 들린다고 했으니 더욱 그랬을 것이다. 또 정순과
경구는 조선호텔 뒤에 자리 잡은 황궁우를 산책하기도 하는데, 조선의
역사와 전설을 안고 있는 황궁우의 지붕 위로 저녁놀이 진다는 소설
의 묘사가 아름답다. 잠시 후 종업원이 와서 일행에게 저녁 준비가 되
었다고 하자 네 사람은 조선호텔 후문을 거쳐 식당으로 들어간다.

다시 소설 《불사조》로 돌아가 보자. 《불사조》는 조선호텔 식당에 대해 다음과 같이 설명하고 있다.

양식이 아니면 먹지 못하니까 아침에 1원 50전, 점심에 2원, 저녁에 3원 50전 합하면 하루에 식사만 7원이요. 심심해서 여자 혼자는 먹을 재미가 업서하니까 계훈이까지 두 사람에 14원이다.

생각보다 큰 비용 때문에 곤혹스러워하는 계훈의 생각이 짧게 서술되어 있다. 이 짧은 언급은 1930년대 초반 조선호텔 식당의 식사 비용이 1원 50전에서 3원 50전이었다는 것을 말해주는 소중한 자료이다. 주리아가 '양식이 아니면 먹지 못한다'는 짜증 섞인 언급도 나타나는데, 그래서 꼭 비싼 호텔에서 식사를 해야 했던 것 같다.

앞서 조선호텔 식당이 후원 쪽을 향해 있어서 호텔 정면에서는 보이지 않는다고 했다. 다음의 이미지는 후원 쪽에서 바라본 조선호텔의 모습이다. 식당은 조선호텔 뒤편의 중앙 부근에 위치했는데, 이미지에서 화살표로 표시된 곳이다. 정면뿐만 아니라 지붕까지 유리로 장식해 햇빛이 들어오는 온실처럼 보였다. 조선호텔 식당이 일광욕실이라는 의미인 '선룸Sunroom'이라고 불렸던 것도 그 때문이었다.

조선호텔 식당에서는 서양음식만 제공했고, 조선음식은 물론 일본 음식도 팔지 않았다. 《찔레꽃》에서 조선호텔 식당에 와서 스시가 먹고 싶다는 옥란의 변덕 때문에 조 두취가 '화월'에 스시를 주문하는 장면은 이 책의 3장에서 확인한 바 있다. 이는 조선호텔 식당에서 일본 음식을 취급하지 않았다는 사실을 말해준다. 그런데 1930년대 후반

○ 후원 쪽에서 바라본 조선호텔. 화살표 표시된 부분이 식당 '팜코트'이다.
교토대학중앙도서관.

조선호텔에서 발행한 팸플릿을 보면 조식으로는 일본음식도 제공한다고 되어 있다. 아침까지 서양음식을 먹기 힘들어하는 일본인 손님을 위해 호텔 측에서 편의를 제공한 것으로 보인다.

앞서 계훈의 생각에서 나타난, 가격이 1원 50전에서 3원 50전 했다는 음식은 조선호텔 식당의 '정식', 곧 코스 요리였다. 정식에 관해서는 청목당을 구경하면서 거칠게 얘기한 바 있는데, 조선호텔 식당의 정식에 대해서는 다음 절에서 살펴보겠다. 계훈과 주리아 두 사람의 하루 식사 비용이 14원이라고 했고, 앞서 숙박비가 12원이라고 했으니 두 사람이 하루에 먹고 자는 데만 26원이 들었다. 그런데 하루 한두 차례 택시값도 나갔고, 손님이 오면 차도 대접해야 했다. 거기다가 종업원에게 주는 팁까지 계산하면 하루에 30여 원은 필요했을 것이다.

30여 원, 곧 하루에 150만 원 정도 들었다는 것이니, 계훈이 곤혹스러워할 만도 했다. 그런데 계훈은 어떻게 이 많은 비용을 지불할 수 있었을까? 다음 인용을 보자.

한 달에 900원이니 100원이 없는 1,000원이다. 제 아무리 조선서 몇째 안 가는 이른바 백만장자의 외아들인 계훈이라도 언제까지 이 비싼 호텔에서 양코배기들과 어깨를 겨루어 가며 생활을 계속할는지 의문이다.

계훈이 조선호텔에서 한 달 가까이 묵을 수 있었던 것은 조선에서 손에 꼽히는 부자인 김 장관의 외아들이기 때문이었다. 소설에서 김 장관은 전라도에서 아전을 하다가 좋은 기회를 만나 땀 한 방울 흘리지 않고 돈을 갈퀴질해 재산을 모은 인물로 나온다. 조선호텔에서 머무는 데 한 달에 900원이 든다고 했는데, 지금으로 환산하면 4,500만 원 정도의 돈이다. 여기서 조선호텔에 장기 투숙을 했던 외국인이나 조선 주재원의 한 달 생활비가 어느 정도였을지 어렴풋하게나마 짐작할 수 있다. 하지만 그런 부잣집 외아들에게도 조선호텔에 장기 투숙하는 것은 부담스러운 일이었나 보다. 그래서인지 유부남인 것을 속이면서까지 조선으로 데려온 주리아가 점점 천덕꾸러기같이 느껴지는데, 주리아가 계훈에게 느끼는 감정 역시 다르지 않았다. 그리고 위의 인용에서 조선호텔의 투숙객들이 대부분 '양코배기' 즉 서양인이었다는 점 또한 기억해 둘 필요가 있다.

《불사조》에는 이 장면 외에도 조선호텔이 심심치 않게 등장한다. 주리아는 계훈의 집으로 거처를 옮겼다가 계훈이 기혼자인 것을 알고 다시 조선호텔로 나와 머무른다. 또 주리아가 같은 독일인 바이올리니스트 스투핀과 묵었던 곳도 조선호텔이었다.

《불사조》에는 조선호텔 말고도 '백화원 百花園'이라는 흥미로운 공간이 등장한다. 계훈의 연주회가 있던 날 밤 후원자들이 몰려와 계훈과 주리아를 백화원으로 데려간다. 백화원은 장충단공원 근처에 위치했던 서양요리점으로 당시 주소는 동사헌정 48번지였으며, 정원을 포함한 전체 규모는 2,200평 가까이 되었다. 《불사조》에는 점심때쯤 하루 한 끼라도 서양음식을 먹지 않으면 소화와 영양에 중대한 영향이 미친다는 서양인들이 모여 와글와글 영어로 대화하는 레스토랑이라고 소개되어 있다. 백화원 역시 당시 서양요리점으로 이름난 곳이었는데, 1장에서 살펴본 청목당이 문을 열고 얼마 후 중앙 기독교청년회관 식당과 함께 개점했다고 한다. 백화원 주위에는 총독부 관사, 경성부윤 관사가 있었으며, 1920년대 중반부터는 경성 상류층의 민간 주택지로 개발되기도 했다.

이제 《불사조》를 통해 조선호텔 식당을 살펴보는 일은 마무리하고 또 다른 소설의 도움을 빌리려 한다. 잠깐 소설의 결말을 살펴보면, 계훈은 주리아가 자신에게 실망해 떠나려 하자 만류하다 팔에 총상을 입는다. 그 때문에 더 이상 바이올린 연주를 할 수 없게 되고 방탕한 생활을 계속하다가 결국 파산하는 지경에 이른다. 한편 계훈의 전처인 정희는 아들인 영호와 함께 새로운 삶을 살아갈 결심을 하고, 천사의 날개를 지닌 불사조가 날아오르는 꿈을 꾼다.

정통 프랑스식 코스 요리를 선보이다

화려한 샹들리에와
산진해미로 가득한 식탁

독자들을 조선호텔 식당으로 안내할 두 번째 소설은 김말봉의 《밀림》이다. 김말봉은 2장에서 미쓰코시백화점 식당을 살펴볼 때 《찔레꽃》의 작가로 이미 등장했으니 익숙할 것이다. 《찔레꽃》과 함께 《밀림》역시 김말봉의 대표작인데, 발표 순서로 보면 《밀림》이 먼저였다. 《밀림》은 연재와 중단을 반복하며 1935년 9월부터 1938년 12월까지 〈동아일보〉에 실렸는데, 연재 당시부터 폭발적인 인기를 얻어 이후 여러 출판사에서 단행본으로 발행되었다.

　《밀림》의 중심인물은 유동섭과 서자경, 오상만과 주인애이다. 동섭은 의학도로 자경과는 부모님이 젊었을 때 정혼한 사이다. 그는 인천 축항공사장에 갔다가 빈민들의 어려운 생활을 보고 의료봉사를 시작하며 야학교사로도 일한다. 그러던 중 사회주의 운동을 하던 친구 조창수를 도운 죄로 수감된다. 한편 상만은 결혼을 약속한 인애의 지원으로 어렵게 일본 유학을 마치고 돌아온다. 그런데 인애에게 고마움을 느끼던 것도 잠시, 상만은 자경에게 흑심을 품는다. 동섭이 수감된 동안 위로해 준다는 핑계로 자경에게 접근한 상만은 결국 그녀와 관계를 가지게 된다. 출옥한 동섭은 자경의 마음이 변했다고 오해하고 인천으로 떠난다. 동섭과 상만 사이에서 갈등하던 자경은 상만의 아기를 가졌다는 것을 알고 충동적으로 상만과 결혼하기로 마음을 먹는다. 급박하게 진행된 결혼이라서 당혹스럽기도 한데,《밀림》에 조선호텔 식당은 두 사람의 결혼 피로연장으로 등장한다. 상만과 자경은 '정동제일예배당'에서 성대한 결혼식을 올리고 조선호텔 식당으로 자리를 옮겨 피로연을 연다.

여기서 정동제일예배당은 '정동제일교회貞洞第一敎會'를 뜻한다. 정

○ 정동제일교회의
  현재 모습.
  대한민국역사박물관.

동제일교회는 1897년 준공된 건물로, 지금도 정동에 가면 볼 수 있다. 앞의 이미지는 현재 정동제일교회의 모습이 담긴 사진이다. 교회를 세운 사람은 감리교 선교사인 미국인 '아펜젤러Appenzeller H. G.'로, 1885년 4월 조선에 들어와 '배재학당培材學堂'을 세우고 근대식 교육을 실시했다. 1887년에는 예배를 볼 건물을 마련해 '베델예배당Bethel Chapel'이라고 불렀다. 그러다가 교인 수가 늘어나자 500명을 수용할 수 있는 현대식 교회를 지었는데, 그것이 정동제일교회였다.

이제 다시 《밀림》으로 돌아가 두 사람의 피로연 현장을 둘러보자.

> 자동차가 웅장한 조선호텔의 정문에 당도하고 앞뒤로 귀빈들이 와서 그를 안내하야 층계를 올라갈 동안도 그의 다리는 불규측하게 떨니는 것을 어찌할 수는 업섯다. 쪽빗처럼 푸른 하늘은 구름 한 점 업시 노픈데 그 푸른 하늘의 정령인 듯 산들산들 나래를 흔들고 지나가는 가을바람이 한 여름 동안 시달린 사람들의 피부에 분수처럼 스며드는 날 성장한 신사숙녀들로 가득 찬 조선호텔 대식당에서는 우레 가튼 박수소리가 쏘다져 나오고 있다. (…) 산진해미로 차린 식탁에는 보이들이 돌아가며 포도주를 따르고 이윽고 피아노 독주의 순서가 왓다.

인용에서 조선호텔 층계를 올라갈 동안 다리가 떨리는 것을 느끼는 인물은 상만이다. 정동제일예배당에서 결혼식을 마치고 조선호텔로 오다가 대한문 뒤쪽에서 인애의 참담한 모습을 봤기 때문이었다. 인애는 상만과 자경의 결혼 소식을 들은 데다가 어머니의 병마저 위중해지자 실의에 차 무교정 모퉁이를 걷고 있었다.

○ 《밀림》삽화에 나타난 조선호텔 식당의 내부. 〈동아일보〉 1936. 6. 11.

위의 이미지는《밀림》이 〈동아일보〉에 연재될 때 실린 삽화로, 조선
호텔 식당에서 열린 결혼 피로연의 풍경이다. 넓은 식탁 주위로 하객
들이 둘러앉아 있고 그 뒤로는 음식이나 음료를 서비스하는 종업원들
도 여럿 보인다. 인용에는 산진해미로 차린 식탁에 보이들이 돌아가며
포도주를 따른다고 되어 있다. 요즘은 산해진미라고 하는데 당시에는
산진해미라고 표현했다는 것도 흥미롭다.

삽화에 등장한 피로연장은 조선호텔 식당에 따로 마련된 방 가운
데 하나로 보인다. 조선호텔 식당에 들어서면 중앙에는 대형 홀이 있
었고, 그 주위로는 조선식, 서양식 방들도 여럿 마련되어 있었다. 홀은
높은 천장에 크고 화려한 상들리에가 달려 있었으며, 그 아래로는 다
수의 식탁이 구비되어 있었다. 방의 경우 벽이나 카펫을 조선호텔을

상징하는 와인색으로 장식해 하얀 식탁보와 대조를 이루게 했다.

　이광수의 소설 《유정》에는 조선호텔 식당에서 일본 유학을 떠나는 정임의 송별회를 여는 장면이 등장한다. 송별회 역시 식당에 마련된 방에서 열렸는데, 은은한 조명이 비치는 식탁 중앙에는 계절에 어울리는 싱싱한 꽃들이 장식되어 있었다. 또 조명을 받아 빛나는 나이프와 포크, 반짝거리는 유리그릇을 보고 있으면 조선호텔 식당이 몽상이나 동화의 세계로 느껴진다고 했다. 《밀림》에 나온 것처럼 조선호텔 식당은 부유층 자녀의 결혼 피로연장으로도 명성 높은 곳이었다. 피로연장으로 서양음식점 중에서는 조선호텔 식당을 으뜸으로 꼽았고, 조선요릿집으로는 명월관이나 식도원이 그랬다. 중화요리점으로는 10장에서 살펴볼 아서원과 함께 대관원을 최고로 쳤다. 또 이들만큼은 아니었지만 신랑, 신부 지인들의 피로연은 청목당, 명치제과, 가네보 프루츠팔러, 낙랑파라 등 젊은이들의 취향에 어울리는 곳에서 열리기도 했다.

　그렇다면 조선호텔 식당에서 열린 상만과 자경의 피로연에서는 어떤 음식이 제공되었을까? 피로연이었으니 몇 가지 음식이 더해지거나 빠졌겠지만, 음식이 순서대로 제공되는 코스 요리, 곧 정식이었던 것은 분명하다. 자경의 아버지인 서정연이 조선에서 몇 번째로 큰 건축회사를 운영하고 있었음을 고려하면 진귀한 음식 몇 가지가 더해졌을 가능성이 크다.

　《불사조》의 계훈과 주리아 역시 하루 세 끼 모두를 조선호텔 식당에서 먹었다. 아침, 점심, 저녁에 따라 1원 50전에서 3원 50전까지 했던 이 음식 역시 코스 요리, 곧 정식이었다. 코스 요리가 일본을 거치

면서 '정식定食'이라는 다
소 특이한 이름으로 정
착된 것도 흥미롭다. 처
음 코스 요리가 정식이
라는 말로 번역되었을
때 '정해져 있다'고 한 것
은 음식의 종류와 순서
였다. 유럽의 고급 레스

○ 조선호텔 식당에서 식사를 기다리는 일구와 영주.
《명일의 포도》삽화.〈동아일보〉1937. 8. 15.

토랑에서는 손님이 메뉴를 보고 어떤 음식을 먹을지 선택하지 않는
다. 레스토랑에서 준비된 요리를 순서대로 제공하는데, 매일 요리의
종류는 달라지더라도 그날 제공되는 구성은 대체로 한 종류이다. 일
본에서 코스 요리가 정식이라는 이름으로 불리게 된 과정은《식민지
의 식탁》에서 더 구체적으로 다루었다.

위의 이미지는 3장에서 살펴본《명일의 포도》에 실린 삽화이다. 일
구와 영주가 조선호텔 식당에서 정식을 주문하고 음식이 나오기를 기
다리는 모습인데, 조선호텔 식당까지 간 데는 역시 영주를 어떻게 해
보려는 일구의 속셈이 자리하고 있었다. 요즘도 불고기정식, 돈가스
정식 등 식당에서 여러 종류의 음식을 구성해 제공하는 메뉴들이 있
지만, 이는 순서대로 나오는 것이 아니라 여러 가지를 한꺼번에 주는
방식이다. 오히려 백화점 식당을 구경할 때 등장했던 런치와 비슷한
음식인 셈이다. 코스 요리를 가리키던 정식이 나중에는 런치와 비슷
한 음식이 되었다는 것에도 유의할 필요가 있다.

조선호텔 식당의 자랑,
'정식'

조선호텔 식당에서 판매했던 정식에 대해 조금 더 구체적으로 살펴보자. 조선호텔의 정식은 정통 프랑스식을 표방했는데, 당시 프랑스요리는 서양요리를 대표할 정도로 위상이 높았다. 따라서 조선호텔에서 정통 프랑스요리를 제공한 데에는 조선호텔이 조선 최고의 호텔이라는 자부심이 작용하고 있었다. 예약을 하고 방문해도 식탁이 세팅될 때까지 기다려야 했던 것, 또 조선음식이나 일본음식을 팔지 않았던 것도 같은 이유에서였다.

조선호텔 식당에서 정식을 먹는 모습은《찔레꽃》에도 등장한다. 아래의 이미지는 정순과 경구가 황궁우가 보이는 조선호텔 후원을 산책

○ 조선호텔 후원을 산책하는 정순과 경구.《찔레꽃》삽화. 〈조선일보〉 1937. 7. 20.

하는 모습이다. 얼마 되지 않아 식사 준비가 다 되었다는 종업원의 말에 정순 일행은 식당에 들어가 자리를 잡는다. 이들이 자리에 앉자 음식이 하나씩 제공된다. 소설에는 나타나 있지 않지만 이들 역시 식사가 시작되기 전에 클로스 냅킨을 펼쳐 무릎 위에 올려놓았을 것이다.《찔레꽃》에서 정순, 민수, 경호, 경애는 빵에 버터를 발라 먹기도 하고, 이어 제공되는 음식들도 맛본다.《찔레꽃》이 〈조선일보〉에

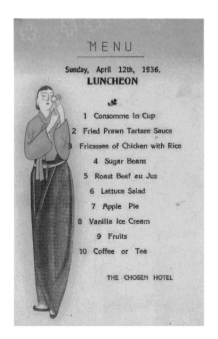

○ 1936년 4월 12일 조선호텔 식당의
정식 메뉴판. ⓒ 웨스틴조선호텔

연재될 때 삽화에는 이들이 정식의 마지막 코스인 아이스크림을 먹는 모습도 나타나 있다.

그런데 정순과 민수는 온전히 식사에 집중하지 못한다. 정순은 경호에게 민수와 경애가 결혼할 것이라는 말을 들었고, 민수도 경애에게 정순과 경호가 장래를 같이할 거라는 이야기를 들었기 때문이다. 민수가 빵을 떼어 버터를 발라 입에 넣자, 빵 조각이 마른 가죽처럼 뻣뻣하게 느껴졌다는 것 역시 그 때문이었다. 게다가 네 사람이 식사를 하고 있을 때, 조 두취가 기생 옥란과 함께 식당으로 버젓이 들어오자 경호 역시 괜히 조선호텔 식당에 왔다며 후회한다. 여러 가지 이유에

○ 조선호텔 식당의 자랑은 '정식' 곧 코스 요리였다.
애피타이저로는 주로 수프와 샐러드가 나왔다.

서 이들 네 사람의 식사는 엉망이 된 것 같다. 하지만 보통 사람들은
한 번 방문하기도 힘든 조선호텔에서의 식사이니 조금 더 자세히 들
여다보자.

조선호텔 식당의 정식에서 처음 제공되던 음식은 애피타이저인 수
프와 샐러드였다. 1936년의 식사에서는 콘소메 수프와 레투스 샐러
드가 제공되어 식욕을 돋우었다고 한다. 이어서 두 가지 메인 메뉴가
나왔는데, 먼저는 생선을 재료로 한 요리였고 이어지는 메뉴는 고기
로 만든 요리였다. 두 번째 메인 메뉴로는 주로 '로스트비프Roast Beef'
가 제공되었는데, 로스트비프는 일본에서는 제국호텔, 한국에서는 조
선호텔 식당에서 처음 선보인 메뉴였다.

코스 요리의 마지막 단계에서는 아이스크림, 과일, 커피 등의 디저
트가 준비되었다. 역시 1936년의 메뉴판을 보면 디저트로는 자몽 소
르베와 바닐라 아이스크림이 제공되었다고 한다. 지금으로 봐도 호화

로운 한 끼여서 입맛을 다시게 된다. 양도 적지 않아서, 배가 부르거나 입맛에 맞지 않을 경우 종업원에게 눈짓을 보내 치우게도 했다.

한편 조선호텔 정식의 메뉴에는 흥미로운 부분이 있다. 'grilled salmon, butter-sauce', 곧 버터소스에 구운 연어가 있고, 또 'chateaubriand à la richelieu', 곧 비프스테이크와 리슐리외도 있다. 그런데 앞의 메뉴는 영어로 적혀 있고, 뒤의 메뉴는 프랑스어로 적혀 있다는 점이 독특하다. 이 외에도 메뉴를 유심히 보면 영어와 프랑스어가 뒤섞여 있는 것을 알 수 있는데, 사실 지금도 많은 서양요리점들이 이 같은 방식으로 메뉴를 표기하고 있다. 댄 주래프스키Dan Jurafsky는 자신의 저서《음식의 언어》에서 메뉴에 영어와 프랑스어를 뒤섞어 쓰는 관행에 대해 언급한 바 있다. 실제 그것은 근대에 정통 요리로 자리 잡게 된 프랑스요리의 지위를 이용하는 '가짜 프랑스어'로, 자신들의 메뉴를 고급스럽게 보이게 하기 위한 전략이라는 것이다.

댄 주래프스키는 '앙트레 Entrée'라는 어휘를 통해 코스 요리의 관습에 대해서도 얘기했다. 16세기 중반까지 프랑스요리에서 앙트레는 코스 중 첫 번째 요리를 뜻하는 말이었는데, 식사를 몇 개의 코스로 나누어 진행하게 되면서 수프와 생선 요리가 나온 후, 로스트 요리가 나오기 전에 먹는 요리로 그 뜻이 변했다는 것이다. 코스로 식사를 하는 과정에서 메인 요리가 몇 차례에 걸쳐서 나왔다는 것, 또 조선호텔 식당에서도 그랬다는 점이 흥미롭다.

조선음식이나 일본음식을 취급하지는 않았지만 조선호텔 식당의 메뉴가 정식 하나였던 것은 아니다. 로스트비프, 비프스튜, 빵과 오믈렛 등 코스 요리가 아닌 일품이나 단품 요리도 팔았다. 하지만 조선호텔 식당을 대표하는, 가장 인기 있던 메뉴는 역시 정식이었다.

《불사조》에서 확인했듯 조선호텔의 정식 가격은 아침, 점심, 저녁에 따라 1원 50전, 2원, 3원 50전으로 달랐다. 다음의 이미지는 1932년 조선호텔의 숙박비와 식사 가격을 소개하는 팸플릿이다. 팸플릿에 적힌 식사 가격을 살펴보면 아침, 점심, 저녁의 가격이 각각 1원 75전, 2원 50전, 3원이라고 되어 있다. 아침, 점심의 가격은 25전, 50전씩 올랐고 저녁 가격은 50전 내렸다. 1930년대 초반 조선호텔 식당의 정식 가격이 대개 그 정도에서 오르내렸음을 알 수 있다. 단품 요리로는 커피와 홍차가 40전이었다. 1930년 전후 시기는 쌀값 폭락에 따라 음식 가격이 가장 떨어졌을 때였다. 이후 1930년대 후반 조선호텔 식당의 정식 가격은 각각 50전 정도 올랐으며, 단품 요리는 80전에서 1원 정도 했다.

○ 1932년 조선호텔의 숙박비와 식사 가격을 소개하는 팸플릿. 서울역사박물관.

조선호텔의 빛과 어둠

정통 서양요리와
화양절충의 음식

근대 음식점이 분화되는 과정에서 조선호텔 식당이 지니는 의미는 무엇일까? 1장에서 오카다 데쓰의 논의를 통해 일본에 서양음식이 정착된 과정에 대해 살펴본 바 있다. 그는 그 과정을 돈가스를 중심으로 설명하는데, 돈가스가 육식에 익숙하지 않았던 일본인을 위해 탄생한 요리였다는 것이 주요 골자이다.

그는 돈가스가 정착되는 과정에서 겪은 변화에도 주목한다. 커틀릿이 고기를 얇게 썰어 튀김옷을 입혀서 기름에 지지는 요리였던 데 반해 돈가스는 고기를 두껍게 하고 많은 양의 기름으로 튀겼다고 한다. 미소시루와 양배추를 함께 먹는 것이나 재료를 튀기는 조리법 역시 덴푸라를 거치며 일본인들에게 익숙해진 방식이었다.

이 책이 주목하는 부분은 그것이 앞서 얘기했던 화양절충의 음식이 만들어지는 과정과 동일하다는 것이다. 일본에서 서양음식도 아니고 일본음식도 아닌 요리가 등장한 것은 1880년대였는데, 1890년대가 되면 이미 화양절충의 음식을 판매하는 식당이 도쿄에만 1,500개가 될 정도였다. 물론 거기에는 일본이 추구했던 부국강병 정책과 맞물린 군대의 역할도 작지 않았다.

오카다 데쓰는 다른 저서인 《국수와 빵의 문화사》(뿌리와이파리, 2006)에서 일본에 빵이 정착되는 과정에서 군대가 행한 역할에 대해 다룬 바 있다. 1870년대에 들어서 일본 해군은 보관이 용이하다는 이유를 들어 장거리 항해용 군사식량으로 빵을 도입한다. 이어 육군 역시 두 번 구워 수분을 없애 더욱 보관을 쉽게 만든 건빵을 군사식량으로 채택했다. 그 과정에서 밀가루에 함유된 '비타민'이 당시 문제로 떠올랐던 각기병을 예방하는 효과가 있다는 것을 발견해 빵은 군사식량으로 더욱 큰 호응을 받게 된다.

일본을 거쳐 유입된 서양요리점은 크게 두 가지 형태로 조선에 정착되었다. 대부분은 일본식 서양요리, 곧 돈가스, 라이스카레, 고로케와 같은 화양절충의 음식을 팔았다. 이는 앞서 확인했던 미쓰코시나 화신백화점 식당에서도 마찬가지였다. 또 1920~1930년대 본정을 거쳐 종로까지 우후죽순 확산되었던 카페의 경우도 다르지 않았다. 그리고 소수의 몇몇 음식점만이 정통 서양요리를 판매하는 식당을 고집하게 된다.

이처럼 근대 외식이 분화되는 과정에서 조선호텔 식당의 위상이 드러난다. 조선호텔 식당은 화양절충의 음식이 아닌 정통 서양요리를 판매했다. 앞서 조선음식이나 일본음식을 전혀 취급하지 않던 조선호텔 식당에서 1930년대 중반이 되면 조식에 한정해 일본음식도 제공했다고 했다. 그런데 거꾸로 이것은 1930년대 중반까지 조선호텔 식당이 서양음식만을 판매했음을 말해주는 것으로, 정통 서양요리를 고집하던 조선호텔 식당의 성격이 분명히 드러나는 부분이다.

○ 조선호텔 식당
　팜코트의 내부.
　국립민속박물관.

○ 조선호텔 식당에서
　커피를 마시는
　무용가 최승희의 모습.

앞의 이미지는 조선호텔 식당의 내부를 담은 사진들이다. 위쪽 이미지는 벽뿐만 아니라 지붕까지 유리로 장식해 '선룸'이라고 불렸던 식당의 모습을 보여준다. 아래쪽 이미지는 아마 식민지 시대 조선호텔 식당의 분위기를 가장 잘 드러내주는 사진일 것이다. 앞쪽에서 커피잔을 들고 웃음 짓고 있는 인물은 당시 가장 유명했던 무용가 최승희인데, 조선호텔 식당의 고급스러운 분위기와 그녀의 화려하고 우아한 모습이 매우 잘 어울린다.

물론 1장에서 살펴봤던 청목당 역시 정통 서양요리점을 표방하며, 식자재 자체를 서양에서 수입하는 등 정통 서양요리를 제공하기 위해 노력했다. 하지만 1920~1930년대를 거치며 청목당의 메뉴는 많은 자리를 화양절충의 음식에 내주게 된다. 이런 점을 고려하면 일본을 거친 서양요리 혹은 서양요리점이 조선에 정착되는 데 조선호텔 식당이 미친 영향이 보다 선명하게 드러난다.

그런데 조선호텔 식당의 정식과 화양절충의 음식은 가격에서 적지 않은 차이가 났다. 2장에서 미쓰코시백화점 식당에서 팔았던 메뉴와 그 가격을 살펴보았다. 화양절충의 음식 가격은 가장 인기 있었던 런치가 50전이었고, 돈가스가 40전, 카레라이스가 40전 정도였다. 반면 《불사조》에 나타난 조선호텔의 저녁 정식 가격은 3원 50전으로 런치 7그릇, 돈가스나 카레라이스 9그릇 정도의 가격이었다. 물론 조선음식과는 더 큰 차이가 났다. 1930년대 중반 가격이 인상된 이후 설렁탕의 가격이 15전이었으니, 정식 한 번 먹을 돈이면 20그릇이 넘는 설렁탕을 먹을 수 있었다.

식민지 시대 조선인들이 받았던 평균적인 급여를 살펴보면 그 가격을 더 잘 실감할 수 있을 것이다. 급여가 얼마나 되면 조선호텔 식당의 정식을 사 먹는 데 부담이 없었을까?

채만식의 《인형의 집을 나와서》, 최독견의 〈유린〉 등에는 보통학교 교사가 40원, 고등보통학교 교사가 80원 정도를 받는다고 되어 있다. 앞서 7장에서 살펴봤던 〈냉면〉에서 순호는 S신문사의 기자인데 월급으로 70원을 받았다. 이경손의 〈백의인〉에 등장하는 기호는 신문사 문예부장인데 순호보다 많은 100원을 받는다. 한편 심훈의 소설 《상록수》에서 동혁은 고등보통학교를 졸업하고 기사가 되면 40~50원을 받는 게 고작이라고 언급한다. 《인형의 집을 나와서》에서 노라는 화장품 외판원으로 하루에 5~60전, 한 달로 따지면 15~18원 정도를 번다. 비슷한 시기 포목점 등 가게 점원의 한 달 급여가 10~12원 정도이니 그것보다 조금 많이 버는 수준이라고 했다.

조선호텔 식당의 저녁을 기준으로 하면 기자나 은행원의 급여로는 20번을 먹을 수 있었고, 교사의 경우 15번 정도 먹으면 급여가 몽땅 사라졌다. 화장품 외판원이나 가게 점원이 한 달 내내 번 급여는 정식 3~4번을 먹을 수 있는 돈에 불과했다.

급여가 아니라 식비로 한정하면 그 가격을 더욱 분명히 실감할 수 있다. 정비석의 〈졸곡제〉에서 지게꾼인 언삼이는 두 사람 아껴 먹으면 한 달에 쌀 네 말, 8원에서 10원 정도의 비용이 들어간다고 했다. 그것도 부담이 커 좁쌀에다 무 줄기를 넣은 죽을 먹으면 한 사람에 2원 50전 정도로 버틸 수 있다고도 했다.

그렇다면 조선호텔 식당의 정식 가격은 서민들의 한 달 식비보다 더 큰 금액이 된다. 조선호텔 식당이 정통 서양요리점을 고수했지만,

○ 돌담 너머로 보이는 조선호텔의 모습.《화상보》삽화.〈동아일보〉1939. 12. 18.

그것을 맛보기 위한 금전적 대가 역시 만만치 않았음을 알 수 있다.

물론 1941년 3월 〈춘추〉라는 잡지에 실린 "영빈관 조선호텔의 진풍 이경"이라는 글에는 조금 다른 얘기도 나온다. 코스 요리가 유명세를 타자 그것을 먹어야 으스댈 수 있다고 생각했던 사람들이 무리를 감수하면서까지 조선호텔 식당을 찾았다고 한다. 또 특별한 볼일이 없으면서도 아침부터 저녁까지 조선호텔에서 서성거리는 사람들까지 생겼다는 것이다.

위의 이미지는 이 책의 4장에서 살펴본《화상보》의 삽화다. 황궁우를 둘러싼 돌담이 높지 않았기 때문에 돌담 뒤로 조선호텔의 모습이 보인다. 특정 계층의 사람들만을 위한 공간이었지만 조선호텔 측에서도 일반인 손님을 끌어들이기 위한 노력을 했다. 그 대표적인 것이 '로즈가든Rose Garden' 혹은 '장미화원薔薇花園'이라고 불렸던 공간을 개장한 것이었다. 로즈가든에서는 영화를 구경하거나 이왕직 악단의 음악

연주를 들을 수 있었다. 영화를 볼 때는 음료나 아이스크림도 제공되었다. 그렇게 하는 데 한 사람에 50전을 내면 되었다고 한다.

　로즈가든의 개장을 고려하면 조선호텔 측에서도 일반인에게 문호를 개방하기 위해 노력했던 것으로 볼 수도 있겠다. 하지만 이는 호텔의 후원이라는 한정된 공간에서 이루어진 이벤트성 행사였다. 로즈가든이 지닌 그늘은 이 장의 마지막에 있는 '더 읽을거리'에서 확인할 수 있다.

　조선호텔에서 숙박하거나 식당을 이용하던 사람들은 주로 경성에 방문하거나 체류하는 외국인이었고, 조선인의 경우는 특정 부유층에 한정되었다. 외국인 중에서도 일본인은 고위 관료나 정상들이 많았다. 반도호텔의 소유주였던 노구치 시다가후野口遵가 평범한 차림으로 조선호텔을 방문했다가 문전박대를 당한 일도 있었는데, 이 역시 시사하는 바가 크다.

철도호텔과
장곡천정이라는 지명

지금은 조선호텔이라는 이름이 익숙하지만 사실 이곳의 정확한 이름은 '조선철도호텔'이었다. 조선을 강점한 일본은 철도를 이용하는 손님들의 편의를 위해 주요 역에 철도호텔을 건립했다. 부산과 신의주에 철도호텔이 문을 연 것은 1912년이었으며, 경성에 조선호텔이 개장한 것은 1914년이었다. 이보다 늦은 1925년에는 평양에도 철도호

○ 부산철도호텔의
외관.

○ 평양철도호텔의
외관.

텔이 들어섰다. 조선호텔의 건립 비용 120만 원 가운데 80만 원을 조
선총독부에서 부담했는데, 이 역시 조선호텔이 철도호텔의 목적으로
지어졌기 때문이었다.

앞선 이미지 중 위쪽은 부산철도호텔인데 부산역과 이어져 있었
다. 잘 보이지 않지만 이미지 중앙에 작은 글씨로 호텔이라는 표시가

있다. 아래 이미지는 1925년 개장한 평양철도호텔로 이 역시 역 가까이에 있었다. 조선호텔만이 나머지 철도호텔과 다르게 경성역과 떨어져 장곡천정에 위치했다. 관광을 목적으로 한 철도호텔도 들어섰는데, 1915년 문을 연 금강호텔, 1918년 준공한 장안사호텔, 1921년 개장한 불국사철도호텔 등이었다.

철도호텔을 건립한 일차적인 목적은 철도를 이용하는 승객의 숙박을 위해서였다. 도쿄에서 경성까지 가려면 2박 3일 정도가 걸렸고, 경성을 거쳐 봉천, 대련까지 가려면 4박 5일 이상의 시간이 소요되었다. 그러니 오랜 시간 기차에 탑승해야 했던 승객을 위해 역과 가까운 곳에 철도호텔을 건립했던 것이다.

하지만 철도호텔을 이용하는 승객은 고위 관리나 회사 임원처럼 특정 계층의 사람들에 한정되었다. 염상섭의 〈만세전〉에서 이인화는 첫날 도쿄에서 고베로 가는 기차에서 자고, 셋째 날은 관부연락선에서 잔다. 이인화처럼 완행 삼등칸을 이용하는 식민지인들은 기차에서 내려 다른 곳에서 숙박을 한다는 것 자체가 언감생심이었다.

그런데 조선호텔은 다른 철도호텔과는 달리 조선을 방문하는 귀빈들의 숙소로 사용되기도 했다. 조선호텔이 장곡천정에 건립되었던 것도 각국 영사관이나 공사관이 위치한 정동정과 가깝기 때문이었다. 그 때문에 부산이나 평양의 철도호텔처럼 역과 인접해 있지는 않았지만 접근이 힘들 정도는 아니었다.

조선호텔이 철도호텔로 개장되었다는 사실은, 조선호텔 역시 일본이 식민지 조선에 철도를 건설했던 목적에서 자유로울 수 없음을 말해준다. 일본이 철도를 건설했던, 특히 부산에서 출발해 경성을 거쳐

신의주에 이르는 노선의 철도를 사활을 걸고 개척했던 것은 조선의 식민지화를 발판으로 대륙으로 진출하기 위해서였다.

여기에서 다시 한번 조선호텔의 구조를 환기할 필요가 있다. '환구단圜丘壇'은 본래 대한제국 시절 황제가 하늘에 제사를 지내던 곳이었으며, 그 북쪽에 위치한 '황궁우皇穹宇'는 신위판을 봉안하는 부속 건물이었다. 환구단의 자리에 조선호텔이 들어서자 황궁우는 조선호텔을 장식하는 건물로 전락하고 만다. 식민 지배를 위한 철도호텔이 중심에 있고 황궁우가 그것을 돋보이게 만드는 배경이 되는 것, 그것은 일본 제국과 식민지 조선의 관계를 상징적으로 보여주는 풍경이었다.

조선호텔이 위치한 공간의 의미 역시 간과해서는 안 된다. 조선호텔의 주소는 장곡천정 87번지였는데, 장곡천정은 지금의 중구 소공로 부근을 가리키는 지명이었다. 소공동이라는 지명은 조선 태종의 둘째 딸인 경정공주의 집이 있는 곳을 한자로 표기한 데서 유래되었다고 한다. 그런데 조선을 강점한 이후 일본은 소공동과 저경궁동, 송현동, 석정동 등을 합해 장곡천정이라고 부른다. 여기에서 '장곡천'이라는 이름은 하세가와 요시미치長谷川好道라는 인명에서 따온 것인데, 그는 조선의 통감 대리를 거쳐 2대 총독을 역임했던 인물이었다.

하세가와 요시미치는 사령관으로 참전했던 러·일전쟁 당시부터 조선에서는 군사나 군사경찰 중심의 지배를 실시해야 함을 강력하게 주장했다. 종전 이후에는 한 걸음 더 나아가 군 경찰기관인 헌병을 내세워 조선의 경찰권을 헌병에게 맡기고 전시에 시행했던 군정을 계속 유지해야 한다고 했다. 여기에서 알 수 있듯이 하세가와 요시미치의 식민 통치 방침은 조선에서 군정, 곧 무단통치를 철저하게 시행하는 것이었다. 실제 그는 1915년 제2대 조선총독으로 부임해, 1919년 3·1 운동 이후 물러날 때까지 자신의 주장대로 철저한 무단통치를 시행했다. 여기서 그의 이름을 딴 장곡천정이라는 지명의 그늘을 분명히 발견할 수 있다.

로즈가든 대개장

〇〇〇〇

1924년 5월 〈동아일보〉에는 '로즈가든 개원'이라는 기사가
실린다. 6월 1일부터 로즈가든을 일반인에게 개방하고 영화(활동
사진)를 상영한다는 내용이다. 이 기사를 보고 조선호텔의 로즈가든
이 1924년에 개장되었다고 말하는 경우도 있는데, 이 기사는 1924년 당해
의 개장 날짜를 보도한 것이었다.

아래의 〈매일신보〉 기사는 이미 1918년 6월에 로즈가든이 개장되었음을 말해
준다. 기사에는 '환구단 부근'이라고 적혀 있는데, 환구단이 아니고 황궁우였다.
본문에서 확인한 것처럼 조선호텔이 환구단을 헌 곳에 세워졌으며, 황궁우만을 남
겨두었기 때문이었다. 아래의 기사를 보면 조선호텔 측에서도 일반인 손님에게 문
호를 개방하기 위해 노력했다고 할 수도 있겠다. 하지만 그것은 로즈가든 더 정확히
는 조선호텔 후원이라는 한정된 공간에서였다. 로즈가든에 입장하기 위한 50전이
라는 돈은 조선호텔 식당 저녁 식사값의 1/7에 불과했다.

"공개한 장미원—15일 저녁 조선호텔에서", 〈매일신보〉 1918. 6. 16.

서늘할 때를 차자서 조석으로 산보를 다니는 사람이 만하진 이쯤에
이러한 사람들의 유람장으로 조선호텔에서는 후정의 환구단 부근
에 월계화원을 베풀고 이를 공개하게 되엇는데 그 동산의 월
계는 300여 주나 되는 것을 욱정의 벨이의 공사관에서 옴
겨 심은 것이 요사이 만발하엿다. (…) 여기서 15일부
터 '로-쓰 까든'을 열게 되엇는데 이것은 저녁
일곱 시부터 열한 시까지 보통요리
는 물론이오 아리스

○ 황궁우가 보이는 조선호텔 후원. 국립민속박물관.

○ 조선호텔 후원은 로즈가든으로 개방되었다. 국립민속박물관.

크림, 맥주, 시도론, 레모나드 등의 청량음료로부터 가피, 홍차, 과자, 과실의 종류까지 주문에 응하며 또 일반 놀러오는 이를 위하야 저녁마다 호텔 오케스트라 음악이 잇고 수요, 토요의 이틀 저녁은 야회 활동사진도 영사한다더라.

　*참고 벨이의는 벨기에Belgium의 당시 표기였다. 시도론은
　　'시트론シトロン'이고, 레모나드는 '라무네ラムネ'인데,
　　둘 다 소다수였다.

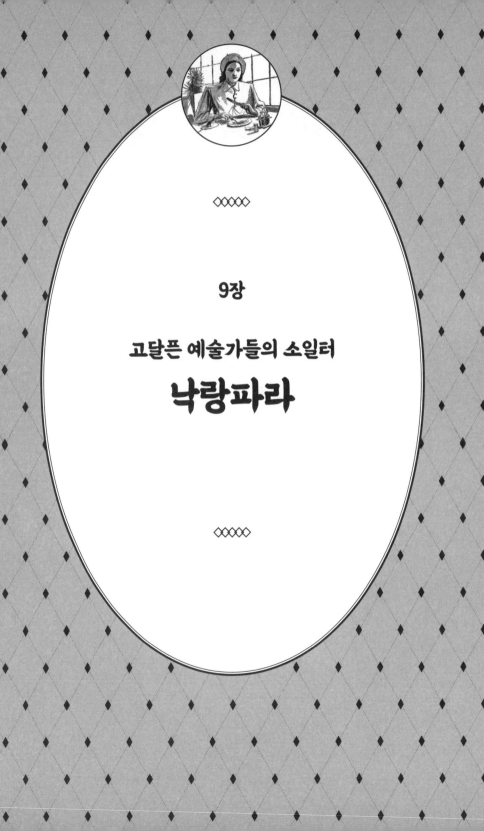

XXXX

9장

고달픈 예술가들의 소일터

낙랑파라

XXXX

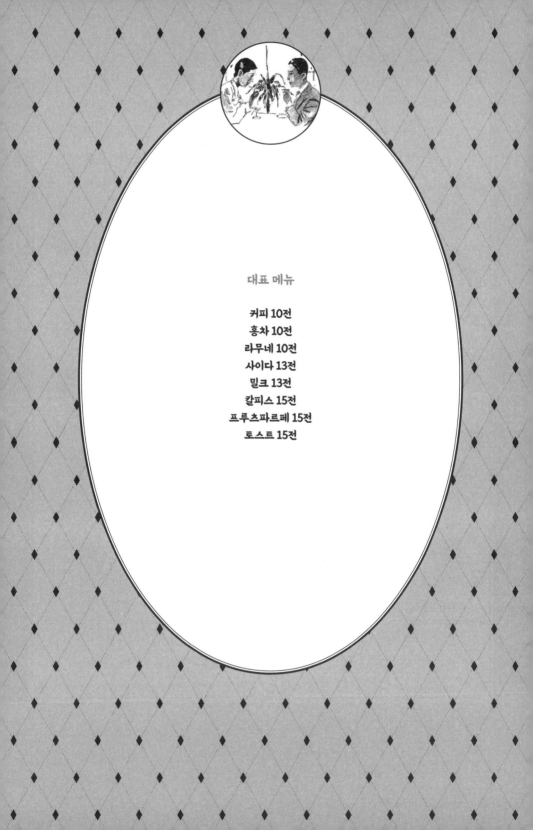

대표 메뉴

커피 10전
홍차 10전
라무네 10전
사이다 13전
밀크 13전
칼피스 15전
프루츠파르페 15전
토스트 15전

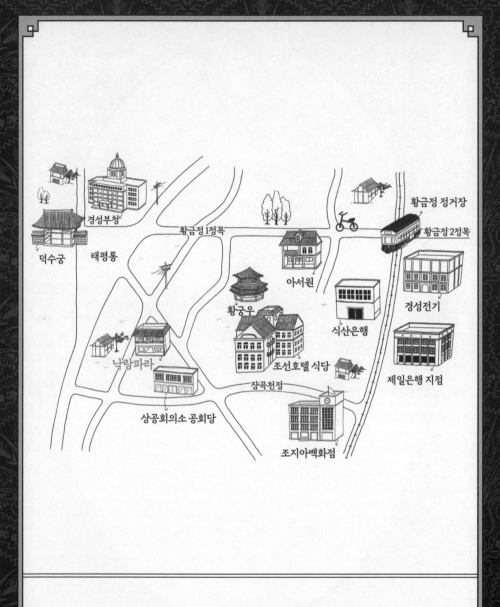

주소 **장곡천정 105번지**

일반 다방과는 '무언가' 다른

'낙랑파라樂浪ㅅㅡ라'는 장곡천정에 있었던 다방이다. 그런데 이런 설명만으로는 낙랑파라의 특징이나 분위기를 제대로 표현할 수 없다. 낙랑파라는 식민지 시대의 일반 다방과는 다른 '무언가'를 지니고 있었기 때문이다.

낙랑파라는 예술가들의 모임 공간으로서 특히 유명했다. 낙랑파라에 들어서면 예술가 한두 명 정도는 마주칠 수 있을 정도였다. 이곳을 즐겨 찾았던 예술인으로는 '목일회木日會'에 속한 화가 구본웅, 길진섭 김용준, 또 '구인회九人會' 구성원인 문인 이태준, 박태원, 이상 등이 있었다. 그들 가운데 변변한 직장을 갖지 못한 사람은 거의 매일 낙랑파라에 출석하다시피 했다고 한다. 예술가들의 '모임 공간'이라기보다 '소일 공간'이라는 표현이 더 어울리는 공간이었다. 낙랑파라는 마땅

○ 남국의 정취가 느껴지는 낙랑파라의 내부.

히 갈 곳 없는 예술가들에게 안식처가 되어주기도 했다.

　위의 이미지는 낙랑파라의 내부를 찍은 사진이다. 남국의 정취를 느끼게 해주는 중앙의 큰 야자나무 형상과 그 옆에 놓인 파초가 보인다. 또 당시 유행이었던 등나무 탁자와 의자 역시 눈에 띈다. 등나무 가구는 당시 유럽을 거쳐 일본의 다방이나 카페에서 유행하던 아이템이었다. 예술가들은 물론 일반인들에게도 남국을 연상하게 만드는 낙랑파라의 내부 장식은 매혹적으로 다가왔을 것이다.

　뒤에서 살펴보겠지만 낙랑파라를 개점한 이는 '도쿄미술학교東京美術學校'를 졸업한 이순석이었다. 5장에서 잠시 얘기한 것처럼 그는 졸업 후 화신백화점 사장 박흥식에게 스카우트되어 꽤 많은 보수를 받고 광고와 전시 일을 했다. 그런데 얼마 지나지 않아 예술적인 영감이 떠올랐던지 화신백화점을 때려치우고 만다. 그러고는 낙랑파라를 개업해 1층은 다방으로, 2층은 자신의 화실로 사용했다. 뒤에서 살펴볼 잡지 〈삼천리〉에 실린 글은 낙랑파라가 마치 파리 뒷골목에서 청절을 지키며 미술의 길에 정진하는 예술가의 화실 같은 느낌을 준다고 했다. 그런 분위기 때문에 목일회나 구인회에 적을 둔 예술가들이 이곳을 많이 찾았는지도 모르겠다.

9장에서는 낙랑파라에 대해 소개하려 한다. 낙랑파라는 장곡천정에 있었는데, 종로와 본정의 중간 정도에 위치했다고 보면 된다. 실제로 이순석이 낙랑파라를 장곡천정에 개업하려 했을 때 종로도 아니고 본정도 아닌 어중간한 곳이라며 만류하는 지인들도 적지 않았다고 한다.

낙랑파라를 방문한 손님들이 가장 즐겨 찾은 메뉴는 역시 커피였다. 이 장에서는 독자들과 함께 낙랑파라에 들러 커피 맛과 가격에 대해 알아보려 한다. 또 예술가들의 모임 혹은 소일 장소였다니 거칠게라도 그 분위기를 느껴보도록 하자. 그리고 '낙랑파라'라는 독특한 이름이 어떻게 지어졌는지도 확인해 볼 것이다. 낙랑파라를 소일터로 삼았던 대표적인 모임이 목일회와 함께 구인회였다니, 낙랑파라를 구석구석 구경하는 데는 구인회 멤버였던 이태준과 박태원의 도움을 받는 게 좋겠다.

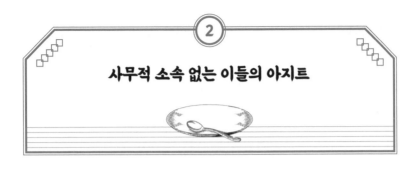

사무적 소속 없는 이들의 아지트

기다렸다는 것처럼
나를 맞아줄지도

낙랑파라의 '파라'는 응접실, 거실을 뜻하는 단어 'parlour'의 일본식 표기에서 왔다. 낙랑파라를 다룬 다른 논의들 역시 이를 언급하면서 '팔러'를 양과자와 음료수를 주로 파는 경음식점을 가리킨다고 말한다. 당시 일본에서 '팔러'가 정말 무엇을 판매하는 가게였는지는 4장에서 가네보 프루츠팔러를 통해 이미 확인한 바 있다.

낙랑파라로 우리를 안내할 첫 번째 소설은 이태준의 〈장마〉이다. 5장에서 이야기한 것처럼 이태준은 1930년대 중, 후반에 신문을 통해 다수의 장편소설을 발표했으며 '구인회'의 좌장 역할을 맡기도 했다.

〈장마〉는 1936년 10월 잡지 〈조광〉에 실린 단편소설로, 〈장마〉의 중심인물인 '나'는 실제 이태준 본인을 투영한 인물이다. 2주 넘게 장마가 계속되어 집에만 있게 되자 '나'는 아내와 말다툼이 잦아진다. 아내는 집에만 있는 '나'의 무능을 탓하고, '나'도 사사건건 아내의 행동에 꼬투리를 잡는다. 오랜만에 외출할 마음을 먹은 것도 아내와의 불편한 분위기를 피하려는 생각에서였다. 그러고는 아래와 같이 외출에 명분을 마련한다.

아직 열한 점, 그러나 '낙랑'이나 '명치제과'쯤 가면, 사무적 소속을 갖지 안흔 이상이나 구보 까튼 이는 혹 나보다 더 무성한 수염으로 커피 잔을 아페 노코, 무료히 안잣을는지도 모른다. 그러다가 내가 들어서면 마치 나를 기다리기나 하고 잇섯던 것처럼 반가이 맞아줄는지도 모른다. 그리고 요즘 자기들이 읽은 작품 중에서 어느 하나를 나에게 읽기를 권하는 것을 비롯하여 나의 곰팡이 슬은 창작욕을 자극해 주는 이야기까지 해줄는지도 모른다.

'나'는 오전 11시라 이른 시간이지만 낙랑파라나 명치제과에 가면 이상이나 박태원 같은 작자가 커피잔을 앞에 놓고 무료히 앉았을지도 모른다고 말한다. 사무적 소속이 없는 그들이라고 점잖게 얘기했지만 백수라는 말이 더 정확한 표현일지도 모르겠다. '나'는 백수 동료들이 무료히 앉아 있다가 자신이 들어서면 마치 기다렸던 것처럼 반가이 맞아주리라 기대한다.

이태준이 〈조선중앙일보〉의 학예부장으로 일하면서 사표를 넣고 다니면서까지 이상과 박태원에게 지면을 제공한 것은 잘 알려진 사실이다. 조금 더 정확하게 얘기하자면 사표까지 각오해야 했던 데는 박태원의 작품보다 이상의 〈오감도〉가 더 큰 빚을 지고 있을 것이다. 아래의 이미지는 이태준이 박태원의 결혼식 방명록에 남긴 그림과 글이다. 아마 두 사람이 하나가 되어 잘 살라는 뜻이었나 보다. 이태준이 이들과 이토록 막역했으니, '나'가 낙랑파라에서 '이상'이나 '구보'를 찾았던 것도 자연스러운 일이었을 것이다.

명분을 마련해 외출은 감행했지만 '나'는 그때까지도 정확한 행선지를 정하지 못한다. 버스 정거장에 간 '나'는 제일 먼저 총독부행 버스가 오자 무의식적으로 그것을 탄다. 여러 소설에 등장해 알려져 있듯이 당시 이태준은 성북동에 살고 있었다. 오른쪽의 이미지는 성북동 집에서 찍은 이태준의 가족사진으로 부자연스럽기는 하지만 단란함도 느낄 수 있다. 이태준의 성북동 집은 지금은 '수연산방'이라고 해 고즈넉한 찻집으로 운영되고 있다.

따라서 〈장마〉에서 '나'가 탄 버스는 성북동에서 조선총독부, 지금

○ 이태준이 쓴
박태원 결혼식 방명록.
서울역사박물관.

○ 성북동 집에서 찍은 이태준 일가의 사진. 수연산방.

은 경복궁 쪽으로 가는 버스였을 것이다. 행선지가 분명치 않은 '나'
는 결국 안국동에서 내려 전차로 갈아탄다. 그리고 '나'가 도착한 곳은
'조선중앙일보사'였다. 당시 조선중앙일보사는 안국동에서 종로 네거
리로 가는 길 중간 정도에 위치하고 있었다. 조선중앙일보사 건물은
여전히 자리를 지키고 있는데, 지금은 '농협 종로 지점'으로 사용되고
있다. 소설에는 나타나지 않았지만 전차에서 내려 조선중앙일보사에
들르는 것으로 보아, '나'는 종로시장 전 정거장에서 내린 듯하다.

　'나'는 예전에 일했던 조선중앙일보사에 들렀지만 생각과 달리 사
람들은 모두 자기 일에 바쁘다. 무안해진 '나'는 일본 신문 몇 가지를
읽는 척하다가 그들이 친구가 되기에는 시간이 없는 것을 깨닫고 서
먹하게 일어선다. 조선중앙일보사를 나선 '나'는 역시 친구들이 많이

근무하는 '조광사'에 들를까 고민한다. 하지만 그냥 발길을 돌리는데, 조선중앙일보사에서 이미 '사무적 소속'을 지닌 사람들의 분주함과 자신의 무료함 사이의 낙차를 확인했기 때문이었다. 그때 '나'의 발길이 향한 곳이 바로 낙랑파라였다. '사무적 소속'을 지닌 사람들은 모두 바쁠 거라는 자격지심도 작용하긴 했지만 독자들은 그런 '나' 덕분에 낙랑파라에 들를 기회를 얻는다.

낙랑파라는 장곡천정 105번지에 있던 2층 건물의 1층에 있었다. 장곡천정은 지금의 소공로 근처인데, 얘기한 것처럼 당시에는 종로와 본정의 사이에 있었다. 조선호텔과도 그리 멀지 않은 곳이었다. 전차를 타면 조선은행 앞 정거장에서 내려도 되었고, 황금정입구 정거장에서 내리면 더 가까워 걸어서 5분도 안 걸렸다.

낙랑파라는 1932년 7월 7일에 개업했는데, 이 엉뚱한 개업을 실천에 옮긴 사람은 이순석이었다. 이순석은 도쿄미술학교 도안과를 졸업한 후 경성에서 〈공예도안 개인전〉을 열었다. 화신백화점 사장 박흥식이 전시를 찾았다가 감명을 받았는지 이순석을 스카우트한다. 이후 이순석은 화신백화점의 광고, 선전, 미술 담당자로 일한다.

하지만 미술에 대한 미련 때문에 높은 급여를 받는 일자리도 걷어차 버리고 장곡천정에 문제의 한양절충식 이층집을 얻는다. 다음의 이미지는 낙랑파라의 외관을 찍은 사진이다. 사진을 보면 'Design & Portrait Painting Atelier'라는 간판이 눈에 띄며, 2층에는 베란다가 있다. 건물의 경우 목조로 뼈대를 만든 후 벽돌로 장식을 했으며 서양식 유리창을 설치했다.

1933년 10월 잡지 〈삼천리〉에 실린 글을 통해 낙랑파라에 대해 조

○ 낙랑파라의 외관.
인천광역시립박물관.

금 더 알아보자. 이 글은 낙랑파라가 대한문 앞에서 고색창연 옛 궁궐을 끼고 조선호텔이 있는 곳으로 가다 보면 장곡천정 초입에 있다고 말한다. 대한문은 덕수궁의 정문을 뜻하니, 낙랑파라가 덕수궁에서 조선호텔로 가는 길의 중간 정도에 있었음을 알 수 있다. 그리고 글에 따르면 낙랑파라에는 남양에서 이식한 것 같은 녹취가 흐르는 파초가 놓여 있고, 벽에는 슈베르트Franz Schubert나 디트리히Marlene Dietrich의 사진과 함께 데생도 걸려 있었던 것 같다. 또 바닥은 대팻밥과 흰 모래를 섞은 토질 마루로 되어 있었는데, 이 또한 낙랑파라를 대표하는 특징이었다. 남양을 이식한 듯한 파초, 사진과 데생, 모래사장 같은 바닥 등이 말해주듯 낙랑파라의 내부는 이국적인 분위기를 내는 데 주력한 것으로 보인다.

그런데 대팻밥과 흰 모래를 섞은 바닥은 이국적인 분위기를 내는 것 말고 다른 역할도 한 것 같다. 윤극영은 잡지 〈세대〉에 실은 글에서 낙랑파라의 독특한 바닥이 신발 소리가 나는 것을 막아서 음악에 집중할 수 있었다고 말한다. 윤극영은 〈반달〉, 〈설날〉 등의 노래를 만든 작곡가이다. 그가 방문했을 때는 카루소Enrico Caruso의 〈아이다Aida〉가 깊고 큰 음량을 과시하며 울려 퍼졌다고 하는데, 손님들의 이야기 소리까지 삼킬 정도여서 손님들이 대화하는 모습이 마치 붕어처럼 입술만 벙긋거리는 것 같았다는 말도 덧붙인다.

낙랑파라는 이순석이 주인이라서 그랬는지, 화가, 문인 등 예술가가 모이는 사랑방 역할을 했다. 1절에서 얘기했듯이 낙랑파라를 즐겨 찾던 예술가는 '목일회' 소속의 화가와 '구인회'의 문인들이었다. 이후 이순석 자신도 낙랑파라를 '프랑스 파리에 유행했던 살롱과 비슷해서 문인, 화가 등 예술가나 예술가 지망생들이 주로 모여 고전 음악을 감상하면서 작품을 구상하고 비평했던 일종의 예술가들의 집회공간'으로 회고했다.

하지만 낙랑파라를 찾는 손님이 꼭 예술가들이었던 건 아니다. 낙랑파라는 '멕시코'나 '금강산', '명치제과' 등과 함께 경성을 대표하는 다방이기도 했다. 그런데 낙랑파라에는 다른 다방에서는 느껴지지 않는 독특한 분위기가 있었다고 하는데, 그것은 이무영의 소설 〈지축을 돌리는 사람들〉에 잘 나타나 있다. 소설에서 강식과 혜경은 초청받은 '극예술연구회' 공연에 가다가 낙랑파라에 들른다. 실제 낙랑파라는 극예술연구회에서 〈인형의 집〉 등의 연극을 공연할 때, 다방 멕시코, 비너스와 함께 관람권을 판매하는 등 극예술연구회와 긴밀한 관련을 지니고 있었다.

〈지축을 돌리는 사람들〉에서는 강식의 입을 통해 낙랑파라의 성격이 드러나기도 하는데, 그것이 카페와 비교를 통해 이루어지고 있어 흥미롭다. 그는 사람들 대부분이 낙랑파라를 찾아 차를 마시며 담화를 나누는 것은 고상하다고 여기는 반면, 카페에 가는 것은 타락했다 생각한다고 언급한다. 이 역시 앞서 얘기한 여느 다방과는 다른 낙랑파라만의 분위기를 어렴풋하게나마 느끼게 해준다.

이상이 남긴 낙서와
커피의 향기

다시 소설 〈장마〉로 돌아가 보자. '나'는 조광사에 들를까 고민하다가 발길을 돌려 낙랑파라에 들어선다. 그런데 그곳은 '나'가 기대했던 것과는 뭔가 달랐다.

> 바로 낙랑으로 가니, 웬일인지 유성기 소리가 나지 안는다. 그러나 문만 밀고 들어서면 누구나 한 사람쯤은 아는 얼굴이 안잣다가 반가이 눈짓을 해줄 것만 갓다. 긴장해 들어서서는 안잣는 사람부터 둘러보앗다. 그러나 원체 손님도 적거니와 모두 나를 쳐다보고는 이내 시치미를 떼고 돌려 버리는 얼굴뿐이다.

기대했던 이상이나 박태원이 없어서 그랬겠지만, 낙랑파라의 분위기는 '나'의 생각과는 딴판이었다. 긴장해서 앉아 있는 손님부터 둘러

봤지만 모두 한 번 보고는 시치미를 떼고 고개를 돌린다. 이어지는 부분에서 '나'는 그들이 낙랑파라에 오면 흔히 만나는 얼굴이지만 숫제 처음 보는 얼굴만 못하다고까지 말한다. 그러면서 '나'는 사람들이 '저 자는 무얼 해 먹고살기에 벌써부터 찻집 출근이람?' 하며 자신을 멸시할 것이라고 생각한다. 그런데 사실 그 멸시는 자신이 낙랑파라에 앉아 있는 사람들에게 가지는 속마음이기도 했다. 이 부분은 낙랑파라의 성격과 관련된 부분으로 기억해 둘 필요가 있다.

〈장마〉에서 '나'는 일하는 아이에게 2층에 가서 주인을 불러오라고 시킨다. 아이는 아직 안 일어난 것 같다고 하다가 정작 2층에 갔다 와서는 없다고 말한다. 여기에서 행방이 묘연한 주인은 앞서 얘기한 이순석인데, 〈장마〉에서는 '나'가 도쿄에서 머무를 때 알게 된 '눈물의

○ 낙랑파라의 외관.

기사 이 군'으로 불린다. 소설은 이순석이 밤낮으로 찻집에 다니기 좋아하더니 화신백화점에서 꽤 고급으로 대우해 주는데도 미술을 이해하지 못한다는 불평으로 이내 그만두고 낙랑파라를 차려 놓았다고 밝힌다. 도안과 출신이라서 '기사'인데, 공연한 일에도 눈물을 자주 흘려 아예 '눈물의 기사'라고 불린다는 것이었다.

〈장마〉에서 이상이나 박태원이 있을 거라는 기대에 부풀어 낙랑파라에 갔던 '나'는 정작 두 사람 모두 만나지 못한다. 그런데 이상을 못 만났더라도 낙랑파라를 소개하면서 이상을 빼고 이야기할 수는 없다. 이상의 친구로 알려진 시인 김소운은 낙랑파라에 대해 다음과 같이 이야기한다.

> 거의 매일같이 낙랑파라에서 만나는 얼굴에는 이상, 구본웅 외에 구본웅의 척분戚分되는 변동욱이 있고, 때로는 박태원이 한몫 끼었다. 거기다 낙랑 '주인'인 이순석. 이 멤버는 모두 나보다는 앞서 서로 친한 사이들이었다.

거의 매일같이 낙랑파라를 찾는 사람은 이상, 구본웅, 변동욱이고, 그만큼은 아니지만 박태원도 자주 찾았다고 한다. 여기서 척분은 친척을 뜻하는 말이다. 김소운은 낙랑파라를 서울 안에 있는 화가, 음악가, 문인들이 가장 많이 모이는 다방으로 소개한다. 또한 낙랑파라에서는 명곡연주회도 매주 두어 번 개최되고 문호의 밤 같은 회합도 가끔 열린다고 한다. 문인이나 화가들은 이곳에서 커피를 마시면서 축음기에서 울려 퍼지는 음악을 들으며 취향을 공유하는 감각의 공동체

를 이루었다는 것이다.

옆의 이미지는 김소운이 이상, 박태원과 함께 낙랑파라를 배경으로 찍은 사진이다. 김소운이 구본웅의 소개로 이상을 처음 만난 곳도 낙랑파라였다. 김소운은 이상과 관련된 일화로 찻값에 대한 얘기를 한다. 당시까지 차를 마시면 한 사람이 모두의 찻값을 내는 것이 관행이었는데, 이상은 그 시절

○ 왼쪽부터 이상, 박태원, 김소운. 낙랑파라를 배경으로 찍은 사진. 소명출판 제공.

에도 희희낙락 담소하다가 자신이 마신 찻값 10전만 내고 일어섰다는 것이다. 김소운은 이것을 이상이 당시의 관행이나 폐습을 탈피한 선각자였기 때문으로 본다. 하지만 실제로 관행이나 폐습을 탈피하기 위한 행동이었다기보다는, 늘 궁핍에 시달렸던 이상이 그나마 예의를 갖추려고 한 행위가 아닐까 싶다.

이상은 낙랑파라에 일본어 낙서도 몇 개 남겼다.

달걀에서 나왔다. 닭에서 나왔다.
달걀에서… 아— 또인가!

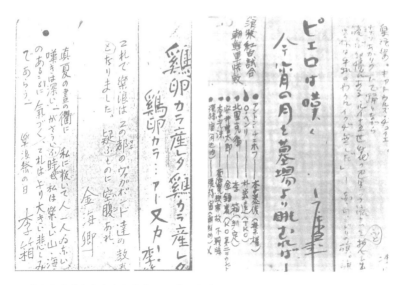

한 여름 대낮의 거리에서 나를 배반하여 사람 하나 없고, 탄식이 깊다. 그러나 그럴 때에도 나는 즐거운 산, 바다가 있는 것을 깨달으니 이는 더 큰 슬픔이리라.

위의 이미지 중 왼쪽에 적힌 낙서의 일부 내용이다. 먼저는 닭이 먼저냐 달걀이 먼저냐에 대한 것이고, 두 번째는 모두 산과 바다로 피서를 떠나 텅 빈 경성의 거리에 자신만 남아 있는 슬픔을 표현한 것이다.

이상이 낙랑파라에 남긴 낙서 가운데는 '낙랑제 홍백시합'이라는 제목으로 조선 예술가와 일본을 비롯한 외국 예술가를 가상 대결시킨 것도 있다. 위의 이미지 중 오른쪽에 있는 것이다.

낙랑제 홍백시합 조선군 석패

안톤 체호프 – 이태준(기권)
오 헨리 – 박태원(TKO)
北園克衛 – 이상(판정)
安井曾太郎 – 김종태(KO 제2라운드)
이광수 – 菊池寬 – 결석 고 부전승
장혁주(내지적) – 장혁주(조선적) X

　낙서에는 대결 결과가 '조선군 석패'로 끝났다는 결과도 부기되어
있다. 각각의 대진표와 결과 역시 흥미롭다. 먼저 이태준은 안톤 체호
프Anton Chekhov에게 기권패했고, 박태원은 오 헨리O. Henry에게 'TKO'
를 당했다고 한다. 이상 자신은 일본의 작가이자 미술가인 기타조노
카츠에北園克衛에게 판정으로 졌다. 미술가 김종태는 역시 일본의 미
술가 야스이 소타로安井曾太郎에게 'KO'로 패했다고 한다. 이광수는 기
쿠치 칸菊池寬이 참석하지 않아 부전승했다고 되어 있다.
　마지막으로는 장혁주의 대결 결과를 밝혔는데, 여기에서도 이상
의 재기는 번뜩인다. 장혁주는 2장에서 미쓰코시백화점 식당을 살펴
보면서 언급한 바 있다. 그는 조선과 일본에서 동시에 활동했는데, 이
상은 일본의 장혁주와 조선의 장혁주를 대결시켰다. 그러고는 일본의
장혁주가 조선의 그를 이겼다고 했다. 그나마 부전승을 거둔 이광수
외에는 승리한 조선군이 없다는 데서 당시 조선 예술에 대한 이상의
인식도 엿볼 수 있다.

그렇다면 〈장마〉의 '나'는 이상도 박태원도 없는 낙랑파라에서 어떤 메뉴를 시켜 먹었을까? 낙랑파라에서 손님들이 가장 즐겨 찾는 음료는 역시 커피였다. 그런데 낙랑파라의 커피 맛은 기대와 달리 그리 훌륭하지 않았던 것으로 보인다. '나'는 낙랑파라의 커피에 대해 다음과 같이 말한다.

> 커피 한 잔을 달래 놓앗스나 컵에 군물이 도는 것이 구미가 당기지 안는다. 그 원료에서부터 조리에까지 좀 학적 양심을 가지고 끌여 노흔 커피를 마서 봣으면 싶다. 그러면서 화제 업는 이야기도 실컷 지껄여 보고 싶다.

'나'는 커피를 시켰는데도 구미가 당기지 않는다며 원료에서 조리까지 제대로 된 커피를 마시고 싶다고 한다. 그런데 경성에서 '나'가 바라는 '학적 양심을 가지고 끓여 놓은 커피'를 찾기는 쉽지 않았던 것 같다. 경성의 이름난 다방에서조차 커피 맛이 없었던 이유에 대해서는 《식민지의 식탁》에서 구체적으로 다룬 바 있는데, 당시에 커피를 추출하는 데 주로 사용했던 방식이 '달임법 decoction'이었기 때문이다.

커피를 그나마 제대로 맛보기 위해서는 갈아낸 원두에 끓는 물을 붓고 잠깐 뚜껑을 덮어 찌는 듯이 하는 '우려내기법 infusion' 방식으로 추출해야 한다. 그런데 식민지 시대 대부분의 다방에서 사용했던 방식은 원두와 물을 같이 넣고 끓이는 달임법이었다. 길게는 20~30분 정도 원두를 물에 넣고 끓였다고 하니 커피의 제대로 된 맛을 느끼기는 힘들었을 것이다.

여기서 한 가지 흥미로운 점은 커피를 마시는 손님들도 커피 맛을

○ 낙랑파라의 주력 메뉴는 커피였다.
  하지만 커피 맛은
  그다지 좋지 않았던 것 같다.

잘 몰랐다는 것이다. 이무영의 소설《먼동이 틀 때》에는 숙정이 수영,
인화와 함께 본정에 있는 G그릴에 점심을 먹으러 가는 장면이 등장한
다. 길을 걷던 숙정이 예전에 갔던 H그릴은 커피가 맛없어 다 마시지
도 않고 그냥 나왔다고 너스레를 떤다. 그러자 수영이 숙정에게 커피
맛을 아느냐며 자신은 커피 맛이 좋고 나쁜 것을 모른다고 말한다. 옆
에 있던 인화가 자신도 커피 맛을 잘 모른다고 하자 숙정 역시 사실 자
신도 커피 맛을 잘 모른다고 실토한다. 커피를 파는 곳에서도, 또 마시
는 손님들도 커피 맛을 몰랐다는 사실은 식민지 시대 커피의 인기에
맛과 향뿐만 아니라 다른 것도 작용하고 있었음을 말해준다.

　이제 소설 〈장마〉를 살펴보는 일은 마무리하려 한다. 그런데 〈장
마〉는 어떻게 결말이 났을까? '나'와 아내는 장마를 핑계로 한 말다툼
과 어색한 분위기에서 벗어날 수 있었을까? 낙랑파라에서 나온 '나'는
본정 책사를 기웃거리다 우연히 만난 중학교 동창생에게 끌려 술집
에 가게 된다. '나'는 겨우 불편한 자리에서 벗어나지만 아내에게 어려

운 살림을 시키는 남편이라는 친구의 말이 계속 귓가를 맴돈다. 그러고 나서 '나'는 낙랑파라 뒤쪽의 중국인 거리에 위치한 '천증원'에 간다. 천증원은, 다음 장에서 중화요리점 '아서원'을 살펴보면서 얘기하겠지만, 서소문에 위치한 중국음식점이었다.

　예전에 아내는 출산했을 때 젖이 잘 나오지 않자 족발을 먹고 효험을 보았는데, 이후부터 족발을 좋아하게 되었다. '나'는 아내를 위해 중국인들이 즐겨 먹는 족발을 사려고 천증원에 갔던 것이다. 화해하는 과정이 등장하지는 않지만 아내가 좋아하는 음식을 사서 돌아갔으니 다만 며칠간이라도 어색한 분위기는 나아졌을지도 모르겠다.

볼가의 노래를 들으며 뜨거운 우유를

이상이 그린
낙랑파라의 메뉴들

〈장마〉에 이어 독자들에게 낙랑파라를 소개할 소설은 〈소설가 구보 씨의 일일〉이다. 〈소설가 구보 씨의 일일〉은 박태원의 소설로, 1934년 8월부터 9월까지 〈조선중앙일보〉에 연재되었다. 이상의 시 〈오감도〉와 비슷한 시기에 연재되었는데, 두 작품의 연재를 결정했던 〈조선중앙일보〉 학예부장 이태준의 마음고생이 심했음은 앞서 헤아려봤다.

  박태원은 이태준, 이상을 비롯한 김기림, 정지용, 박팔양, 이무영, 김유정, 김환태 등으로 구성된 '구인회'의 일원이었다. 특히 박태원은 이태준, 이상과 막역한 사이였는데, 이태준이 〈소설가 구보 씨의 일

일〉을 발표할 수 있는 지면을 제
공했다면 이상은 소설의 삽화를
그렸다. 옆의 이미지는 이상이 그
린 박태원의 초상이다.

○ 이상이 그린 박태원의 초상.

〈소설가 구보 씨의 일일〉은 제
목처럼 소설가 구보 씨의 하루를
그린 소설인데, 구보 씨는 작가 박
태원을 투영한 인물이다. 어머니
의 걱정을 뒤로하고 외출한 구보
씨의 산책은 집 근처인 천변에서
시작된다. 천변을 떠난 구보 씨의
발걸음이 처음 향한 곳은 5장에
서 살펴본 화신백화점이다. 구보
씨는 화신백화점 엘리베이터 앞에 네다섯 살 된 아이를 데리고 서 있
는 부부를 보며 행복에 대해 생각하기도 한다.

구보 씨의 발걸음은 화신백화점에서도 오래 머물진 않는다. 그는
화신백화점에서 빠져나와 동대문행 전차를 탄다. 화신백화점에서 나
와 탔으니 아마도 종로 정거장이었을 것이다. 동대문행 전차에 몸을
실은 구보 씨는 우연히 낯익은 사람을 발견한다. 그녀는 1년 전 자신
과 선을 봤던 여성이었다. 전차 속에서 구보 씨의 심경은 복잡하다. 그
여성도 자신을 봤는지, 자신은 그 여성을 사랑했는지, 그 여성 몰래 그
렇게 생각하는 것이 감정의 모독은 아닌지….

구보 씨가 장곡천정에 위치한 낙랑파라로 향한 것은 그때였다. 소

설에는 구보 씨가 오후 2시 조선은행 앞 정거장에서 내려 낙랑파라로 향하는 것으로 그려져 있다. 구보 씨는 일하는 아이에게 '가배차珈琲茶'와 담배를 시키고는 구석진 곳에 자리를 잡는다. 그러고는 낙랑파라의 오후를 아래와 같이 묘사한다.

> 다방의 오후 두시, 일을 가지지 못한 사람들이 그곳 등의자藤椅子에 앉아, 차를 마시고, 담배를 태우고, 이야기를 하고, 또 레코드를 들엇다. 그들은 거의 다 젊은이들이엇고, 그리고 그 젊은이들은 그 젊음에도 불구하고, 이미 자기네들은 인생에 피로한 것같이 느꼇다. 그들의 눈은 그 광선이 부족하고 또 불균등한 속에서 쉴 사이 업시 제각각의 우울과 고달픔을 하소연한다.

낙랑파라를 찾은 손님들은 차를 마시고, 담배를 태우고, 이야기를 하고, 레코드를 듣는다. 손님의 대부분은 직장을 가지지 않은 사람들로, 그들은 젊은이임에도 불구하고 피로에 길들여져 있다. 가끔 활기찬 발소리나 웃음소리가 날 때도 있지만 그곳에 어울리는 것은 역시 우울함과 고달픔이었다. 이태준과 마찬가지로 박태원도 낙랑파라의 손님들을 직장을 가지지 않은 사람들이라고 말한다. 또 그래서일지도 모르겠지만 그들은 피로와 우울함과 고달픔에 익숙해져 있다는 것이다. 〈소설가 구보 씨의 일일〉에 그려진 낙랑파라의 분위기 역시 〈장마〉의 그것과 크게 다르지 않다.

다음의 이미지는 〈소설가 구보 씨의 일일〉의 삽화인데, 삽화를 그린 사람이 이상이었음은 위에서 이야기했다. 삽화에서도 앞서 낙랑파

라의 내부 사진에서 확인했던 등나무 탁자와 의자가 눈에 띈다. 사무적 소속을 지니지 못한 채 피로와 우울함과 고달픔에 익숙한 손님들이 서로 외면한 채 앉아 있는 모습도 인상적이다. 그런데 삽화에는 이상다운 재기 역시 나타나 있다. 서로 등지고 앉은 두 손님의 안경 쓴 얼굴은 어딘가 낯익은데, 외면하고 앉은 두 손님이 모두 구보 씨이기 때문이다. 구보 씨가 들고 다니던 지팡이를 탁자 옆에 숨은 그림처럼 그려놓은 것도 흥미롭다.

그런데 이런 분위기를 엄숙하다고 느낀 인물도 있었는데, 윤극영이 그랬다.

소공동의 '낙랑파라'라는 찻집! 그것은 다방이라기보다 성당이라고 하면 좋을지… 처음으로 낙랑파라를 방문했을 때 그 다방 문 앞에서 옷깃을 여미고 무슨 사당에 들어가듯 조심조심 들어갔다.

그는 낙랑파라가 종교 의례를 올리는 곳 같아 옷깃을 여미고 사당에 들어가듯 입장했다고 한다. 그리고 이어지는 부분에서 다방이라는 곳이 이다지도 무시무시한 덴가 싶었다며 다시 한번 낙랑파라의 엄숙한 분위기를 강조한다.

앞서 낙랑파라에 입장하며 구보 씨가 시킨 '가배차', 곧 커피가 낙랑파라의 대표 메뉴였다는 것, 그럼에도 맛이 없었다는 것은 확인했다. 커피 외에 홍차, 우유도 인기 메뉴였는데 그중 우유 맛이 특히 좋았다고 한다. 1934년 5월 잡지 〈삼천리〉에는 낙랑파라의 우유 맛을 묘사하는 글이 실린다. 특히 추운 겨울에 빨갛게 타는 난로 앞에서 '아이다야! 아이다야!' 하는 러시아의 볼가 노래를 들으며 뜨거운 우유를 마시면 낙랑파라의 독특한 향내와 미각을 느낄 수 있다는 말이 인상 깊다. 이 글에서는 낙랑파라의 분위기를 유추할 수 있는 또 다른 정보도 제시한다. 겨울에는 난로를 때 보온을 했으며 축음기에 걸렸던 레

○ 이상이 그린 〈소설가 구보 씨의 일일〉의 삽화.
브라질커피, 아이스크림, 칼피스 등이 보인다. 〈조선중앙일보〉 1934. 8. 19.

코드판 가운데는 러시아 민요도 있었다는 것이다. 앞서 윤극영이 방문했을 때는 카루소가 부르는 〈아이다〉가 울려 퍼졌다고 했으니, 낙랑파라의 음악 역시 베르디, 슈베르트에서 러시아 민요까지 다채로웠음을 알 수 있다.

그럼 커피, 홍차, 우유 외에 낙랑파라에서는 또 어떤 메뉴를 팔았을까? 〈소설가 구보 씨의 일일〉에 실린 이상의 삽화를 통해 구체적인 메뉴에 접근할 수 있다. 낙랑파라의 내부를 그린 앞의 삽화에는 '브라질 커피'와 '립톤 홍차'가 있다. 또 '아이스크림', '코코아'와 함께 '칼피스'도 보인다. 이날 구보 씨는 모두 세 차례에 걸쳐 낙랑파라를 방문하는데, 두 번째 들러 만난 신문사에서 근무하는 친구는 '조달수曹達水'를 시켰다고 한다. 조달수는 소다수, 곧 탄산음료를 뜻했다. 소설에 나타나 있지는 않지만, 소다수를 시켜서 마셨던 친구는 당시 〈조선일보〉 기자로 일하고 있던 김기림이다.

〈소설가 구보 씨의 일일〉에는 한쪽 구석에 앉아 '토스트'를 먹고 있는 손님도 등장하니 메뉴에 간단한 요깃거리도 있었음을 알 수 있다. 실제로 1933년 10월 〈삼천리〉에 실린 글을 보면 낙랑파라에는 차뿐만 아니라 케이크, 과일 등도 판매했던 것 같다. 앞서 본정에 위치해 각종 과일 음료와 디저트를 팔던 '가네보 프루츠팔러'에 대해 소개한 바 있다. 낙랑파라의 '파라' 역시 팔러를 뜻하니 과일과 케이크도 취급했던 것 같다.

커피값, 담배값,
그리고 모임들

낙랑파라에서 판매했던 메뉴들의 가격은 어느 정도였을까? 〈소설가 구보 씨의 일일〉에서 구보 씨는 낙랑파라를 떠나면서 백동화 두 푼, 곧 20전을 탁자 위에 놓고 나온다. 낙랑파라에서 커피가 10전이었으니, 나머지 10전은 담배값이었다.

　구보 씨가 밤에 다시 낙랑파라에 들렀을 때는 맥주를 여러 병 시켜서 마시는 손님을 보고 한 잔에 10전짜리 차를 마시는 사람들에게 우월감을 가질 것이라고 생각하는데, 여기서 찻값이 직접적으로 드러난다. 그 손님은 구보 씨를 몇 차례나 구포 씨로 불러 당황하게 만든 사람이었다. 아래의 이미지는 그 장면에 실린 삽화인데, 이상 역시 다른 음료의 잔은 작게 그린 데 반해 맥주의 병과 잔은 크게 그려 맥주의 우

　○ 이상이 그린 〈소설가 구보 씨의 일일〉의 삽화.
　　다른 음료에 비해 맥주가 특히 크게 표현되어 있다. 〈조선중앙일보〉 1934. 8. 19.

월감을 표현했다.

커피값이 10전이었던 것은 1920년대에도 마찬가지였다. 이서구는 1923년 8월 〈동아일보〉에 〈월미도의 일야〉라는 글을 발표한 적 있다. 〈월미도의 일야〉에서 이서구는 월미도 유원지에 있는 간이매점에서 커피를 10전에 팔고 있으며, 아이스크림과 과자는 20전이라고 했다. 또 스시와 샌드위치는 50전이라며 그곳에서 팔던 식사의 가격까지 언급한다.

커피의 가격은 1930년대 후반에도 비슷했다. 1937년 7월 〈조선일보〉에 실린 "다방의 공전화도 안 된다"라는 제목의 기사에서는 커피값이 10전이고 전화 사용료가 3전이라는 소식을 전한다. 다방에서 이 전까지 무료로 이용했던 전화를 앞으로 3전의 사용료를 받고 운영하기로 했다는 것이다. 물론 이 책의 관심은 그때도 커피값이 10전이었다는 사실에 있다. 그런데 1938년 이후 본격적인 전시체제에 들어서면서 커피 역시 서양 물품이라는 명분으로 20전으로 인상되었다. 하지만 그때를 제외하고는 식민지 시대 커피값은 10전에서 크게 변함이 없었다. 10전은 지금으로 따지면 5,000원 정도의 금액이다.

그렇다면 구보 씨가 시킨 10전짜리 담배는 무엇이었을까? 여기에서 잠시 식민지 시대 담배값에 대해서도 알아보도록 하자. 채만식이 1934년 5월에서 7월까지 〈신동아〉에 연재했던 소설 〈레디메이드 인생〉에는 담배의 종류와 가격을 알 수 있는 흥미로운 장면이 나온다. 소설에 등장하는 P는 고등교육을 마쳤지만 제대로 된 직장을 얻지 못하고 가난에 시달리는 인물이다. 그는 담배를 사기 위해 동십자각 옆 담배 가게에 들렀는데, 아래의 인용은 P와 담배 가게 주인이 나눈 대화이다.

"담배 한 갑 주시오" 하고 돈을 꺼내려니까 담배 가게 주인이, "네, 마콥 니까?" 묻는다. P는 담배 가게 주인을 한번 거듭 떠 보고 다시 자기의 행색을 내려 훑어보다가 심술이 버쩍 낫다. 그래서 잔돈으로 꺼내려는 것을 일부러 1원짜리로 꺼내려는데 담배 가게 주인은 벌써 마코 한 갑 위에다 성냥을 바쳐 내어민다. "해태 주어요." P는 돈을 들이밀면서 볼먹은 소리를 질렀다. 그러나 담배 가게 주인은 그저 무신경하게 '네—' 하고는 마코를 해태로 바꾸어 주고 85전을 거슬러 준다.

소설에서 P는 담배 가게 주인이 자신의 행색을 보고 '마코'를 주는 줄 알고 '해태'로 달라고 한다. P는 겨울 외투를 전당포에 잡히고 겨우 4원을 구했는데, 그중 15전을 담뱃값으로 사용한 것이었다. 채만식의 〈레디메이드 인생〉은 당시 해태가 비싼 담배 축에 꼈으며 가격이 15전이었음을 말해준다. 그렇다면 원래 사려고 했던 마코는 얼마였을까? 담배 중에서도 가장 저렴했던 마코는 5전이었다. 해태와 마코의 중간 정도 가격의 담배가 구보 씨가 낙랑파라에서 구매했던 10전짜리 '피존'이었다.

실제 식민지 시대 담배는 커피와 함께 시기별로 가격에 크게 변화가 없던 상품이었다. 지금 가격으로 환산하면 마코는 2,500원, 피존은 5,000원, 해태는 7,500원 정도 된다. 그런데 식민지 시대에는 담배 한 갑에 10개비가 들어 있어 지금보다는 비쌌던 셈이다. 이는 조선총독부에서 전매 제도를 운용하면서 담배와 술을 주된 수입원으로 삼아 많은 세금을 부과했기 때문이었다.

앞서 확인한 것처럼 낙랑파라에서 커피, 홍차 등은 10전이었고, 아이스크림, 코코아, 칼피스 등은 15전 안팎이었다. 과일을 재료로 한 음료나 디저트는 15전에서 20전 정도 했다. 또 소다수 종류 중에는 라무네가 10전, 시트론과 사이다가 13~15전 정도 했을 것이다.

이날 구보 씨는 모두 세 번 낙랑파라를 찾았다. 첫 번째는 예전에 선을 봤던 여자 생각을 하다가 도착해 커피와 담배를 시켰을 때이고, 두 번째는 오후에 '조선일보사'에서 일하는 친구 김기림을 만나러 들렀을 때였다. 마지막은 다료, 곧 다방을 운영하는 친구 이상과의 저녁 늦은 약속 때문이었다.

두 번째로 낙랑파라를 방문했을 때는 흥미로운 일이 있었다. 낙랑파라에 있던 강아지가 남자 손님과 여자 손님에게 반복해서 푸대접을 받자 구보 씨는 강아지가 안쓰러워 자기라도 좋아한다는 것을 알리려한다. 그 강아지는 원래 이태준의 집에서 기르던 강아지였는데, 이태준은 강아지에게 《부활Voskresenie》의 여주인공 이름이기도 한 '카츄사Katyu sha'라는 이름을 붙였다고 한다. 그런데 '눈물의 기사' 이순석이 마음에 들었던지 낙랑파라로 강아지를 데려왔다. 이순석이 데려와서는 마네Edouard Manet 그림의 모델인 '나나Nana'라는 이름으로 불렀으니, 강아지는 주인에 따라 소설의 주인공도 또 그림의 모델도 되었던 셈이다.

다음의 이미지는 강아지를 쓰다듬으려 애쓰는 구보 씨를 그린 삽화이다. 그런데 자기라도 좋아한다는 것을 알리려 한 구보 씨의 마음은 강아지에게 잘 전달되었을까? 의도와는 달리 구보 씨가 머리를 쓰다듬으려고 하자 강아지는 진저리 치며 '캥, 캐캥!' 짖고는 카운터 뒤로 달아나 버린다. 강아지에게마저 외면당했으니 구보 씨의 마음은

○ 이상이 그린 〈소설가 구보 씨의 일일〉의 삽화. 〈조선중앙일보〉 1934. 8. 22.

더욱 어두워졌을지도 모르겠다.

낙랑파라의 초창기에는 마담도 있었던 것으로 보인다. 〈삼천리〉에 실린 〈끽다점평판기〉라는 글을 보면 예전에는 핏빛 같은 저고리를 입은 미모의 젊은 마담이 카운터를 보고 있었다고 한다. 그런데 갑자기 없어져 마치 피었던 동백꽃이 바람에 속절없이 날려간 듯 허망하다고도 말한다. 실제 〈소설가 구보 씨의 일일〉의 다른 삽화에는 찻잔과 음료수 잔 뒤로 나른한 모습을 한 마담이 보이기도 한다.

앞서 낙랑파라가 유명했던 것은 무엇보다 '목일회', '구인회' 등 예술가들의 모임 장소로서였음을 얘기한 바 있다. 그런데 낙랑파라에서는 단순한 모임뿐만 아니라 출판기념회, 미술 전시회, 음악회 등도 개최되었다.

대표적인 것이 '투르게네프 50주기 추모제'였다. 1933년 8월 22일 러시아 문학가 '투르게네프Ivan Turgenev'의 50주기 추모제가 낙랑파라에서 개최된다. 다음의 이미지는 그때의 사진인데, 엄숙한 분위기도

눈에 들어오지만 이상
의 삽화에 등장했던 등
나무 의자가 더욱 눈에
띈다. 투르게네프 추모
제는 이하윤, 이헌구,
함대훈이 발기인으로
나서서 주도를 했고, 임
화, 정지용, 이태준, 주
요한, 김상용, 김억 등
의 문인이 참가했다.

○ 낙랑파라에서 열린 투르게네프 50주기 추모제.
〈조선일보〉 1933. 8. 24.

또 1936년 3월 15일에는 서양화가 길진섭의 소품전이 열렸다. 길
진섭은 도쿄미술학교 서양화과를 다녀 이순석과 동창이었다. 그는 정
지용의 《정지용시집》, 이육사의 《육사시집》 등을 디자인했으며, 이상
의 '데스마스크'를 만들기도 한 인물이었다. 길진섭은 여러 가지 미술
활동에 매진했음에도 생활의 곤란에서 벗어나기 힘들었다. 도쿄미술
학교 동문이자 친구인 이순석은 길진섭에게 경제적인 도움을 주고자
소품전의 공간을 제공했던 것으로 보인다. 낙랑파라에서는 앞선 행사
외에도 '조선민속학회'에서 〈탈전시회〉를 개최했고, 안석영이 감독한
영화 〈춘풍의 밤〉 개봉 기념 모임을 가진 적도 있다. 또 홍난파가 '바
이올린 연구회'라는 이름으로 강습회를 운영해 직접 바이올린을 가르
치기도 했다.

이후 낙랑파라는 어떻게 되었을까? 이순석은 낙랑파라를 운영하
는 데 흥미를 잃었던지 1930년대 중반 다른 사람에게 가게를 넘긴다.

그때 낙랑파라를 인수했던 인물이 김연실이었다. 김연실은 '금강키네마', '토월회' 등의 소속으로 여러 영화와 연극에 출연한 배우였다. 그녀는 낙랑파라를 인수하고 나서 가게의 이름을 '낙랑'으로 바꾼다.

김연실은 결혼도 몇 차례나 해 호사가들의 입방아에 오르기도 했다. 그런데 정작 낙랑을 운영했던 것은 김연실에게 첫사랑을 갈구했던 '이 모'라는 인물과 함께였다. '이 모'는 휘문고등보통학교 시절 김연실이 출연한 영화를 보고 그녀를 짝사랑하게 된다. 그런데 김연실이 고등보통학생의 풋사랑을 거들떠보지 않자 그는 일단 미국으로 유학을 떠난다.

유학을 다녀왔더니 무슨 꿍꿍이였는지 김연실이 그의 청혼을 받아들여 두 사람은 결혼을 한다. 그리고 나서 낙랑파라를 인수했던 것이다. 그 시기를 1935년이라고 주장하는 글도 있는데, 1936년 3월 낙랑파라에서 길진섭의 소품전을 열었던 것을 보면 그때까지는 이순석이 운영했던 것 같다. 김연실과 이 모의 결혼식이 1937년 1월에 있었다고 하니 주인이 바뀐 것도 그 언저리로 파악된다. 하지만 김연실은 결혼을 한 지 얼마 되지 않은 1937년 12월 낙랑도 남편도 다 버리고 다시 일본인과 살림을 차린다. 그러니 낙랑파라에서 이어진 낙랑은 1937년 정도까지 영업을 했다고 보면 될 것이다.

'낙랑파라'라는 이름의 그늘

아래의 이미지는 이상이 경성고등공업학교를 다닐 때 친구들과 함께 찍은 사진이다. 아마 연극 공연이나 가장 대회 같은 것을 한 것 같은데, 의상이 무척이나 다채롭다. 오래된 사진이라 어렵긴 하겠지만 저들 가운데 이상을 찾아보는 것도 흥미로울 것 같다. 정답은 이 절의 마지막에 밝히도록 하겠다.

앞서 낙랑파라에 남긴 이상의 낙서에 대해 살펴본 바 있다. 그런데 그중에는 낙랑파라의 공간적 의미를 엿볼 수 있는 낙서도 있었다.

○ 이상과 친구들. 문학사상 제공.

이것으로 낙랑은 이 도시의 배가본드의 교실이 되었습니다. 의심하는 자에게 배고픔(창피) 있으라!

낙랑파라가 경성에서 '배가본드vagabond', 곧 방랑자의 교실이 되었다며, 그것에 대해 의심하지 말라는 말까지 덧붙여져 있다. 배가본드라는 고상한 표현을 사용했지만, 〈장마〉에 나타난 이태준의 표현을 빌리자면, '사무적 소속'을 지니지 못한 예술가들의 교실 역할을 했다는 뜻일 것이다. 이상의 낙서에는 맞는 부분도 있고 그렇지 않은 부분도 있는데, 이에 대해서는 뒤에서 다시 얘기하겠다.

이상은 다른 글에서 낙랑파라가 지닌 의미에 대해 직접 밝히기도 했다. 먼저 그는 낙랑파라가 이순석이 지녔던 꿈의 공간임을 환기한다.

사람이 자기 꿈에 대해서조차 고독을 느낀다면 그것은 외로운 일임에 틀림없다. 낙랑! 이것은 그의 고독한 꿈의, 아주 작은 표현인 동시에 그가 갖가지 사람의 꿈에 악수를 청하는 것이기도 하다.

사람이 꿈에서조차 고독을 느낀다면 그것은 정말 고독한 것이라고 했다. 낙랑파라는 이순석이 고독에서 벗어나기 위해 사람들과 꿈을 나누는 공간이라는 것이다. 이어 다음과 같은 말로 소개를 마무리한다.

그리고 저마다 별도의 의미로 천진한 꿈을 꾼다. 그리고 물건을 잃고 돌아간다. 그런 점에서 낙랑은 순수하고 좋으며, 그윽한 매력이 되어 언제까지나 좋아진다고 생각한다.

낙랑파라를 찾는 손님들도 천진한 꿈을 얻어가는 대신 물건을 잃고 돌아간다고 했다. 하지만 그것이 낙랑파라의 순수하고 좋은 점이며, 또 매력이 되어 언제까지나 남는다는 것이다.

변영로도 1933년 10월 〈동아일보〉에 실은 글에서 낙랑파라의 의미를 환기한 바 있다. 과거 프랑스의 문인들은 서로의 작품을 비평하는 모임을 가지곤 했는데, 빅토르 위고Victor Hugo는 자기 집을 모임 공간으로 제공했다고 한다. 조선에는 빅토르 위고와 같이 큰 저택을 가진 사람이 없는데 그나마 낙랑파라가 그런 공간의 역할을 한다는 것이다.

최정희 역시 〈다방-거리의 피난처〉라는 글에서 경성의 이름난 다방으로 멕시코, 제비, 뽄아미 등을 꼽고 이름은 다 괜찮다고 한다. 그런데 들어가 보면 각각의 특징이 없고 심지어 춤을 춘다고 소란스럽기까지 하다는 것이다. 이런 점을 고려하면 이상의 낙서는 낙랑파라만의 독특한 성격을 정확하게 드러내주는 듯하다.

하지만 이상의 애정에도 불구하고 낙랑파라가 지닌 한계 역시 뚜렷하다. 앞서 이순석이 낙랑파라를 장곡천정에 개업하겠다고 하자 만류하는 지인들이 많았다고 했다. 조선 사람을 손님으로 하면서 북촌하고 떨어진 아스팔트 길 옆에 가게를 얻는 것은 좋지 않다는 것이었다. 하지만 개업하고 얼마간은 낙랑파라의 운영이 크게 어렵지 않았던 것으로 보인다.

그런데 낙랑파라의 호황은 그리 오래가지 않았다. 다시 〈장마〉로 돌아가 보자. 소설에서 '나'는 눈물의 기사 이순석을 만났더니 얼굴이 몹시 상해 있었다고 한다. 이순석은 낙랑파라의 영업이 잘 안 돼 가게를 팔아버리고 다시 도쿄로 가겠다며 인수할 사람을 소개해 달라고 한다. 넷째 손가락을 붕대로 칭칭 감고 있었던 데서 알 수 있듯 이순석의 낙담에는 실연도 작용하고 있었을 것이다.

　낙랑파라의 영업이 순탄치 않았던 것은 사실이었다. 영업이 잘되지 않았던 가장 큰 이유는 사장인 이순석에게 있었다. 사실 이순석은 낙랑파라의 영업에 크게 관심이 없었던 것으로 보인다. 〈장마〉에도 나타나는 것처럼 외출을 하거나 그림을 그린다고 낙랑파라를 비우는 경우가 많았다. 거기에는 급여를 많이 받았던 화신백화점 일자리를 때려치운 것에서 알 수 있듯, 경제적으로 곤란을 느끼지 않았다는 이유도 있었을 것이다.

　영업이 잘되지 않았던 또 다른 이유는 낙랑파라의 성격과 관련되어 있다. 낙랑파라의 가장 큰 특징은 목일회나 구인회 등 예술가들이 모임을 갖는 장소였다는 것이었다. 하지만 '모임을 갖는 장소'라기보다는 '소일을 하는 장소'라는 표현이 더 정확했다. 특별한 '사무적 소속'이 없는 예술가들이 소일하는 장소였으니, 한번 오면 몇 시간씩 있는 경우가 허다했을 것이다.

　그러니 차나 음료를 팔아야 했던 가게 입장에서는 제대로 수익을 내기 힘들었다. 옆의 이미지는 안석영이 쓴 〈도회점경 都會點景〉이라는 글

○ 〈도회점경〉의 삽화. 〈조선일보〉 1934. 2. 9.

에 실린 그림이다. 해설에는 식구들의 눈길을 피해 집을 벗어난 실업자가 갈 곳은 10전만 있으면 갈 수 있는 찻집이라고 적혀 있다. 그런데 커피 한 잔만 먹고 온종일 앉아 있기는 눈치가 보인다는 말도 덧붙여져 있다. 바꾸어 말하면 눈치를 보기는 하지만 커피 한 잔만 마시고 주야장천 자리를 지키는 손님도 있었다는 것이다. 이 역시 앞서 언급했던 '사무적 소속'이 없는 예술가들의 소일터로서의 낙랑파라의 성격과 겹쳐지는 부분이다. 여기서 낙랑파라가 배가본드의 교실이었다는 이상의 낙서에 대해 환기해 볼 필요가 있다.

물론 낙랑파라가 특별한 직업이 없는 경성의 방랑자나 떠돌이, 특히 예술가들에게 잠시나마 휴식을 선사하는 공간이었음은 부정하기 힘들다. 또 그것이 이상이 말한 물질을 잃는 대신 꿈을 얻는 행위였는지도 모르겠다. 하지만 박태원이 낙랑파라에 어울리는 것이 우울과 고달픔이라고 한 것, 또 이태준이 낙랑파라에 오면 흔히 만나는 얼굴들이 처음 보는 얼굴보다 못하다고 한 언급 역시 간과해서는 안 된다.

또 다른 문제는 '낙랑파라'라는 이름과 관련된 것이다. 멕시코, 금강산, 비너스 등 다른 다방들과 비교했을 때 다소 독특한 이름을 내걸었음에도 낙랑파라라는 이름에 관한 논의가 없었던 것은 의아하게 느껴진다. 오히려 영업 당시인 1933년 10월 잡지 〈삼천리〉에 실린 글에서 낙랑파라라는 이름이 뜻과 소리에서 모두 좋다는 이야기를 발견할 수 있다.

이 글에서는 고구려 문화의 정화인 '낙랑'을 따다가 '낙랑파라'라는 이름을 붙였는데 그 뜻도 무한히 좋지만 소리도 명랑한 것이 깎은 참배 맛이 난다고 했다. 그런데 낙랑파라라는 이름이 정말 좋은 뜻과 소

○ 낙랑고분의 모습. 〈조선일보〉 1931. 11. 10.

리를 지녔을까? '파라', 곧 '팔러'의 뜻에 대해서는 이미 확인했으니, 여기서는 '낙랑'의 뜻에 관해 살펴보자.

먼저 〈삼천리〉에 실린 글에서 낙랑은 고구려 문화의 정화로 언급되지만, 이는 사실이 아니다. 낙랑은 '낙랑군'을 가리키는 말인데, 한나라가 주변의 이민족을 지배하기 위해 세운 행정 구역 중 하나였다. 현재 한반도 지역에 한정해 말하면 평안남도 일대와 황해도 북부에 걸쳐 있는 지역이었다. 낙랑군은 기원전 108년 한반도 및 남만주 일부에 설치되어 이후 400여 년간 존속되었다.

낙랑이 다시 주목받은 것은 식민지 시대 일본에 의해서였다. 일본은 평양의 고분을 조사하면서 낙랑의 유물을 발굴하는 데 노력을 기울였다. 위의 이미지는 1930년대 초반 발굴된 낙랑고분의 사진이다.

낙랑에 대한 일본의 관심은 보다 일찍부터 시작되었는데, 1912년 조선총독부의 후원 아래 세키노 타나시關野貞, 오바 츠네키치小場恒吉 등은 평양의 고분을 발굴, 조사하기 시작해 모두 13기에 이르는 고분을 발굴한다.

1930년대 신문 등 언론에는 연일 평양 고분 발굴 소식을 전하는 기사가 실렸다. 그것들은 대체로 진귀한 고대 유물이 발굴되어 세계 고고학계의 주목을 받고 있다는 내용이었다. 이러한 분위기가 이어지자 1930년대 중반 식민지 조선에서는 낙랑이 다시 주목을 받고, 일종의 '낙랑붐'이 일게 되었다. 이순석이 새로 개업한 다방의 이름을 '낙랑파라'라고 한 것, 또 〈삼천리〉에 실린 글에서 낙랑파라라는 이름이 고구려 문화의 정화를 따온 것으로 뜻과 소리가 모두 좋다고 언급한 것 역시 이와 무관하지 않을 것이다.

그런데 일본이 평양의 고분을 파헤쳐 유물을 발굴하는 데 애를 썼던 이유는 무엇이었을까? 일본의 의도는 발굴을 통해 고분에 한나라의 문양이 있음을 확인하고 낙랑의 유적임을 분명히 하는 데 놓여 있었다. 일본이 한반도의 역사에서 낙랑의 존재를 부각시키려 한 이유는 크게 두 가지였다.

먼저 한반도가 기자조선, 위만조선, 낙랑으로 이어지는 예전 중국의 영토였음을 환기하려 했다. 한반도가 고유한 국가나 민족이 아니라 과거에는 중국의, 현재는 일본의 식민지라는 점을 부각하려는 것이었다. 또한 고분에서 발굴된 문양이 중국과 일본에서 공통되게 나타나는 전통 문양이라는 점을 강조하려 했다. 그것이 중국, 낙랑, 고구려, 일본으로 이어지는 아시아적 전통 공예 양식이라는 것이었다. 전자의 경우는 조선의 주체성과 자율성을 부정하는 논거로 사용되었고, 후자의 경우는 중·일전쟁, 태평양전쟁 등의 명분이었던 아시아주의나 대동아공영, 곧 '아시아는 본래 하나다'라는 주장의 논리적 근거로 나아갔다.

여기서 낙랑이라는 이름이 고구려 문화의 정화를 따온 것, 뜻과 소리가 모두 좋다는 언급의 맹점을 발견할 수 있다. 앞서 살펴본 일본의 의도를 찬찬히 환기해 보면, 낙랑파라라는 이름이 지닌 그늘 역시 분명히 드러날 것이다.

이태준의 〈장마〉를 다시 살펴보면, 소설에서 '나'는 안국정에서 전차를 타면서 아래와 같이 생각한다.

> 안국동서 전차로 갈아탔다. 안국정이지만 아직 안국동이래야 말이 되는 것 같다. 이 동이나 리를 깡그리 정화시킨 데 대해서는 적지 않은 불평을 품는다. 그렇게 비즈니스의 능률만 본위로 문화를 통제하는 것은 그릇된 나치스의 수입이다.

안국동을 일본식 이름인 안국정으로 바꾼 것에 대한 불만을 토로하고 있는데, 그것이 효율 본위로 문화를 통제하려는 전체주의적인 발상의 수입이라는 지적은 날카롭다. 하지만 자신을 비롯한 '구인회' 멤버들의 소일 공간이었던 찻집 이름 역시 이 같은 지적에서 자유롭지 못했음을 생각하면 이태준의 불만에는 아쉬움도 자리하고 있다.

앞서 사진 속의 이상을 찾는 문제에 답하는 것으로 이 장을 마무리하려 한다. 사진에서 이상은 맨 앞줄 왼쪽에서 세 번째에 있다. 혼인식을 위해 꾸민 신부 차림을 하고 있다. 자신의 차림이 마음에 들지 않았는지, 아니면 신랑 역할을 맡은 사람이 마음에 들지 않았는지, 표정이 뚱하다.

예술가들이 모이는 이국적인 끽다점

◍◍◍◍

신문이나 잡지에 실린 글 가운데 아래의 두 글이 낙랑파라의
모습을 가장 잘 소개하고 있는 것 같다. 하나는 박옥화가 1933년
10월 〈삼천리〉에 실은 〈인테리 성공직업 1〉이라는 글이고, 다른 하나
는 1934년 5월 역시 같은 잡지에 게재된 〈끽다점평판기〉이다. 여기서는
두 글에서 중요한 부분만을 추려 소개하겠다.

〈인테리 성공직업 1〉, 박옥화, 〈삼천리〉 1933년 10월.

대한문 앞으로 고색창연한 옛 궁궐을 끼고 조선호텔 있는 곳으로 오다가
장곡천정 초입에 양제 2층의 숙쇄한 집이 한 채 잇다. 입구에는 남양에서 이
식하여 온 듯한 녹취 흐르는 파초가 놓엇고 실내에 들어서면 대패밥과 백사
로 섞은 토질 마루 우에다가 '슈-벨트', '데-도릿지' 등의 예술가 사진을 걸
엇고 좋은 데상도 알맞게 걸어 놓아서인지 실내, 실외가 혼연조화되고 그
리고 실내에 떠도는 기분이 손님에게 안온한 침정을 준다.
　　이것이 '낙랑파라'다. 서울 안에 있는 화가, 음악가, 문인들이 가장 많이
모이고 그리고 명곡연주회도 매주 두어 번 열리고 문호 '꾀-터'의 밤
가른 회합도 가끔 열리는 곳이다. 이 집에서는 맛난 티와 케-크,
푸룻 등을 판다.
　　이순석 씨가 이 낙랑파라를 시작한 것이 2년 전이엇다. 그
때는 종로에 '멕시코'와 '뽄아미'가 있어 인테리 청년
을 흡수하든 때엿다. 북촌하고 떨어진 이 아
스팔트 길 옆에 위치를 정하는
것이 성공하

겟느냐 어쩌겟느냐고 퍽도 의구하엿으
나 경영자의 견식은 결국 탁월하엿던 모양이다.
그리고 티룸의 이름이 좋다. 낙랑파라! 이것은 강서
고구려 문화의 정화를 따다가 관사를 부첫는데 그 뜻도 무
한히 조커니와 음향도 명랑한 품이 끼끈 참배 맛이 난다.

〈끽다점평판기〉, 〈삼천리〉 1934년 5월.

낙랑파라

경성부청의 백악 5층루를 마주 선 장곡천정 초입에 잇다. 서반아에나 온
듯 남국의 파초가 문 밖게 푸르게 있는 3층루이다.

위층은 아토리요 아래가 끽다점이다. 널마루 우에 톱밥을 펴서 사하라 사막
우에 고단한 아라비아 여행객이 안자 물 마시 듯 한 잔의 차라도 마시는 그
정취가 사랑스럽다.

주인이 화가인 만큼 여기에는 화가가 많이 찾아온다. 또 일본촌이 가까운
까닥인지 일본인이 많이 모이며 '란데뷰'에 몸이 곤한 청춘남녀들이 가
끔 차자들어 다리를 쉬인다. 금요일마다 빅타-의 신곡 연주가 잇고 가
끔 조고마한 전람회도 열린다.

장내의 분위기가 어쩐지 주선수선 하여 가라안지 안은 듯한 점
이 흠이랄까. 이곳의 밀크 맛이 좋다. 빨-가케 타는 난로 앞
헤서 '아이다야 아이다야' 하는 로서아의 볼가노래나 들
어가며 뜨거운 밀크를 마시는 겨울의 정조! 이는
실로 낙랑 독특의 향미라 할 것이다.

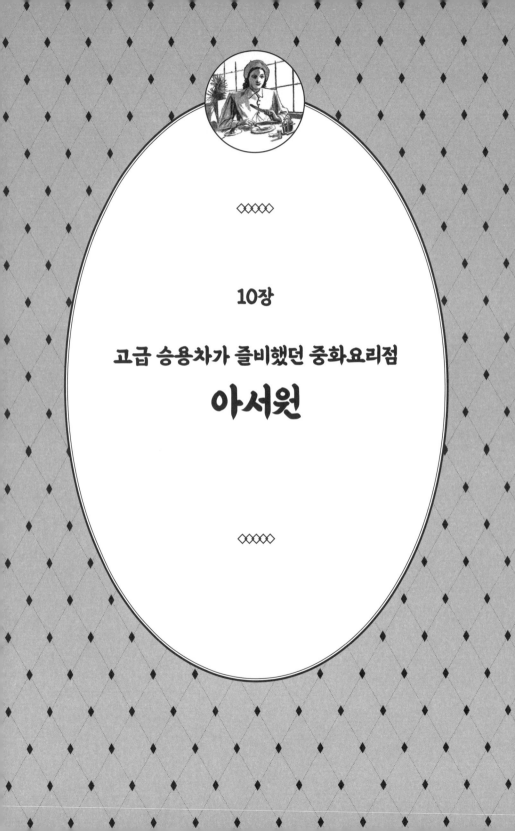

✕✕✕✕✕

10장

고급 승용차가 즐비했던 중화요리점
아서원

✕✕✕✕✕

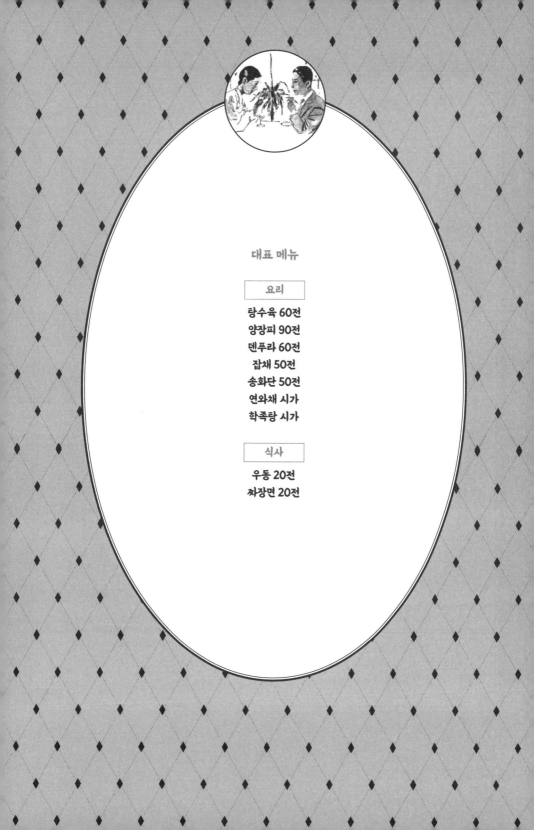

대표 메뉴

요리

탕수육 60전
양장피 90전
덴푸라 60전
잡채 50전
송화단 50전
연와채 시가
학족탕 시가

식사

우동 20전
짜장면 20전

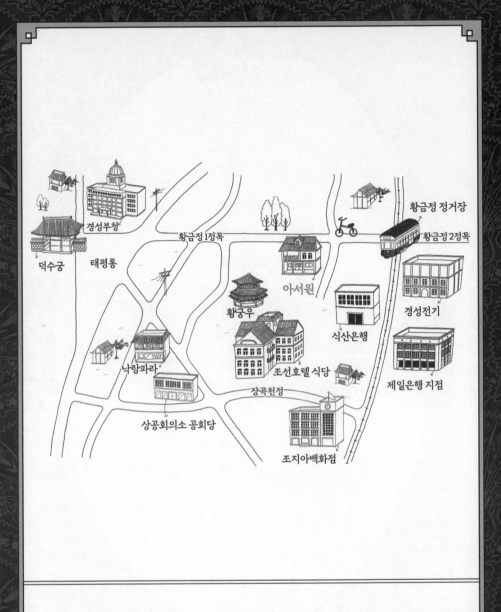

주소 **황금정 1정목 181**

조선공산당의 창립총회가 열린 곳

식민지 시대 경성의 중화요리점은 어떤 모습이었을까? 또 어떤 음식이 가장 인기 있었을까? 이 장에서는 경성을 대표하던 중화요리점 아서원을 소개하려 한다. 아서원은 식민지 시대 사해루, 대관원, 봉래각 등과 함께 경성의 이름난 중화요리점 가운데 하나였다. 그 규모도 상당해서 한꺼번에 200명 이상의 손님을 수용할 수 있을 정도였다. 크고 작은 방들도 여럿 갖추고 있어 다양한 모임의 장소가 되기도 했다.

아서원은 장곡천정과 황금정이 연결되는 부근에 위치했다. 주소가 황금정 1정목 181번지였으니, 정확하게 말하면 황금정에 있었다고 보는 게 맞다. 하지만 장곡천정의 랜드마크였던 조선호텔 근처였으며, 황궁우와도 인접해 있었다. 전철을 이용할 경우 경성부청 앞 정거장이나 황금정입구 정거장에서 내려서 황금정 1정목을 따라 걸으면

5분도 안 걸리는 거리였다. 지금으로 따지면 을지로 입구 롯데호텔 주차장 부근이다.

1930년대 중반 아서원은 인접한 위치로 이전을 한다. 1934년 일본인 정상政商 노구치 시다가후가 조선식산은행을 통해 아서원이 자리해 있던 땅을 사들였기 때문이었다. 그는 매입한 땅에 7층 건물을 지었는데, 그것이 1938년 문을 연 반도호텔이었다. 반도호텔에 자리를 내준 아서원은 3층 건물을 신축해 이전했는데, 원래 있던 자리보다 조금 더 조선호텔과 가까워졌다. 반도호텔이 준공되자 아서원은 반도호텔과 조선호텔의 사이에 위치하게 된다. 마치 두 호텔 중간에 끼인 듯한 모습이었지만, 이후 아서원은 더욱 번창해 경성 최고의 중화요리점으로 자리 잡는다.

그런데 아서원이 처음 유명해진 것은 음식 맛이나 크고 고급스러운 시설 때문이 아니었다. 신문 등 언론의 조명을 받은 것은 아이러니하게도 '조선공산당朝鮮共産黨'의 창립총회가 열린 장소로서였다. 1925년 4월 17일 조선공산당은 아서원에서 창립총회를 열면서, 조선을 일본의 압제로부터 벗어나게 하는 동시에 사유재산제도 역시 부인한다는 모임의 취지를 분명히 했다. 또 그 자리에서 전형위원, 집행위원, 비서 등 임원도 선출한다.

다음의 이미지는 1927년 9월 〈동아일보〉에 실린 조선공산당 창립과 관련된 기사 속 아서원이다. 창립총회 이후 2년이나 지나 기사가 실린 것은 당시 조선공산당과 관련된 보도가 금지되어 있었기 때문이다. 따라서 해당 기사는 1927년 9월, 사건에 대한 본심이 시작되면서 게재된 것이었다.

○ 조선공산당을 조직한 아서원의 전경.〈동아일보〉1927. 9. 13.

　　이 장에서는 아서원을 통해 식민지 시대 중화요리점에서는 어떤
요리가 유명했는지, 또 그 가격은 어느 정도였는지 알아보려 한다. 또
아서원이 언제 개업했으며, 그곳을 주로 찾았던 손님은 누구였을까
하는 질문 역시 다루게 될 것이다. 그 과정에서 다소 어울리지 않아 보
이는 조선공산당의 창립총회가 아서원에서 열린 이유도 자연스럽게
밝혀질 것이다.

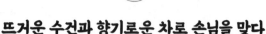

뜨거운 수건과 향기로운 차로 손님을 맞다

독립된 방에서
오리알과 황주를

경성 제일의 중화요리점 아서원으로 우리를 안내할 첫 번째 소설은 김말봉의 《밀림》이다. 김말봉의 《밀림》은 앞서 8장에서 조선호텔 식당을 살펴보면서 이미 다룬 바 있다. 앞에서 《밀림》의 중심인물이 유동섭과 서자경, 오상만과 주인애라는 것, 동섭이 수감되어 있는 동안 상만이 자경과 가까워져 결국 결혼하게 되었다는 것까지 살펴봤다.

이후의 줄거리에 대해서도 거칠게나마 정리해 보자. 자경의 결혼 소식에 낙담한 동섭은 자살도 생각하지만, 실비병원을 차려 가난한 사람들을 돌보기로 결심한다. 상만에게 배신당한 인애 역시 동섭의 병원을 찾아 부족한 일손을 돕는다. 반면 상만과 결혼한 자경은 그의 실체를 알고는 이혼하게 된다. 이혼 이후 사기죄로 감옥 신세까지 졌던 상만은 출소하자 직장을 구하러 다닌다. 하루는 전차 차장에게 봉변을 당하던 정애나라는 인물을 구해주는데, 애나는 은혜를 갚기 위해 상만을 장인택이라는 사람의 지배인으로 취직시켜 준다. 《밀림》의 후반부에 이혼한 재산가로 등장하는 인택은 애나를 재혼 상대로 마음에 두고 있었는데, 《밀림》에서 아서원이 등장하는 것은 인택이 길에서 우연히 애나를 보고 뒤를 밟으면서였다.

앞서가던 애나는 아서원으로 들어가는데, 《밀림》에는 아서원의 간판이 황금색으로 빛나고 있었다고 묘사되어 있다. 애나가 아서원 2층으로 올라가 자리를 잡자 인택도 급히 애나의 옆방에 들어가려고 한다. 그런데 종업원이 옆방이 둘 다 예약되어 있다고 하자 할 수 없이 그 앞방으로 들어간다.

소설에는 인택이 들어간 방이 12호실이라고 되어 있는데, 이를 고려하면 아서원의 2층에는 방이 적어도 12개 이상 있었던 것 같다. 인택은 종업원에게 황주와 오리알을 주문한다.

인택은 한 손으로 이맛전을 집고 나란한 한 손으로 주먹을 만들어 수업시 아래턱을 쿡쿡 쥐어박고 있노라니 아까 왔던 보이가 황주와 오리알을 들고 들어온다. 무슨 말을 기다리는 듯 빙 빙 인택의 옆을 왔다 갓다 하며 공연히 스토브를 들여다보고 잘 붓는 불을 쑤셔보던 보이는 인택이 잠자코 손수 술을 따라 울컥울컥 마시는 것을 보고 천천히 나갓다.

주문한 황주와 오리알이 나오지만 인택은 애나가 들어간 방을 살피는 데 여념이 없다. 애나가 누구와 만나는지 또 무슨 얘기를 하는지 엿들으려 애를 쓰는데, 사람의 집착이라는 게 무섭다. 그러다가 혼자 황주를 따라 울컥울컥 마신다.

여기에서 '황주黃酒'는 쌀, 수수, 조 등을 원료로 만들어 노란빛을 띠는 중국 고량주이다. 또 오리알은 중국요리 '송화단松花蛋'을 가리키는 것으로 보이는데, 송화단은 오리알을 석회 점토, 소금, 재, 속겨 등을 섞은 진흙에 밀봉하여 삭힌 음식이다. 아서원의 다른 메뉴에 대해서는 뒤에서 자세히 살펴보겠다.

다음 페이지에 있는 이미지는 옆방에서 감시하던 인택이 참지 못하고 애나가 있는 방에 들어간 모습이다. 갑자기 인택이 문을 열고 들어서자 상만과 애나는 놀란다. 애나가 만나고 있던 사람이 자신이 고용한 상만이라는 것을 알고는 인택 역시 당황해 어색한 분위기가 연출된다. 《밀림》에는 상만이 최형기, 황진과 함께 아서원을 방문하는

○ 송화단과 황주는
당시 아서원의 인기 메뉴였다.
송화단은 '피단'으로도 불린다.

○ 상만과 애나가 식사하는
방에 들어간 인택.《밀림》삽화.
〈동아일보〉1938. 12. 22.

장면도 등장한다. 흥미로운 점은 상만의 일행도 황주와 오리알을 시
킨다는 것이다. 오리알 안주에 황주를 마시는 것이 아서원을 찾는 손
님들에게 부담 없는 선택이었다는 것을 알 수 있다.

그런데 소설에는 주문한 황주와 오리알이 서빙되기 전에 뜨거운
수건과 향기로운 찻물이 나왔다고 되어 있다. 뜨거운 수건은 손을 닦
는 용도였을 테고, 찻물은 중화요리점이었으니 중국차를 우린 물이었
을 것이다. 박태원의 소설《우맹》을 보면 술잔을 씻는 용도로 큰 유리
대접에 물을 떠놓기도 했다고 한다.

앞서 아서원이 사해루, 대관원, 금곡원과 함께 경성의 고급 중화요
리점이었다는 것을 얘기했다. 뜨거운 수건, 향기로운 차, 술잔을 씻는
대접 역시 아서원이 고급 요리점이었다는 것을 보여준다. 뒤에서 살
펴보겠지만 대개의 소설이나 기사에 등장하는 중국음식점은 그런 서
비스와는 거리가 멀었고 오히려 소란하고 지저분한 곳으로 묘사된다.

《밀림》에는 상만과 자경이 함께 종로에 있는 중국음식점에 가서
'증만두'를 먹는 장면도 나온다. 여기에서 증만두는 지금의 찐만두 정

도로 생각하면 된다. 소설에는 상만이 화장실에 가는 척하고 급히 자신과 내연관계에 있던 일본 여성 '요시에'에게 쪽지를 보낸 후 뜨거운 증만두 15개를 다 먹었다고 되어 있다. 이를 통해 당시 만두는 1인분에 15개 정도가 나왔음을 알 수 있다. 중국음식점에서 만두 10개에 1인분이던 것이 요즘은 7~8개로 줄어들었음을 생각하면, 지금보다 식민지 시대의 음식 인심이 후했는지도 모르겠다.

《밀림》에서 인택은 애나를 쫓아 아서원 2층에 자리를 잡는다. 3층으로 된 신축 건물로 이전하기 전까지 아서원은 2층 건물로 운영되고 있었다. 1층은 별도의 방이 없는 홀 구조로 여러 개의 식탁이 자리하고 있었고, 2층은 인택이 12호실에 들어가 애나를 감시하려 했던 것처럼 크고 작은 방이 구비되어 있었다. 《밀림》에서 애나나 상만 일행이 자리를 잡은 방은 식탁과 의자가 있는 구조의 방이었다. 다음 절에서 살펴볼 김내성의 《실락원의 별》에서는 식탁과 의자로 된 방을 '걸상 방'이라고 표현하고 있다. 아서원에는 이러한 걸상 방도 있었고 바닥에 방석을 놓고 앉는 '좌식 방'도 있었다. 〈조선일보〉에 실린 문인들의 축하연이나 기념회 사진을 보면 좌식 방에 앉아 있는 사람들의 모습을 볼 수 있다.

손님들은 걸상 방과 좌식 방 가운데 어느 쪽을 선호했을까? 질문에 대해 정확한 답을 내놓기는 어렵지만 우회적으로 접근할 수는 있다. 이기영은 1933년 11월부터 1934년 9월까지 〈조선일보〉에 《고향》이라는 소설을 연재했다. 《고향》에는 인동이와 음전이의 결혼식 장면이 등장하는데, 부잣집 며느리를 보게 된 원칠이와 박성녀는 흐뭇한 표정으로 결혼식에 참석한다. 그런데 여기서 주목해야 할 부분은 원

칠이와 박성녀가 아들 결
혼식 때 의자라는 것에 처
음 앉아본다는 사실이다.
의자를 처음 깔고 앉아보
는 그들은 엉거주춤하게
앉은 느낌이 들어 거북하
기 짝이 없었다고 한다. 물
론《고향》의 배경이 시골
인 충청도 원터마을이라

○ 《난류》의 삽화에 그려진 아서원 입구의 모습.
〈조선일보〉1950. 3. 26.

서 그들이 의자를 사용하는 것에 더 익숙하지 않았을 수도 있다. 하지
만 의자에 앉아 식탁에서 식사를 하는 것이 훨씬 편하게 느껴지는 지
금과 달리, 식민지 시대에는 어느 정도 의자를 어색하게 느꼈던 것 같
다.

1936년 아서원은 3층짜리 신축 건물로 이전을 하는데, 1층을 홀, 2층
을 방으로 운영하는 방식은 변함이 없었다. 해당 페이지에 실린 이미

○ 《난류》의 삽화에 그려진
아서원 2층 좌식 방의 모습.
〈조선일보〉1950. 4. 14.

지는 염상섭의 《난류》가 〈조선일보〉에 연재될 때 아서원의 모습이 등장했던 삽화들이다. 위쪽은 아서원의 입구를 그린 삽화이고 아래쪽은 2층 좌식 방의 모습이다. 소설에 따르면 2층 방에 들어서니 깨끗한 상보를 덮어서 네 사람의 식탁이 차려져 있고 그 가운데는 튤립이 발그레 핀 화병이 놓여 있었다고 한다.

아서원의 주방에서
일하는 영예

아서원의 정확한 개점 시기는 알려져 있지 않다. 1973년 5월 〈조선일보〉에 실린 한 기사는 사라지는 서울 명물의 하나로 아서원을 다룬다. 거기에는 1936년 서홍주를 비롯한 중국인 23명과 한국인 2명이 중화요리점 아서원을 개업했다고 되어 있다. 아서원이라는 이름 역시 서홍주의 조부와 부친의 이름을 딴 것이며, 일본인 단골이 많았고 몇몇 부유한 조선인도 찾았다고 한다. 그런데 1936년에 개업했다는 것은 새로운 건물로 이전한 때와 혼동한 듯하다.

　이미 1920년 1월 〈매일신보〉에는 아서원 종업원이 손님이 지불한 돈을 횡령했다는 내용의 기사가 실려 있다. 또 1920년 8월 〈조선일보〉도 아서원에 가서 음식과 술을 마신 후 돈을 내지 않은 일행에 대한 소식을 전한다. 두 기사는 이미 1920년에도 아서원이 영업 중이었다는 것을 말해준다. 〈조선일보〉는 1920년 4월에 창간되었기 때문에 아서원에 대한 기사 역시 그 이후로만 확인이 가능하다. 이와 달리 〈매일신보〉는 1910년 8월부터 발행을 시작했다. 그런데 이전에는 아서원에 관한 소식을 다루지 않다가 1920년에 이르러서야 처음 기사를 실었다. 여기에는 두 가지 가능성이 있다. 하나는 아서원이 실제로 1920년 무렵 개점을 했을 가능성이다. 혹은 이전에는 영세한 규모로 영업을 하다가 1920년 전후로 이름을 알리게 되었을 수도 있다.

아서원을 개점하는 데 주된 역할을 했던 사람은 서홍주가 맞다. 그는 중국 산둥山東 출신으로 1899년 조선에 들어왔다. 이후 서홍주는 잡화상과 음식점 등에서 일을 하다가 1907년 친구 20여 명과 함께 아서원을 개업했다고 한다. 그런데 1910년 경성에 있던 화교상인총회가 펴낸 《중화음식점 명단》에서는 아서원을 찾을 수 없다. 이 역시 아서원이 1910년 이후 개업을 했거나 호떡이나 만두를 파는 영세한 규모로 영업을 하다가 이후에 확장했다는 것을 뒷받침하는 자료이다.

아서원이 사해루, 대관원, 금곡원 등 고급 중화요리점과 경쟁할 수 있었던 것은 훌륭한 음식 맛 덕분이었다. 서홍주는 아서원을 개업한 후 뛰어난 솜씨를 지닌 주방장을 찾기 위해 중국을 방문해 몇 달씩 그곳에 머무는 일을 반복했다고 한다. 그런 수고 끝에 찾아낸 주방장이 이병과라는 인물이었다. 1949년 발행된 《근현대인물자료》를 보면 이병과는 서홍주와 마찬가지로 산둥 출신으로 1919년 조선에 들어왔다고 한다. 그리고 1949년 당시에는 '북경北京요리'를 전문으로 하는 아서원에서 일한다고 소개된다.

이병과는 이후 한국 중화요리계의 대표적인 요리사로 자리를 잡게 된다. 이병과가 서홍주의 눈에 띄어 조선에 들어온 것이 1919년이었다는 점도 아서원이 1910년대 말에 이르러 중화요리점으로 자리 잡

○ 《오늘의 신화》삽화.〈동아일보〉1960. 7. 15.

앗음을 말해준다.

다음의 이미지는 박영준이 〈동아일보〉에 연재한 소설《오늘의 신화》에 등장한 아서원의 모습이다. 소설에는 반도호텔 옆 아서원에 갔더니 보이가 2층 구석진 방으로 안내했다고 되어 있다. 삽화를 보면 아마 좌식 방이었던 것 같다. 앞서 언급했듯이 아서원은 1930년대 중반 위치를 이전한다. 1934년 말 일본인 노구치 시다가후는 황금정 입구에 땅을 매입해 반도호텔을 건립했다. 그렇게 반도호텔이 세워진 곳이 본래 아서원이 있던 자리였다.

그보다 먼저인 1920년대 중반 아서원은 이미 200명 이상을 동시에 수용할 수 있는 대형 요리점이 된다. 경성에 있던 고급 중화요리점 가운데 아서원은 대관원과 함께 북경요리를 전문으로 했다. 이에 반해 사해루와 금곡원은 '광동廣東요리'를 전문으로 했다. 1923년 중화요리점의 연간 매상으로 보면 아서원은 사해루, 금곡원, 대관원의 다음 정도에 위치했다.

1930년대 중반 반도호텔이 들어서자 아서원은 예전 위치에서 조금 우측으로 간 곳에 새롭게 건물을 지어 이전한다. 신축 건물은 400여 평의 대지에 지어진 벽돌로 된 3층 건물이었다. 이때가 1936년이었는데, 앞서 말한 〈조선일보〉의 기사는 이전한 때를 개업 시기로 착각했던 것 같다.

정비석은 1954년 1월부터 8월까지 〈서울신문〉에 《자유부인》이라는 소설을 연재했다. 소설은 독자들의 폭발적 관심과 함께 베스트셀러가 되었으며 동명의 영화로 만들어지기도 했다. 《자유부인》의 초반부에는 오선영이 대학 동창 모임인 '화교회'에 나가는 장면이 등장한다. 여기서 '화교'의 한자어 표기는 '花交'로 '華僑'와는 관련이 없다. 《자유부인》에서 화교회가 열린 곳이 바로 아서원이었다.

> 아서원 정문 앞에는 고급 승용차들이 밀려들고 밀려나왔다. 모두가 화교회 회원들이 타고 온 자동차였다. 그야말로 고급자동차 전시회 같은 느낌을 주었다.

정계의 고위층과 재계의 중역 등 잘나가는 남편들을 둔 동창들이 모임에 참석해 한껏 위세를 떨었다고 한다. 《자유부인》에는 동창 모임이 3층 홀에서 열린 것으로 되어 있으니, 신축을 하면서 새롭게 만들어진 3층은 연회를 위한 홀로 사용되었음을 알 수 있다. 정계와 재계를 대표하는 남편을 지닌 아내들의 모임 장소로 등장한다는 것은 신축 건물로 이전하면서 아서원이 이전보다 더욱 번창하게 되었음도 말해준다.

중화요리의 대가로 불리는 추본경 역시 아서원에서 일한 적이 있음을 밝혔다. 당시 자신이 10대 후반이었다고 했으니까, 1950년 전후 정도였을 것이다. 추본경은 당시의 아서원을 내로라하는 손님들이 찾아와 최고급 요리를 즐기는 휘황찬란한 중화요리점으로 회상하면서 서울에서 제일갔다고 말했다. 해방과 한국전쟁이라는 역사적 격변 속에서도 아서원은 계속 번창했음을 알 수 있다.

같은 글에서 추본경은 아서원의 주방에 대해 흥미로운 이야기를 들려준다. 아서원의 주방이 분야에 따라 크게 네 구역으로 나누어져 있었다는 것이다. 먼저 프라이팬이나 냄비로 볶고 튀기는 '과부鍋部'가 있었고 두 번째로는 정교한 칼질을 담당하는 '판부板部'가 있었다. 또 면을 뽑고 만두를 빚는 '소흘부小吃部'와 함께 고기나 채소 등을 자르고 다듬는 '타잡부打雜部'도 있었다.

추본경은 처음 아서원에 들어갔을 당시 타잡부의 말단으로 일했는데, 새벽 6시부터 밤 12시까지 요리에 사용될 닭털을 뽑았다고 한다. 6개월 정도 그 일을 하자 여전히 타잡부였지만 드디어 짜장면에 들어가는 오이채를 썰게 되었고, 또 한참을 타잡부에 있으니 과부로 옮겨 프라이팬을 닦는 행운이 찾아왔다고 한다. 닭털을 뽑거나 오이채를 써는 것보다야 낫겠지만 프라이팬 닦는 일이 무슨 큰 행운인가 생각될 것이다. 하지만 그는 그 일을 하면서부터 요리사들이 직접 요리하는 것을 볼 수 있었기 때문에 이를 행운이라 표현한 것이었다.

○ 아서원에서 열린 김유정의 신춘문예 당선 축하회. 〈조선일보〉 1935. 1. 23.

아서원은 같은 자리에서 문을 닫을 때까지 계속 영업을 했다. 1969년 2월 아서원의 부지는 롯데제과에 매도되었으나, 아서원의 주주들 가운데 매도에 반대하는 사람들이 적지 않았다고 한다. 그런 이유로 대지 소유권에 대한 분쟁이 5년 정도 계속되다가 결국 1974년 롯데제과로 넘어갔다. 지금 아서원이 있던 자리에는 롯데호텔이 들어서 있다.

경성에서 이름난 중화요리점이었던만큼, 아서원에서는 문인들의 축하연이나 기념회도 자주 열렸다. 앞선 이미지는 1935년 1월 아서원에서 김유정의 〈조선일보〉 신춘문예 당선 축하연을 연 모습이다. 김유정의 〈봄봄〉, 〈동백꽃〉 등은 소설을 잘 모르는 독자라도 한 번쯤 들어봤을 것이다. 이 외에도 현덕의 〈조선일보〉 신춘문예 당선 축하연, 박태원의 《천변풍경》, 김말봉의 《찔레꽃》, 김남천의 《대하》, 박영희의 《회월시초》 등의 출판기념회도 아서원에서 열렸다. 5장에서 화신백화점 식당을 살펴보면서 박완서 소설의 도움을 빌린 바 있다. 그런데 박완서의 자전소설에는 아서원도 등장한다. 작가는 1953년에 결혼식을 올렸는데, 피로연을 한 곳이 바로 아서원이라는 것이다. 그러면서 아서원이 당시 가장 크고 화려한 중화요리점이었다는 말도 잊지 않았다.

소설 《밀림》은 어떻게 마무리되었을까? 상만에게 배신당한 인애는 실비병원에서 동섭의 일을 도우며 점차 동섭을 좋아하게 된다. 그러던 중 자경이 뜻하지 않은 사고로 동섭의 병원에 입원하는 일이 생긴다. 동섭은 자경을 치료하며 자신이 아직 그녀를 잊지 못한다는 사실을 깨닫는다. 하지만 자경은 건강을 되찾자 동섭과 인애가 맺어지길 바라며 수녀가 되는 길을 택한다.

라조기, 양장피, 잡채, 그리고 맥주!

마라탕, 양꼬치,
훠궈는 없지만

아서원으로 우리를 안내할 두 번째 소설은 김내성의 《실락원의 별》이다. 김내성은 독자들에게 추리소설 혹은 탐정소설 작가로 유명하다. 1939년 〈조선일보〉에 《마인》을 연재하며 문단에 등장한 후, 《백가면》, 《진주탑》 등 비슷한 장르의 소설을 연이어 발표하며 베스트셀러 작가로 자리를 잡았다.

　《실락원의 별》은 1956년 6월부터 다음 해 2월까지 〈경향신문〉에 연재되다가 작가의 죽음으로 중단된 소설이다. 이 책이 식민지 시대 경성의 맛집을 소개하고 있음을 고려하면 《실락원의 별》의 연재 시기는 그것과 걸맞지 않을 수도 있다. 하지만 해방과 한국전쟁이라는 역사적 격변을 거친 후 아서원의 모습을 더듬어보는 데는 도움이 되리라 생각한다.

《실락원의 별》의 중심인물은 소설가 강석운과 그의 아내 옥영, 또 문학소녀 고영림이다. 석운은 옥영과의 사이에서 네 명의 자녀를 두고 화목한 가정을 꾸리고 있다. 그런데 자신의 소설에 매료되었다는 영림의 등장으로 석운의 마음은 급격히 흔들린다. 이후 석운과 영림은 경주로 사랑의 도피를 벌이게 되고, 소설은 석운과 영림 또 그 반대편의 옥영 세 사람의 관계를 중심으로 흘러간다.

그런데《실락원의 별》에 아서원이 등장하는 것은 송준오와 이애리에 의해서다. 준오는 영림을 좋아하지만 냉랭한 그녀의 태도에 자살을 기도한 인물이다. 애리는 영림과 동창인데, 같은 회사에서 일하는 준오에게 호감을 가지고 있다. 영림 때문에 자살을 기도한 준오에게 실망하기도 했지만 오히려 그 순정에 마음이 끌리기도 한다. 그날은 애리와 준오가 같이 점심을 먹으러 나간 날이었다. 준오는 애리를 따라가다가 을지로 입구에 이르자 걸음을 멈추고 어디에 가는지 묻는다.

준오는 웃으면서 다시금 명동 쪽으로 걸음을 옮겨 놓는데 "아, 마침 저기 보이는구먼! 아서원 간판이…" 애리는 앞장을 서서 이미 그리로 또박또박 걸어가고 잇엇다.

애리가 준오를 이끈 곳이 바로 아서원이었다. 을지로 입구에서 명동 쪽으로 가는 길에 아서원 간판이 보인다고 했는데, 1936년 3층으로 신축해서 이전한 그 건물이었다. 두 사람은 2층으로 올라가 아서원

○ 아서원에 들어가는
   애리와 준오의 모습.
   《실락원의 별》삽화.
   〈경향신문〉1956. 8. 26.

에 들어서는데, 위의 삽화는 그 모습을 그리고 있다.

두 사람이 들어가 자리를 잡자 종업원이 와서 주문을 받는다. 두 사람이 어떤 음식을 주문하는지 들여다보자.

"뭘 잡수셔요?" 아서원 2층 걸상 방에 둘이가 마주 앉는데 차 두 잔을 따라 놓으며 보이는 물엇다. "냉채 하나, 라조기 하나, 양장피, 잡채 하나, 그리고 맥주!" 애리는 외듯이 단숨에 음식을 청햇다.

애리는 냉채, 라조기, 양장피, 잡채 등 여러 가지 음식과 함께 맥주를 시킨다. 두 사람이 먹기에는 많은 양 같지만 덕분에 독자들은 아서원에서 어떤 음식을 팔았는지 알 수 있다. 냉채, 라조기, 양장피, 잡채는 지금 중국음식점에서도 익숙하게 접할 수 있는 음식이다. 소설의 시대적 배경인 1950년대가 되면 이미 아서원에서도 지금과 비슷한 메뉴를 갖추었음을 확인할 수 있다.

이왕 애리와 준오가 아서원 2층 걸상 방에 자리를 잡고 여러 가지 음식과 맥주를 시키는 것을 확인했으니, 조금 더 이들의 식사 장면을 지켜보자. 음식과 함께 맥주를 마시던 준오는 갑자기 애리의 손을 잡고 사랑을 갈구한다.

애리는 걸상에서 일어서며 손을 빼려 했으나 힘으로 대항하기에는 애리의 손길이 지나치게 나릿나릿 했다. "애리, 인제부턴 나를 사랑해 줘요!" (…) 순진한 사람일수록 격하기가 쉽다. 준오는 와락 달려들어 애리의 두 어깨를 안아 오며 "나만을… 나만을 사랑해 줘요!"

영림 때문에 자살을 기도한 지 얼마 안 된 준오의 행동치고는 느닷없지만 소설은 순진한 사람일수록 격하기 쉽다는 말로 눙치고 넘어간다. 하지만 이 글의 관심은 당시 아서원 2층의 방이 손을 잡고 어깨를 안으며 사랑 고백을 할 정도로 독립적이었다는 데 있다.

앞서 아서원이 처음 언론의 조명을 받았던 이유가 조선공산당 창립총회가 열렸기 때문이었음을 확인한 바 있다. 조선공산당이 창립총회를 아서원에서 열었던 것도 크고 작은 독립적인 방을 여러 개 갖추고 있던 것과 무관하지 않았다. 크기에는 차이가 있었더라도 방이 독립적이었던 것은 아서원뿐만 아니라 다른 중국음식점들도 마찬가지였다.

다시 《실락원의 별》로 돌아가 보자. 열정적인 준오의 행동에도 애리는 그의 고백을 받아들이지 않는다. 냉담한 태도에 상처를 받은 준오는 전무인 고영해를 들먹거리며 돈으로라도 사랑을 사겠다고 비아

냥거린다. 호감을 가졌던 준오가 그런 태도를 보이자 애리는 뺨을 때리고는 아서원을 빠져나온다.

옆의 이미지는 아서원에서 나온 애리가 계단에서 자신의 감정을 추스르는 모습을 그린 삽화이다. 삽화를 통해 아서원의 2층 입구가 계단과 난간을 통해 연결되었음을 알 수 있다. 심상치 않은 두 사람의 분위기로 볼 때 냉채, 라조기, 양장피, 잡채 등 시킨 음식을 다 먹지는 못했을 것 같다. 이렇게 1950년대 아서원에서 판매했던 음식을 살펴보았는데, 그렇다면 이보다 과거인 식민지 시대에는 아서원에 어떤 음식들이 있었을까?

○ 아서원의 계단에서 감정을 추스르는 애리.
《실락원의 별》삽화.〈경향신문〉1956. 8. 23.

요즘은 마라탕麻辣湯, 양꼬치羊肉串, 훠궈火鍋 등 새롭게 유입된 중국음식이 적지 않다. 하지만 중국음식점에서 가장 많이 판매되는 음식은 여전히 짜장면, 짬뽕, 탕수육이고, 요리를 몇 가지 시킬 경우 양장피, 깐풍기, 잡채 등을 곁들이기도 한다. 식민지 시대 중국음식점에서도 위의 음식들을 판매했다. 1930년 12월 〈동아일보〉에는 물가 인하를 전하는 기사가 실렸는데, 물가 인하 품목에는 중국음식도 포함되어 있어 당시 중국음식점에서 팔았던 메뉴를 추정해 볼 수 있다.

기사는 먼저 탕수육이 55전에서 40전으로 내렸다고 전한다. 또 양장피는 80전에서 60전으로, 잡채는 40전에서 25전으로 인하했다고 한다. 그리고 우동은 20전에서 12전으로, 덴푸라는 50전에서 35전으로 내렸다고 한다. 이를 고려하면 탕수육, 양장피 등의 음식도 식민지 시대 중국음식점에서 드물지 않게 판매했음을 알 수 있다. 그렇지만 실제 당시 중국음식점에서 팔았던 대표 메뉴는 우동, 덴푸라, 잡채였다.

지금 중국음식 하면 가장 먼저 떠오르는 것이 짜장면, 짬뽕, 탕수육임을 고려하면 조금은 의외이다. 이들이 아니라 우동, 덴푸라, 잡채가 식민지 시대 중국음식점에서 가장 많이 팔리던 음식이었던 이유에 대해서는 뒤에서 다시 얘기하겠다.

물론 일반적인 중국음식점이 아니라 사해루, 금곡원, 대관원 등 중화요리점에서는 고급 요리도 제공했다. 아서원 역시 마찬가지였다. 최독견이 경성에서 가장 유명한 서양요리점이 청목당과 조선호텔 식당이라고 언급한 〈낭만시대〉에서는, 중국요리점으로는 아서원이 금곡원과 함께 가장 이름난 집이라고 말한다. 최독견은 아서원에 가면 노주와 함께 '연와채燕窩菜'와 '학족탕鶴足湯'을 먹는 것이 제맛이라고 한다. 여기서 노주는 오래된 술이니 고량주 가운데 역사가 오래된 귀한 술을 뜻하는 것으로 보인다.

연와채는 요즘에도 고급 요리로 여겨지는 제비집 요리이다. 바다 제비는 타액과 깃털로 둥지를 만드는데, 이것을 재료로 조리한 음식이다. 중국에서는 명나라 시기부터 먹기 시작했는데, '황제의 음식'으로 불릴 정도로 고급 요리로 여겨진다. 그런데 학족탕은 어떤 음식이었는지 알기 어렵다. 실제 학의 다리도 식용으로 사용되었다고는 한다. 하지만 임금의 식탁에나 올라가는 진귀한 음식이었으니, 아무리 아서원이었더라도 학의 다리로 만든 음식은 아니었을 것이다. 이름은

학족탕이라 지었으나 실제로는 오리발이나 닭발을 재료로 만든 음식이었을 것 같다.

아서원을 비롯한 고급 중화요리점에서는 조선 요릿집과 마찬가지로 기생을 부르는 일이 일반적이었다. 역시 김내성의 소설인 《애인》에는 아서원에서 열린 정주의 생일 축

○ 정주의 생일축하연에서 기생과 어울리는 민호.
《애인》의 삽화.〈경향신문〉1955. 5. 17.

하연에 민호와 석란이 참석하는 장면이 등장한다. 생일 축하연에서 민호의 행동이 못마땅했던 정주와 석란은 민호에게 정신 차리라고 충고하고 먼저 일어선다. 그러자 혼자 남게 된 민호는 그 자리에 기생을 여럿 불러 진탕 취하게 마시고 노는데, 위의 이미지는 그 모습을 그린 삽화이다.

나무 식함을 든
배달부

아서원에서 판매했던 여러 음식들의 흥망성쇠를 다 살펴보기는 어렵지만, 중국음식 하면 가장 먼저 떠오르는 짜장면에 대한 오해만 풀고

가려 한다. 식민지 시대 신문이나 잡지에 실린 글에는 짜장면이 잘 등장하지 않는다. 일단 그 이유는 앞서 말했듯 당시 가장 인기 있는 중국음식점의 메뉴가 우동, 덴푸라, 잡채였기 때문이다. 문제는 이런 상황 때문에 짜장면이 1950년대 이후 등장해 본격적으로 먹게 된 음식이라는 주장이 제기된다는 것이다. 우동, 덴푸라, 잡채만큼은 아니었지만 짜장면 역시 식민지 시대에도 판매되었고, 즐겨 먹던 음식이었다.

1937년 12월 잡지 〈여성〉에는 박태원의 〈성탄제〉라는 소설이 실린다. 소설은 대략적으로 여급인 언니 영이를 혐오하던 동생 순이 역시 결국 그 길로 접어들게 된다는 내용이다. 그런데 여급으로 일하는 영이가 손님을 데리고 집에 온 다음 날이면 손님이 항상 식구 수대로 어떤 음식을 시켜주는데, 그 음식이 바로 짜장면이었다. 손님을 데리고 올 때마다 시켜 먹었다는 것은 짜장면 역시 당시 사람들이 즐겨 먹던 음식이었음을 말해준다. 물론 우동에 밀려 식민지 시대까지는 중국음식을 대표하지는 못했지만 그렇다고 1950년대에 등장해 본격적으로 먹게 된 음식까지는 아니었다.

그렇다면 아서원을 주로 찾았던 손님들은 어떤 이들이었을까? 조선인이었을까, 일본인이었을까? 아니면 조선에 이주한 중국인이었을까? 아서원의 주된 손님이 누구였는지 정확히 알기는 힘들지만 식민지 시대 신문에 실린 광고를 통해 우회적으로나마 추정해 볼 수 있다.

다음의 이미지는 1928년 12월 일본어 신문인 〈조선신문〉에 실린 아서원의 광고이다. 아서원을 방문해 줘서 감사하다는 내용도 담고 있지만 주된 내용은 연말이니만큼 송년회와 신년회를 할 때도 많이 이용해 달라는 것이다.

弊店儀開業以來日に增し隆盛に赴き倩永年の今日を經過致しへし候
は之れ尋く大方諸彦の御愛顧により賜る慇懃慰候、尚示客室
の改善を致し御百餘名の大宴會も簡易に可應稷設備致し屋、就
ては新年も追々御迫致し忘年會及新年宴會は特則御來團を以て勉強仕り
御注文に應すべく候に付本眞も御來團を偏に奉願上候、敬具

尙出饌料理にも應すべく候間御用命の程奉願上候

北京料理
京城黃金町 一丁目一八一
雅 叙 園
電話本局 二八六二二番
二五八二二番

謹 告

○ 아서원의 광고.
〈조선신문〉1928. 12. 9.

〈조선신문〉은 조선에 체류하거나 조선에 관심을 지닌 일본인을 독자로 하는 일본어 신문이었다. 식민지 시대를 통틀어 〈매일신보〉, 〈동아일보〉, 〈조선일보〉에 아서원 광고가 실린 적은 없다. 반면 〈조선신문〉에는 1928년 12월뿐만 아니라 여러 차례 반복해 아서원 광고가 실린다. 이를 고려하면 아서원의 주요 고객층이 누구였는지에 대한 답을 얻을 수 있을 것이다.

중국음식 하면 먼저 떠오르는 것 가운데 하나는 배달이다. 지금은 배달 애플리케이션을 이용하면 배달되지 않는 음식이 없을 정도이다. 하지만 이전에는 배달 하면 중국음식이 떠오를 정도로 중국음식은 대표적인 배달 음식이었다. 식민지 시대에는 이 책의 6장과 7장에서 살펴본 설렁탕이나 냉면도 배달을 했다. 앞서 이들 음식을 식판에 올려 한쪽 어깨에 멘 채 자전거를 타거나 걸어서 배달하는 모습을 확인한 바 있다. 그런데 설렁탕이나 냉면 배달이 기존에 이미 행해지고 있던 중국음식의 배달에 영향 받았다는 오해는 바로잡을 필요가 있다.

6장에서 설렁탕집을 살펴보면서 이광수 소설 〈천안기〉의 삽화를 확인한 바 있다. 〈천안기〉에는 '나'가 취직을 위해 신문사에 들렀을 때

신문사 직원들이 점심을 시켜 먹는 장면이 등장한다. 직원들이 각각 설렁탕집과 중국음식점에 주문을 하자 설렁탕이 먼저 배달되고 곧바로 중국음식도 도착한다. 소설에는 설렁탕 배달부는 음식을 한쪽 어깨에 메고 들어오고 '호인 아이', 곧 중국음식 배달부는 음식을 들고 온다고 되어 있다.

○ 중국음식점 배달부의 모습.
《마도의 향불》삽화.〈동아일보〉1933. 6. 11.

그런데 〈천안기〉의 또 다른 연재분과 삽화를 참고하면 중국음식 배달에 사용했던 것은 식판이 아니라 다른 용기였음을 알 수 있다. 그 용기의 모습은 위에 있는 방

○ 배달 장소에 도착해 음식을 건네는 배달부.
〈명화〉삽화.〈동아일보〉1938년 12월 16일.

인근의《마도의 향불》과 원대연의 〈명화〉에 실린 삽화에서 확인할 수 있다. 앞선 이미지 중 위쪽은《마도의 향불》에서 마작을 하던 일행이 중국요리와 고량주인 '배갈'을 시켰더니 음식을 가져온 배달부의 모습이다. 배달부 뒤의 사람들은 중국음식점에서 밥을 먹다가 뭔가 이상한 낌새를 느끼고 따라붙은 형사들이다.

그리고 그 아래의 이미지는 원대연의 〈명화〉에 실린 삽화이다. 〈명

화)는〈동아일보〉신인문학 현상에 뽑힌 소설로, 1938년 12월 같은 신문에 연재가 되었다. 〈명화〉에서는 중국음식점에서 우동을 시켜 먹는 장면이 등장한다. 두 삽화에서 배달부는 비슷한 용기를 들고 있는데, 손잡이가 달린 가방의 모습이다.

당시 사용했던 배달 용기는 지금 중국음식점에서 사용하는 것과는 달리 나무로 만든 것이었다. 여기서 당시 중국음식을 배달할 때는 식판이 아니라 손잡이가 달린 나무 용기를 사용했음을 알 수 있다. 나무 용기의 정확한 이름은 '식함食盒'이었다. 처음에는 한 단으로 된 것을 사용하다가 나중에는 몇 개의 단으로 된 것을 사용했다. 단을 나눈 것은 음식 그릇을 더 많이 담기 위해서였다. 아래의 이미지는 중국음식을 배달할 때 사용했던 식함으로, 인천의 짜장면박물관에서 촬영했다.

중국 북송 시대에 즈앙 치뚜안張擇端이 그린《청명상하도清明上河圖》라는 작품이 있는데, 북송의 수도였던 카이펑開封의 청명절 풍속을 그

○ 당시 중국음식 배달에 사용되었던
   나무 식함. 인천 짜장면박물관.

린 그림이다.《청명상하도》를 보면 강을 사이에 둔 교외, 시내의 모습뿐만 아니라 술집, 상점, 노점, 상인, 행인 등도 사실적으로 그려져 있다. 다음의 이미지는《청명상하도》의 일부이다. 그림에서는 음식을 파는 상인이나 배달하는 배달부가 식함을 들고 다니는 모습을 어렵지 않게 찾을 수

○ 《청명상하도》의 일부.
화정박물관 제공.

있다. 이는 중국에서 이미 북송 시대부터 음식을 담아 배달하는 데 식함을 사용했음을 말해준다.

뒤에서 구체적으로 얘기하겠지만 청일전쟁의 패전을 계기로 본국으로 돌아갔던 중국인들이 1910년대부터 다시 대규모로 조선으로 이주해 온다. 이전에 조선에 체류했던 중국인들과는 달리 노동자가 대부분이었으며, 이들을 위해 양이 많고 저렴한 음식을 판매하는 음식점도 증가했다. 중국음식점에서 배달을 하게 된 것은 이러한 흐름과 맞물려 있었으며, 자연스럽게 북송 시대부터 내려온 식함을 사용했던 것이다.

대표 메뉴는 우동과 덴푸라

중국음식점이 한국에 본격적으로 들어선 때는 식민지 시대였다. 대개 그 이유는 당시 대규모로 유입되었던 중국인과 관련된 것으로 파악된다. 중국인이 급격히 증가하자 그들을 손님으로 개업하는 음식점 역시 늘어났다는 것이다. 이러한 주장에는 맞는 부분도 있고 틀린 부분도 있다.

1895년 청·일전쟁에서 패한 후 조선에 거주하던 중국인들은 본국으로 돌아가는 경우가 많았다. 그런데 1910년대 후반부터 중국인들이 다시 조선으로 이주하기 시작했는데, 특히 1920년대 들어서는 산둥 지방의 노동자들이 대규모로 인천으로 건너오게 되었다. 이는 일본이 조선을 식민지로 침탈하는 과정에서 토목, 건축 등의 거친 일을 할 값싼 노동력이 필요했기 때문이었다. 1923년 1만여 명, 1924년 2만여

명 등 많은 중국인들이 일자리를 찾아 조선으로 이주했다. 따라서 이주와 함께 그들을 위한 음식점도 급격히 늘어난 것이었다. 앞서 아서원이 중화요리점으로서 온전한 모습을 갖추게 된 시기가 1910년대 후반 정도라고 추정했던 것 역시 중국인들의 본격적인 이주와 관련되어 있다.

그런데 이들은 청·일전쟁 이전 조선에 거주했던 중국인과는 달리 노동자를 중심으로 한 하층민이 대부분이었다. 이들을 위한 음식점도 이전과 달리 양이 많고 값이 싼 음식을 주로 판매했다. 이러한 점을 고려하면 식민지 시대에 중국요리점이 정착하게 된 것은 부쩍 늘어난 중국인의 수와 관련되어 있었으며, 또 그들을 주된 손님으로 했다는 주장은 타당할 것이다. 그런데 식민지 시대에 개업을 한 중국음식점의 손님이 중국인에만 한정되는 것은 아니었다.

1924년 4월 〈조선일보〉에는 인천 시내에 있는 상, 공, 음식점 가운데 중국인의 상가가 모두 126개라는 기사가 실린다. 인천이 조선으로 들어오는 길목에 있어 다른 곳보다 많은 수의 중국인이 체류한 건 맞지만, 중국인 상가가 인천에만 있었던 것도 아니었다. 1921년 9월 평양 구시가의 제일 번화한 곳에 중국음식점이 10여 군데나 자리 잡고 있다는 〈동아일보〉의 기사가 이를 말해준다.

1924년 4월 〈조선일보〉에는 경성에 거주하는 중국인 상인들을 다룬 기사가 실렸다. 기사에 따르면 경성에 있는 중국인의 가구는 모두 485가구인데, 음식점 220가구, 잡화상 92가구, 요리업 40가구 등이라고 되어 있다. 경성에 거주하는 전체 중국인의 절반 이상이 음식점, 요리업 등에 종사하고 있었다는 것이다. 식민지 시대에 문을 연 중국음

○ 《대경성도시대관》에 실린 봉래각의 외관.
  서울역사박물관.

식점의 손님이 중국인만은 아니었다는 언급은 여기에서 온전한 의미를 얻는다.

식민지 시대 중국음식점은 크게 두 종류로 나뉘어 정착되었다. 하나는 아서원을 비롯해 사해루, 대관원, 금곡원, 봉래각 등 고급 중화요리점이었다. 북경요리나 광동요리를 전문으로 했으며, 규모도 커서 한꺼번에 수백 명의 손님을 받을 수 있었다. 위의 이미지는 명치정 1정목에 위치하고 있던 봉래각의 사진인데, 위치 때문이었는지 특히 일본인 손님이 많이 찾았다고 한다. 앞서 확인한 것처럼 이들 중화요리점에서는 기생을 부르는 것도 일반적인 일이었다. 이러한 중화요리점은 음식의 종류가 다르다는 점만 제외하면, 오히려 명월관, 식도원, 태화관 등의 조선요릿집이나 화월, 경희구, 송엽정 등의 일본요리옥과 비교할 수 있을 것이다.

다른 하나는 보다 대중적인 중국음식점이었다. 주로 우동을 판매하면서 덴푸라, 잡채 등 몇 가지 요리를 곁들여 팔았던 곳이다. 이들은 경성에서 중국인이 많이 거주했던 서소문정 근처에 밀집되어 있다가 곧 여러 지역으로 확산되어 나갔다.

경성에 중국인이 유입되기 시작한 것은 1880년대부터였다. 당시 중국 상인들은 조선, 일본의 상인들과 경쟁하며 상업계를 주도했다. 그들은 청계천의 수표정, 종로의 관수정에 거주하며 장곡천정으로 진출하려고 애를 썼다. 하지만 당시까지는 중국인 거주지라고 불릴 정도의 공간은 없었다. 그런데 앞서 확인했듯, 1910~1920년대 들어서 많은 수의 중국인 노동자가 조선으로 이주하면서 관수정, 수표정은 물론 장곡천정, 북미창정, 태평동 2정목, 서소문정 등에도 중국인들이 거주하게 되었다. 지금으로 보면 덕수궁에서 숭례문, 곧 남대문 사이에 위치하는 지역이다. 그 가운데에도 서소문정에 집중되었으며, 1920년대 후반이 되면 서소문정은 조선인, 일본인보다 훨씬 많은 수의 중국인이 거주하는 중국인 거주지가 되었다.

앞에서 살펴보았듯이 이태준의 〈장마〉에서 '나'가 아내가 좋아하는 돼지족발을 샀던 '천증원'도 서소문정에 위치하고 있었다. 한편 서소문정을 중심으로 중국인들이 많이 거주하는 지역에는 대중적인 중국음식점뿐만 아니라 더 협소하고 허름한 만둣집, 호떡집도 즐비했다.

앞서 아서원 광고가 조선어 신문에는

○ 아서원의 입구. 우측으로 일본어 간판이 시선을 사로잡는다. 〈조선일보〉 1927. 4. 3.

실리지 않았는데, 일본어 신문인 〈조선신문〉에는 다수 게재되었음을 확인했다. 앞의 이미지는 아서원의 입구를 찍은 사진이다. 그런데 그 오른쪽 간판에는 아서원이라는 상호명보다 'サクラビール', 곧 일본어로 된 사쿠라맥주 광고가 더 두드러져 보인다. 이 역시 아서원 광고가 일본어 신문인 〈조선신문〉에 주로 실린 것과 같은 이유에서였을 것이다.

이와 관련해 화신백화점 식당을 살펴보며 다뤘던 이선희의 소설 〈여인명령〉을 다시 한번 참고할 필요가 있다. 〈여인명령〉에는 숙채와 백화점 상가 주임이 극장 앞 번화가에 위치한 큰 중화요리점을 찾는 장면이 등장한다. 숙채와 주임이 요리점 문을 열고 들어서자 종업원이 큰 소리로 "이랏샤이마세!"라고 인사하고 친절하게 안내를 한다. "이랏샤이마세!"라는 말은 3장에서 살펴본 일본요리옥에 들어섰을 때 종업원들이 모두 함께 외쳤던 인사였다. 앞선 광고와 〈여인명령〉은 아서원을 비롯해 사해루, 대관원, 금곡원 등 대형 중화요리점이 누구를 주된 손님으로 했는지를 말해준다. 식민지 시대 중화요리점의 대표적인 메뉴가 우동, 덴푸라, 잡채였던 것 역시 마찬가지의 이유에서였다.

한편 대중적인 중국음식점을 찾는 손님에는 조선인과 중국인이 더 많았을 것이다. 하지만 이들 음식점 역시 더 많은 매상을 올리기 위해서는 아서원을 비롯한 중화요리점의 대표 메뉴를 따라할 수밖에 없었는데, 이런 과정을 통해 우동, 덴푸라, 잡채는 식민지 시대를 대표하는 중국음식점의 메뉴로 자리 잡게 된다.

지금도 중국음식점에 가면 기본 반찬으로 단무지가 제공된다. 단무지가 나오는 것이 너무 당연해져 "그게 왜?"라는 생각조차 못 할지도 모르겠다. 단무지의 연원에 대해서는 논란이 많아 여기에서 구체적으로 다루기는 어렵지만, 중국음식점에서 일본음식인 단무지를 기본으로 제공하는 것이 앞뒤가 맞지 않는 일인 것만은 분명하다. 이 역시 계속 살펴봤던 중국음식점이 식민지 시대 조선에 자리 잡는 과정과 무관하지 않을 것이다.

○ 중화요리점 '대신루'의 연회장.

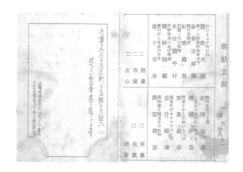

○ 중화요리점 '대신루'의 1920년대 메뉴판.

식민지 조선에 중국음식점, 특히 중화요리점이 정착되는 데 일본의 영향이 적지 않았다는 사실은 당시 아서원에서 팔았던 메뉴에 접근하는 데 도움을 준다. 《밀림》에서 인택, 상만, 형기, 진은 아서원에서 황주와 오리알을 먹었다. 또 최독견은 아서원은 노주와 함께 연와채, 학족탕 등이 유명하다고 했다. 오리알은 어땠는지 모르지만 연와채와 학족탕은 고급 중화요리였다. 당시 아서원에서 판매했던 다른 고급 요리는 어떤 것이 있었을까?

지금 식민지 시대 아서원의 메뉴판을 구하기는 힘들다. 대신 당시 일본에 있었던 중화요리점의 메뉴판을 살펴보면, 아서원 등의 고급 중화요리점에서 어떤 음식을 팔았는지 유추해 볼 수 있을 것이다.

앞의 이미지는 중화요리점 '대신루大新樓'의 연회장과 1920년대의 메뉴판이다. 대신루는 일본의 대표적인 중화요리점으로 광동요리를 전문으로 했다. 한 상으로 먹을 때는 가장 저렴한 것이 30원이었고, 일품 요리로도 가장 싼 것이 50전이었다.

지금으로 환산하면 30원은 150만 원, 50전은 2만 5,000원이니, 상당히 고급스러운 요리점이었음을 알 수 있다. 중국요리는 이름에 재료와 조리 방식, 심지어 연원까지 들어가 있기 때문에, 이름만으로 어떤 음식인지 유추하기는 힘들다. 이미지에 부기된 해설을 참고로 해 대표적인 메뉴 몇 개만 살펴보도록 하자.

먼저 '해육대시蟹肉大翅'는 게와 상어 지느러미를 재료로 한 요리다. 또 '홍소이어紅燒鯉魚'는 잉어를 시고 단 맛이 나는 식초에 넣어 삶은 요리라고 되어 있다. '미지돈우자米枝嫩牛仔'는 소고기를 연잎 줄기와 함께 볶은 요리이고, '양선용하釀鮮龍蝦'는 일본 이세伊勢에서 잡힌 새우와 유부를 함께 넣어 조리한 요리라고 되어 있다. '홍소포포紅燒鮑脯'는 전복에 단 식초를 넣고 삶은 요리, '연와순단燕窩鶉蛋'은 제비집과 메추리알을 함께 조리한 요리라고 한다.

일본에 이주한 화교를 중심으로 요코하마橫浜에 중국인 거주지가 생긴 것은 이미 19세기 중반이었다. 처음에는 관제묘, 마제묘 등 사당과 중국인 회관, 학교 등의 시설이 들어섰다. 이후 '헤이친로우聘珍樓'를 비롯한 중화요리점 등도 연이어 문을 열어 200개 이상의 식당이 요코하마 중화가中華街를 이루게 된다.

일본과 조선의 중화요리점 모두 일본인을 주된 고객으로 했다는 점, 또 일본에 중화요리점이 들어선 것이 조선보다 50년 이상 앞섰다는 점 등을 고려하면 아서원을 비롯한 사해루, 대관원, 봉래각 등이 일본의 중화요리점을 벤치마킹했을 가능성은 크다. 그렇다면 위에서 확인한 고급 요리들은 아서원의 메뉴판에서도 어렵지 않게 찾을 수 있었을 것이다.

동파육과 팔보채를 만들어보자

⚬⚬⚬

식민지 시대 〈조선일보〉에 실린 '동퍼루러우東坡肉'와 '빠바
오차八寶菜', 곧 동파육과 팔보채를 만드는 조리법이다. 이미 당시
에 동파육, 팔보채 등도 집에서 조리해 먹었음을 알 수 있다. 중화요리
도 서양요리처럼 처음에는 음식점의 외식 메뉴로 등장했다가 점차 집에
서 조리해 먹는 과정을 거쳤다. 1936년 8월 〈동아일보〉에 실린 기사는 주부
들이 이미 탕수육이나 덴푸라 정도는 요리사와 견줄 정도로 능숙하게 조리한
다며 새로운 중국요리를 소개한다. 이 역시 식민지 시대 중국요리가 중국음식점
뿐만 아니라 이미 가정까지도 보급되었음을 말해준다.

"동퍼루러우東坡肉—맛있는 중국요리", 〈조선일보〉 1937. 11. 16.

〈재료〉
돼지고기 1근, 생강 2~3개, 진간장과 식초 조금, 백설탕 조금, 갈분가루 조
금, 돼지기름 1근 등.

〈만드는 법〉
냄비에 물을 많이 붓고 돼지고기를 껍질 부튼 채로 약 40분간 강
한 불에 삶아서 꺼내 시켜 가지고 진간장에 담가 놓습니다.
냄비에 돼지기름을 듬뿍 너코 펄펄 끌여서 거기에 돼지
고기를 들띄어 내어 물에다 담급니다. 이것을 넓이
한 치 되고 두께가 한 푼 되게 썬 다음 썬 것
을 고기의 원해 모양처럼 대접에
담습니다.

그리고 복판에 생강 2, 3쪽을 얹고 식초,
설탕, 고기 삶은 국물을 부어서 그릇 채로 찌는
시루에 너허서 한 시간 가량 찝니다. 그리고 국물은 따
로 갈분가루를 약간 빡빡하게 타서 고기 위에 덥습니다.

"빠바오차八寶菜—맛있는 중국요리", 〈조선일보〉 1937. 11. 23.

〈재료〉

돼지고기 2냥, 전복 2개, 해삼 1개, 죽순 반 개, 표고 3개, 파, 생강, 간장,
기름 조금

〈만드는 법〉

고기를 얄게 썰고 죽순도 얄고 길게
썰어 놓습니다. 전복과 해삼도 길게
썰고, 표고는 물에 불려서 두 쪽으로
썰고, 파도 그렇게 썹니다.

냄비에 기름을 너코 펄펄 끌으면 고
기를 너어 볶습니다. 그러다가 술,
생각, 파를 너허서 볶다가 또 여
러 가지 재료를 마저 너허 볶
아서 간장을 간을 맞추어
접시에 담아 내 놋습니다.

1부 본정

∞ 1장 조선 최초의 서양요리점, 청목당 ∞

· 방인근, 《마도의 향불》, 〈동아일보〉, 1932. 11. 4. ~ 1933. 6. 12.
· 염상섭, 《삼대》, 〈조선일보〉, 1931. 1. 1. ~ 1931. 9. 17.
· 서울역사박물관 편, 《〈대경성부대관〉과 〈대경성도시대관〉으로 보는 경성상점가》, 서울역
  사박물관, 2018.
· 오창은·이민호·고영직·정우영·김재희, 《경성에서 서울까지, 소설가 횡보 씨의 시간 여행》,
  서해문집, 2014.
· 이시재, 〈근대 일본의 '화양절충' 요리의 형성에 나타난 문화변용〉, 《아시아 리뷰》 5-1, 서울
  대학교 아시아연구소, 2015.
· 이정학, 《가비에서 카페라떼까지》, 대왕사, 2012.
· 알랭 스텔라, 《커피》, 창해, 2000.
· 마빈 해리스, 서진영 역, 《문화의 수수께끼》, 한길사, 2017.
· 오카다 데쓰, 정순분 역, 《돈가스의 탄생》, 뿌리와이파리, 2006.
· 야마다 이사오, 《大京城寫眞帖》, 中央情報鮮溝支社, 1937.
· 나쓰메 소세키, 송태욱 역, 《산시로》, 현암사, 2014.

∞ 2장 화목한 가족의 나들이 명소, 미쓰코시백화점 식당 ∞

· 김말봉, 《찔레꽃》, 〈조선일보〉, 1937. 3. 31. ~ 1937. 10. 3.
· 장혁주, 《삼곡선》, 〈동아일보〉, 1934. 9. 26. ~ 1935. 3. 2.
· 강심호, 《대중적 감수성의 탄생: 도박, 백화점, 유행》, 살림, 2005.
· 박현수, 《식민지의 식탁》, 이숲, 2022.
· 〈三越, 丁字屋, 三中井 食堂 合戰記〉, 《朝鮮及滿洲》 317, 1934. 4.
· 신세계백화점, 《신세계 25년의 발자취》, 신세계백화점, 1987.
· Mary H. Tolman, 《Positions of Responsibility in Department Stores and Other Retail Selling
  Organizations》, Legare Street Press, 2022.
· 모리에다 다카시, 박성민 역, 《카레라이스의 모험》, 눌와, 2019.
· 株式会社三越85年の記録 編集委員会, 《株式会社三越85年の記録》, 株式会社三越,

1990.

- 하쓰다 토오루, 이태문 역,《백화점》, 논형, 2003.

◯◯ 3장 경성 제일의 일본요리옥, 화월 ◯◯

- 이무영,《명일의 포도》, 〈동아일보〉, 1937. 6. 3. ~ 1937. 12. 25.
- 현진건,《적도》, 〈동아일보〉, 1933. 12. 20. ~ 1934. 6. 17.
- 김영범, 〈현정건의 생애와 민족혁명운동〉,《한국민족운동사연구》70, 한국민족운동사학회, 2012.
- 박현수, 〈소설에 나타난 식민지 조선의 물가: 음식 가격을 중심으로〉,《대동문화연구》121, 성균관대학교 대동문화연구원, 2023.
- 이가혜, 〈1910년대 재조일본인사회의 성병담론과 유녀표상:《조선급만주》와《조선공론》을 중심으로〉,《일본학보》108, 한국일본학회, 2016.
- 주영하,《식탁 위의 한국사》, 휴머니스트, 2013.
- 허연희, 〈일본권번의 조선정착과 일본예기의 존재방식〉,《한국무용교육학회지》25-3, 한국무용교육학회, 2014.
- 오카다 데쓰, 이윤정 역,《국수와 빵의 문화사》, 뿌리와이파리, 2006.
- 다카사키 소지, 이규수 역,《식민지 조선의 일본인들》, 역사비평사, 2006.
- 《大京城都市大觀》, 朝鮮新聞社, 1937.
- 오쿠보 히로코, 이언숙 역,《에도의 패스트푸드》, 청어람미디어, 2004.

◯◯ 4장 본정에서 남국의 파도소리를, 가네보 프루츠팔러 ◯◯

- 유진오,《화상보》, 〈동아일보〉, 1939. 12. 8. ~ 1940. 5. 3.
- 김남천,《사랑의 수족관》, 〈조선일보〉, 1939. 8. 1. ~ 1940. 3. 3.
- 김시현·윤여태,《개화기 한국 커피역사 이야기》, 피아리스, 2021.
- 김혜수, 〈일제하 제사 독점자본의 양잠 농민 재편성 구조〉,《경제사학》13, 경제사학회, 1989.
- 이승원,《사라진 직업의 역사》, 자음과모음, 2021.
- 정안기, 〈'식민지 전시기업론' 서설: 종방그룹의 조선경영을 중심으로〉,《아세아연구》48-4, 고려대학교 아세아문제연구소, 2005.
- 베른트 부르너, 박경리 역,《과일 길들이기의 역사》, 브레드(b.read), 2022.

- Edward W. Said, 《The World, the Text and the Critics》, Harvard University Press, 1983.
- 《大京城都市大觀》, 朝鮮新聞社, 1937.
- 오카다 데쓰, 《たべもの起源事典-日本編》, 筑摩書房, 2013.
- 구스다 에미, 〈フル—ツパ—ラ—の考現學〉, 《社会学ジャ—ナル》 34, 筑波大学社会学研究室, 2009.
- 탄베 유키히로, 윤선해 역, 《커피 세계사》, 황소자리, 2018.
- 유모토 고이치, 연구공간 수유 + 너머 '동아시아 근대 세미나팀' 역, 《일본 근대의 풍경》, 그린비, 2004.

2부 종로

⑳ 5장 경성 유일의 정갈한 조선음식점, 화신백화점 식당 ⑳

- 이선희, 〈여인명령〉, 〈조선일보〉, 1937. 12. 18. ~ 1938. 4. 5.
- 이태준, 《딸 삼형제》, 〈동아일보〉, 1939. 2. 5. ~ 1939. 7. 17.
- 박경화, 《지구를 살리는 기발한 물건 10》, 한겨레출판, 2019.
- 김병도·주영혁, 《한국 백화점 역사》, 서울대학교출판부, 2006.
- 김인호, 《백화점의 문화사》, 살림, 2006.
- 부산근대역사관 편, 《백화점, 근대의 별천지》, 부산근대역사관, 2013
- 서울역사박물관장, 《화신백화점, 사라진 종로의 랜드마크》, 서울역사박물관 도시유적전시과, 2021.
- 서울학연구소 편, 〈인사동 한정식집 할머니의 생애사〉, 《주민 생애사를 통해 본 20세기 서울 현대사》, 서울학연구소, 2000.
- 오진석, 〈일제하 박흥식의 기업가활동과 경영이념〉, 《동방학지》 118, 연세대학교출판부, 2002.
- 허영란, 〈1920~30년대 경성의 도소매 상업〉, 《서울상업사연구》, 서울학연구소, 1998.
- Jan Whitaker, 《The Department Store : History, Design, Display》, Thames & Hudson, 2011.
- 진노 유키, 문경연 역, 《취미의 탄생》, 소명출판, 2008.

⑳ 6장 김두한의 단골 설렁탕집, 이문식당 ⑳

- 채만식, 《금의 정열》, 〈매일신보〉, 1939. 6. 19. ~ 1939. 11. 19.

- 홍성유, 《인생극장》, 〈조선일보〉, 1984. 5. 8. ~ 1988. 12. 31.
- 강명관, 《조선의 뒷골목 풍경》, 푸른역사, 2003.
- 김기철, "밍밍한 설렁탕에 골탕먹은 백암 박은식(모던경성)", 〈조선일보〉, 1923. 4. 8.
- 김동진, 《조선, 소고기 맛에 빠지다》, 위즈덤하우스, 2018.
- 김해경·김영수·윤혜진, 〈설계도서를 중심으로 본 1910년대 탑골공원의 성립과정〉, 《한국전통조경학회지》 31-2, 한국전통조경학회, 2013.
- 박현수, 《식민지의 식탁》, 이숲, 2022.
- 박현수, 〈경성의 명물과 거친 음식의 사이, 설렁탕〉, 《대동문화연구》 118, 성균관대학교 대동문화연구원, 2022.
- 방신영, 《조선요리제법》 증보8판, 한성도서주식회사, 1937.
- 이용기, 《조선무쌍신식요리제법》(1924), 궁중음식연구원, 2001.
- 주영하, 《식탁 위의 한국사》, 휴머니스트, 2013
- 홍석모, 정승모 옮김, 《동국세시기》(1849), 풀빛, 2009.
- 한복려·한복진·이소영, 《음식 고전》, 현암사, 2016.
- 댄 주래프스키, 김병화 역, 《음식의 언어》, 어크로스, 2015.
- 우스다 잔운·도리고에 시즈에, 한일비교문학세미나 역저, 《조선만화》(1909), 어문학사, 2012.

⑳ 7장 평양냉면에 필적하는 경성냉면, 동양루 ⑳

- 유종석, 〈냉면 한 그릇〉, 〈청춘〉 10호, 1917. 9.
- 김낭운, 〈냉면〉, 〈동광〉 8호, 1926.12.
- 김남천·백석·최재영, 《평양냉면》, 가갸날, 2018.
- 박현수, 〈감자와 고구마의 거리 -김동인의 〈감자〉 재독〉, 《민족문학사연구》 63, 민족문학사학회, 2017.
- 방신영, 《조선요리제법》 증보8판, 한성도서주식회사, 1937.
- 서울역사편찬원, 《식민도시 경성, 차별에서 파괴까지》, 서울책방, 2020.
- 서울특별시, 《서울 상공업사》, 서울특별시사편찬위원회 편, 2003.
- 서울역사편찬원, 《일제강점기 경성부민의 여가생활》, 서울책방, 2018.
- 이용기, 《조선무쌍신식요리제법》(1924), 궁중음식연구원, 2001.
- 이병근, 〈조선총독부 편 《조선어사전》의 편찬 목적과 그 경위〉, 《진단학보》 59, 진단학회, 1985.
- 최유경, 〈메이지정부의 식육정책과 아지노모토: 우아미의 발견〉, 《일본학연구》 52, 단국대

학교 일본연구소, 2017.

- 오카다 데쓰, 이윤정 역, 《국수와 빵의 문화사》, 뿌리와이파리, 2006.
- 오구라 신페이, 《朝鮮語方言の研究 下卷, 岩波書店》, 1944.
- 朝鮮總督府 編, 《朝鮮語辭典》, 1920.

3부 장곡천정과 황금정

∞ 8장 와인빛으로 장식된 동화의 세계, 조선호텔 식당 ∞

- 심훈, 《불사조》, 〈조선일보〉, 1931. 8. 16. ~ 1931. 12. 29. (미완)
- 김말봉, 《밀림》, 〈동아일보〉, 1935. 9. 26. ~ 1938. 12. 25.
- 김백영, 《지배와 공간》, 문학과지성사, 2009.
- 김성희, 〈메이지기의 소고기정책과 식생활의 근대적 변화〉, 《일본어문학》 86, 한국일본어문학회, 2020.
- 박현수, 《식민지의 식탁》, 이숲, 2022.
- 이경아, 《경성의 주택지》, 집(도서출판), 2019.
- 이순우, 《손탁 호텔》, 하늘재, 2012.
- 이승희, 〈하세가와 요세미치(長谷川好道)의 대한(對韓) 군사치안 정책〉, 《일본학보》 121, 한국일본학회, 2019.
- 정영효, 〈'조선호텔'—제국의 이상과 식민지 조선의 표상〉, 《동악어문학》 55, 동악어문학회, 2010.
- 댄 주래프스키, 김병화 역, 《음식의 언어》, 어크로스, 2015.
- 발레리 줄레조 외, 양지윤 역, 《도시의 창, 고급호텔》, 후마니타스, 2007.
- 오카다 데쓰, 정순분 역, 《돈가스의 탄생》, 뿌리와이파리, 2006.
- 하시야 히로시, 김제정 역, 《일본제국주의, 식민지 도시를 건설하다》, 모티브북, 2005.
- 도미타 쇼지, 유재연 역, 《호텔》, 논형, 2008.
- 朝鮮總督府 鐵道局, 〈京城 朝鮮ホテル〉, 1932.
- 무라카미 노보, 《帝國ホテル廚房物語》, 日本経済新聞出版本部, 2004.

∞ 9장 고달픈 예술가들의 소일터, 낙랑파라 ∞

- 이태준, 〈장마〉, 〈조광〉 3호, 1936. 1.

- 박태원, 〈소설가 구보 씨의 일일〉, 〈조선중앙일보〉, 1934. 8. 1. ~ 1934. 9. 19.
- 김정동, 《김정동 교수의 근대건축기행》, 푸른역사, 1999.
- 박태원·조이담, 《구보씨와 더불어 경성을 가다》, 바람구두, 2009.
- 백석·이효석·채만식, 《100년 전 우리가 먹은 음식》, 가갸날, 2017.
- 오윤정, 〈1930년대 경성 모더니스트들과 다방 낙랑파라〉, 《한국근현대미술사학》 33, 한국근현대미술사학회, 2017.
- 이경훈, 〈박태원의 카페, 구보의 커피〉, 《현대문학의 연구》 74, 한국문학연구학회, 2021.
- 청계천문화관, 《이방인의 순간포착, 경성 1930》, 청계천문화관, 2011
- 알랭 스텔라, 《커피》, 창해, 2000.
- 줄리아 로스먼, 김선아 역, 《음식해부도감》, 더숲, 2017.
- 오카다 데쓰, 《たべもの起源事典-日本編》, 筑摩書房, 2013.
- 탄베 유키히로, 윤선해 역, 《커피 세계사》, 황소자리, 2018.
- 우라카와 가즈야 편, 박호원·이에나가 유코·임유희 역, 《그림엽서로 보는 근대조선》, 민속원, 2017.

◐ 10장 고급 승용차가 즐비했던 중화요리점, 아서원 ◑

- 김말봉, 《밀림》, 〈동아일보〉, 1935. 9. 26. ~ 1938. 12. 25.
- 김내성, 《실락원의 별》, 〈경향신문〉, 1956. 6. 1. ~ 1957. 4. 19.
- 김창수, 〈인천 대불호텔·중화루의 변천사 자료연구〉, 《인천학연구》 13, 인천대학교 인천학연구원, 2010.
- 월간미술 편, 《세계미술사전》, 월간미술사, 1999.
- 이계형·전병무 편저, 《숫자로 본 식민지 조선》, 역사공간, 2014.
- 이명학, 〈일제시기 조선재정통계서의 발행체계와 구성 변화〉, 《한국사연구》 173, 한국사연구학회, 2016.
- 이정희, 〈조선화교의 중화요리점 연구 -1880년대~1920년대를 중심으로〉, 《사회와 역사》 114, 한국사회사학회, 2017.
- 조선희, 《세 여자1》, 한겨레출판, 2022.
- 주영하, 《차폰 잔폰 짬뽕》, 사계절, 2009.
- 전국역사지도사모임, 《표석을 따라 경성을 거닐다》, 유씨북스, 2016.
- 오카다 데쓰, 《たべもの起源事典 -世界編》, 筑摩書房, 2013.
- 朝鮮總督府 編, 《朝鮮總督府 統計年報》, 1912.

경성 맛집 산책

식민지 시대 소설로 만나는 경성의 줄 서는 식당들

ⓒ 박현수, 2023

초판 1쇄 발행 2023년 09월 10일
초판 2쇄 발행 2023년 10월 05일

지은이 박현수
펴낸이 이상훈
편집2팀 원아연 허유진
마케팅 김한성 조재성 박신영 김효진 김애린 오민정

펴낸곳 (주)한겨레엔 www.hanibook.co.kr
등록 2006년 1월 4일 제313-2006-00003호
주소 서울시 마포구 창전로 70 (신수동) 5층
전화 02-6383-1602~3 **팩스** 02-6383-1610
대표메일 book@hanien.co.kr

ISBN 979-11-6040-567-5 (03910)